Sobre Isaiah Berlin

Juan Bosco
Díaz-Urmeneta Muñoz

Sobre
Isaiah Berlin

Edición de
Pablo Badillo O'Farrell

Catálogo Editorial Universidad de Sevilla
Colección: Filosofía
Núm.: 20

Catálogo Diputación de Sevilla
Servicio de Archivo y Publicaciones
Otras publicaciones

© Diputación de Sevilla. Área de Cultura y Ciudadanía.
  Servicio de Archivo y Publicaciones 2025
  Avda. Menénedez Pelayo, 32 - 41071 Sevilla.
  Web: https://wearchivo.dipusevilla.es/

© Editorial Universidad de Sevilla, 2025
  c/ Porvenir, 27 - 41013 Sevilla.
  Tfnos.: 954 487 447; 954 487 451
  Correo electrónico: info-eus@us.es
  Web: https://editorial.us.es

© Herederos de Juan Bosco Díaz-Urmeneta Muñoz, 2025

© Pablo Badillo O'Farrell (editor), 2025

Impreso en papel ecológico
Impreso en España – Printed in Spain

Editorial Universidad de Sevilla ISBN: 978-84-472-2673-3
Diputación de Sevilla ISBN: 978-84-7798-543-3
Depósito Legal: SE 1156-2025

Diseño de cubierta: Manuel Ortiz Domínguez
Maquetación: Dosgraphic s.l.
Impresión: Masquelibros

ÍNDICE

Presentación

Desde mitad de los pasados años 80, cuando defiende su tesina de licenciatura en Filosofía en la Universidad de Sevilla, hasta 1992, en que sostiene su tesis doctoral en esta misma universidad, comienza el estudio y continuo trato intelectual de Juan Bosco Díaz-Urmeneta con Isaiah Berlin, al que dedicó ambos trabajos académicos de los que posteriormente el segundo dio como fruto, concretamente en 1994, el libro *Individuo y racionalidad moderna. Una lectura de Isaiah Berlin*, que vio la luz en estas mismas prensas universitarias.

Fueron pasando los años y Díaz-Urmeneta, entre sus dedicaciones docentes e investigadoras en el campo de la estética y la teoría de las artes, gastó la mayor parte de sus energías en gran cantidad de cursos dentro de este campo teórico, así como en la crítica artística —como se ha recogido en el primero de esta serie de volúmenes dedicados a su obra— y en publicaciones en el campo de los conceptos y teorías estéticas —que se recogerán en el que seguirá a este—. A pesar de las discordancias teóricas existentes, la figura de Berlin siempre le resultó de sumo interés, ya que encontró en él al historiador de las ideas que, como culminación del estudio de estas, fue a dar en teórico político encuadrable, como figura señera, dentro del liberalismo contemporáneo.

Cuando se habla de Berlin en relación a esta orientación teórica, hay que enfatizar el hecho de que el pensamiento de este autor no puede ni debe en modo alguno confundirse con el neoliberalismo hoy rampante, sino que hay que situarlo dentro de la corriente, como Díaz-Urmeneta la calificaba, del liberalismo del bueno.

En los aspectos del pensamiento berliniano que fueron de mayor interés para Díaz-Urmeneta hay que destacar especialmente aquellos que se centraron de manera fundamental en el estudio del desarrollo teórico de la Ilustración, en sus diversas facetas y manifestaciones, así como en aquellos movimientos teóricos que a lo largo del tiempo se convirtieron en antagonistas de ella, o bien que criticaron determinados planteamientos esenciales de la misma. Me refiero a las corrientes contra-ilustradas y, especialmente, al romanticismo, a los que Berlin dedicó numerosos estudios, incluso algún libro póstumo de extraordinario interés.

De esta manera, en el presente volumen se han recogido la práctica totalidad de sus trabajos sobre el pensador e historiador británico, desde comienzo de los años 90 del pasado siglo hasta 2011, fecha de su última aportación a este asunto recogida en el presente volumen.

Se han incluido capítulos de libros, artículos de revista y el estudio introductorio a la traducción del libro de Berlin *El mago del norte. J.G. Hamann y el origen del irracionalismo moderno.* Se han obviado artículos muy menores publicados en revistas culturales mensuales que, a mi entender, poco podían aportar al corpus teórico berliniano de Díaz-Urmeneta, así como alguna necrológica de Berlin publicada en prensa diaria.

Creo que con este volumen se presta un buen servicio a la comunidad estudiosa del pensamiento del autor inglés –aunque también se sentía ruso y judío–, ya que se pone en sus manos en un volumen la práctica totalidad de artículos y capítulos de libros de Díaz-Urmeneta diseminados a lo largo de treinta años en muy diversos medios publicísticos, muchos de ellos de difícil o imposible acceso.

Individualidad romántica y pluralismo

I

Para el pensamiento liberal el romanticismo es un vecino molesto y necesario. Es fácil recordar autores liberales que con demasiada facilidad le niegan el saludo. Berlin, al contrario, acepta tal vecindad. Quizá por ello su pensamiento tiene mucho que decir en cuestiones tan vidriosas para nuestra cotidianeidad racional como es el nacionalismo. Un núcleo importante de esta posición de Berlin es su reflexión sobre Tolstoi y los pensadores rusos que forman la generación del segundo tercio del siglo XIX. Núcleo en el que se anudan otros temas importantes en este autor.

En ella no faltan raíces biográficas: para Berlin —hijo de una familia burguesa que saludó la revolución de febrero y que se exilió tras la de octubre—, pese a ser letón, la historia rusa es la suya. Y también lo es la lengua: Berlin no sólo habla el ruso con una vivacidad que sorprendió a Brodsky, sino que mantiene con esa lengua una proximidad y sensibilidad que no se escapa al profano lector de algunas de sus críticas. Por ejemplo, aquélla en la que dice que Turgenev «seems to feel and perceive more vividly and authentically when he is in Russia, or thinks in Russian, than through the spectacles of French or German, almost perfectly as he knew these languages»[1]. No es extraño, por tanto, que, como Nabokov, que en sus años de Cambridge se esforzó en profundizar en lo único que pudo traerse de Rusia, su lengua, Berlin, también al margen de las exigencias académicas —seguramente más intensas que las del novelista—, buceara, en su caso, en el pensamiento ruso. Él mismo ha hablado de su interés por Tolstoi y, sobre todo, de la influencia que ejercieron sobre él la vida y obra de Belinsky, Herzen y Turgenev[2].

1/ BERLIN, 1983g, p. 32.
2/ BERLIN, 1990b, p. 4. Para las referencias de Nabokov, ver NABOKOV, 1986.

El núcleo fundamental de estos escritos está fechado en los años que van de 1947 a 1955. Es un dato de interés: son los años en los que Berlin concreta su dedicación a la historia de las ideas, después de decidir, tras una conversación con H. N. Sheffer[3] mantenida hacia el fin de la guerra, abandonar la práctica de la filosofía al estilo de los medios académicos anglosajones de la época. Es importante señalar también que los ensayos, que concretan su personal visión del liberalismo («Historical Inevitability», «Two Concepts of Liberty» y «Montesquieu»), corresponden al final de este período o son posteriores a él; mientras que el ciclo dedicado a los estudios de Vico y Herder, que pueden considerarse como una teorización de aquella visión a partir de elementos filosóficos e históricos, se inicia en 1960; el estudio sobre Maquiavelo, decidido establecimiento de las razones del pluralismo, es de 1971. Me parece, pues, que los trabajos sobre los pensadores rusos señalan un punto en la formación del pensamiento de Berlin que ilumina sus conceptos y formulaciones características y fija referencias decisivas en su obra.

II

Hay en estos ensayos, primero, una preocupación filosófica: la relación entre unidad de la experiencia y pluralismo. Se advierte que la unidad de la experiencia —tomada no como mera autoafirmación, sino de modo que pueda ser procesable racionalmente y, por consiguiente, con un rango de lenguaje público— es un nivel irrenunciable para trazar con rigor y reconocer con profundidad el «mundo» y la identidad de los individuos modernos. Pero a la vez se establece que la unidad de la experiencia, así tomada, no puede romper la diferencia entre visiones individuales ni puede abonar las raíces disciplinarias de la racionalidad occidental[4].

Una segunda preocupación se vincula a la historia de las ideas: la relación entre el establecimiento y la circulación de ideas (o tal vez, «ideología») —que a fin de cuentas era el patrimonio de esta generación de pensadores rusos— y el cambio social.

Ambos motivos de la reflexión tienen como trasfondo común las posibilidades de la crítica y lenguaje artísticos, tal como entendieron éste los románticos. Y desde ahí se detecta además un nuevo elemento con futuro en los trabajos de Berlin: la influencia de formas del discurso estético en la formación de las identidades nacionales.

3/ Berlin, 1983a, Introducción. Ayer, 1982, p. 250.
4/ Berlin, 1984b, p. 154 [225].

Este trabajo se centra, aunque no de forma exclusiva, en aquella relación entre unidad de teoría y práctica y pluralismo y, por tanto, en las virtualidades de ciertos discursos estéticos para esclarecerla. Es un punto de interés para entender la peculiaridad de Berlin: la asimilación frecuente de su pluralismo al de Weber[5] ignora la importancia de sus estudios sobre el romanticismo para esclarecer, más allá del formalismo, las claves de la individualidad. Y un punto de interés general, porque sugiere aspectos sobre la discusión en torno a cuánto de vinculante y cuánto de disciplinario puede haber, sobre los individuos, en una racionalidad compartida y sobre el debate que enfrenta a teorizadores de la acción en términos de peculiaridades históricas y culturales y aquéllos otros que eligen términos de acción racional.

Berlin tiene una vívida noción de los caminos por los que la razón occidental puede, sustantivándose, hacerse esclavizadora. Pero, al mismo tiempo, sabe que una reducción de la subjetividad en aras de una racionalidad limitada a lo formal o a lo descriptivo tiene consecuencias igualmente funestas. «There is no formula which guarantees a succesfull escape from either the Scylla of populating the world with imaginary powers and dominions, or the Carybdis everything to the verifiable behaviour of identifiable men and women in precisely denotable places and times. One can do no more than point to the existence of these perils; one must navigate between them as best one can»[6]. El planteamiento puede complicarse un poco más recordando el rechazo de Berlin tanto a los intentos de reducir la racionalidad al puro cálculo, como a investirla o hipostatizarla en términos de sistema. Con ello toca uno de esos problemas que han pesado a lo largo del siglo XX desde que Weber —si hemos de creer el testimonio de Marianne Weber— en respuesta de los intentos de Lukacs por recomponer la experiencia fragmentada y secular, escribió el Excurso en su «Sociología de la Religión». Berlin constata por una parte la insuficiencia de una experiencia dividida, de un saber dominado por el método que ignora su propia capacidad de inteligibilidad, de un entendimiento de la acción que aísla ésta de su contexto vital. Por otra, rechaza el rigor de cualquier monismo y de cualquier ontologización de un grupo de categorías. De lo primero no se deriva sino el cálculo y la frialdad; de lo segundo la transferencia de la identidad individual a un mito al que se somete aquélla. Lo que descubre en Belinsky, Herzen y Turgenev es una senda que conduce, por un lado, a una noción de la individualidad creativa, racional, con fuerte contenido ético y capaz, además, de vincularse a su medio cultural e histórico, y, por otro, a convicciones pluralistas.

5/ MacIntyre, 1986, *passim*.
6/ Berlin, 1984a, p. 54, note [119 s., nota 8].

III

La formación de estos pensadores y escritores rusos está dominada por la peculiar recepción rusa del romanticismo alemán y del idealismo. Ésta se propicia, irónicamente, por Nicolás I que, tras la revuelta decembrista, restringió la influencia tradicional de la cultura francesa, ahora peligrosa, en beneficio de la alemana. Pero su establecimiento lo relaciona Berlin con la capacidad del romanticismo y del idealismo para organizar la identidad nacional que precisaba la Rusia de la época. Ésta, desde su primitivismo y sin que mediara revolución triunfante ni reformas liberales estables, había intervenido en Europa, en las guerras napoleónicas, de modo decisivo. Alcanzó así, hacia afuera, un estatuto de gran potencia y, hacia adentro, la conciencia de la necesidad de una nueva relación interestamental menos rígida y arcaica. Se abre entonces paso la idea de una identidad rusa como nación no contaminada por los antagonismos de la sociedad moderna y con potencial para resolverlos de antemano desde su propia cultura tradicional. Es una idea reaccionaria, que germina en el antiliberalismo de Nicolás I, se desarrolla en el entusiasta conservadurismo eslavófilo, aunque también aliente las esperanzas de Herzen en la comunidad campesina como célula de un socialismo populista. La influencia específica del romanticismo e idealismo en los autores del segundo cuarto de siglo es, primero, la propuesta de un modelo y una identidad para la actividad intelectual.

Ésta carece de un lugar propio en la Rusia de la época. Entre el peso de la autocracia restaurada tras los estériles conatos de reforma de Alejandro I y la enorme población sujeta a la servidumbre, no hay ni una burocracia ilustrada, ni —menos aún— un capitalismo incipiente; ni siquiera existe un clero culto, ejercitado, como el occidental, en las experiencias históricas del Renacimiento y la Reforma[7]. No hay sino «una pequeña clase educada, influida por las ideas occidentales»[8], «una pequeña clase culta, casi toda de lengua francesa, consciente de la enorme brecha entre el modo en que se vivía o podía vivirse la vida en occidente... y el modo en el que la vivían las masas rusas»[9]. Es típica la desintegración de estos hombres y mujeres: si procedían de la nobleza, o se los excluía de los estrechos circuitos de distribución del poder por sus ideas o ellos mismos, por sus convicciones y sensibilidad, terminaban por autoexcluirse; si, como Belinsky, pertenecían a la escueta capa profesional rural, aun una formación universitaria no les depararía mucho más que un oficio subordinado en la estricta jerarquía reinante.

7/ A este respecto es de interés la lectura de BERLIN, 1953.

8/ BERLIN, 1979e, p. 245.

9/ *Ibidem*, p. 235.

Estos «hombres superfluos» que pueblan la sociedad y la literatura rusa del XIX reciben del romanticismo alemán y del idealismo la identidad que les niega la sociedad en la que viven. Su actividad artística o científica se vincula con una esfera autónoma —llámese ésta espíritu, historia cultural— en la que el intelectual es depositario de una misión exclusiva, totalizadora y desinteresada. «La idea del artista como vaso sagrado... con un alma única y una posición única —dice Berlin, sin que le abandone un regusto de ironía—... se origina en la idea alemana de misión»[10]. Además, en su opinión, tal idea se recibe en Rusia como una religión secular que, al mismo tiempo, suple el descrédito de la fe ortodoxa[11]; cubre el vacío, entre las clases cultas, de la carencia de una tradición humanista de educación secular[12], y protege tanto contra la desmoralización producida por una sociedad que los margina y se resiste a sus esfuerzos, como —a través del nuevo lenguaje casi místico que desarrolla en principio— contra la amenaza bastante más inmediata de la represión contra las ideas.

Pero esos intelectuales marginados aprenden algo más de la influencia romántica e idealista: un entendimiento de su situación en la sociedad a partir de la relación entre su actividad y el medio social en el que viven. Aquellos *révoltés* contra la autocracia, el conformismo y la incultura no cuentan con la venerable confianza ilustrada en la convertibilidad final entre razón y razón positiva; si en algo pueden confiar es en la armonía de las interrelaciones de las diversas actividades del espíritu humano. Esto tiene poco que ver con la inmediata verdad de los ilustrados, exige una comprensión mediada de la realidad. Mediación que no está sólo articulada por la identidad final, sino, según una idea más cercana a Herder que a Hegel, por «la conciencia de las afinidades y los contrastes no analizables... las conexiones y diferencias fundamentales pero impalpables que atraviesan toda clasificación racional»[13]. De este modo la identidad del intelectual no se consuma en la esfera del espíritu más que a través de una comprensión de su medio cultural, de las relaciones entre la sociedad y la ciencia y el arte, de las relaciones entre los individuos y las formas históricas en las que ha nacido, en las sociales en las que vive, en las lingüísticas en las que comprende y es comprendido. Su confianza en la racionalidad, su fe de neoconversos en la civilización europea está, por tanto, vinculada a la dureza de las condiciones en Rusia y al compromiso con esa cultura, lengua y pueblo.

10/ *Ibidem*, p. 255.
11/ *Ibidem*, p. 276.
12/ *Ibidem*, p. 246.
13/ *Ibidem*, p. 273.

En estas breves claves de la formación de la *Intelligentsia* Rusa, no faltan en Berlin ni la ironía, ni ese gusto por señalar el azar en la historia. Subraya la limitada coherencia política y capacidad de intervención de esta generación, en comparación no sólo con sus coetáneos europeos, sino con la misma generación rusa de los 60; es una generación «soft»[14] cuya cohesión se debe tanto a su aislamiento como a su rechazo de la dura sociedad en la que vive: es la clase de grupo «que tiende a cristalizar siempre que hay una minoría intelectual (en Bloomsbury o en cualquier otra parte) que se considera separada del mundo en que vive por sus ideales y trata de promover ciertas normas intelectuales o morales al menos dentro de sí misma»[15]. Pese a ello, el alcance de su obra es claro.

IV

Para entenderlo empezaremos por analizar tres características que Berlin atribuye a estos autores, de las que la primera es la *búsqueda de la verdad como valor vital*.

En ella hay claras *dosis de ingenuidad*. En la Rusia de la época falta la mínima articulación institucional moderna de distribución del saber. La comunicación con occidente es difícil, la recepción de sus ideas aleatoria, la discusión de éstas está al margen de las instituciones, controladas por la autocracia. Tampoco hay una tradición profesional cultural, la que iluminaba el «métier» de Mozart o Haydn, y la que, desde el fin de las guerras de religión y la madurez de la comunidad ilustrada, sembraba dosis de buen sentido en las discusiones ideológicas europeas. No es raro por tanto que el entusiasmo por las nuevas ideas roce la iluminación religiosa y el fanatismo. Berlin cita las palabras de Herzen: «nunca nos querellamos con la dialéctica, sólo con la verdad»[16]; con las que Herzen subraya el rigor lógico férreo con que tales pensadores procesan cuanto de modo tan elemental recibían.

Si este afán por la verdad no se convierte en fanatismo residual ni se queda en mística grupal es porque desde el principio se mueve en el seno de *referencias vitales y se obliga a ellas*. Se busca la verdad en la transparencia moral de las relaciones con uno mismo, en la pregunta sobre lo que la sociedad y cultura propias son y pueden llegar a ser, en la coherencia de la obra de arte, dando por supuesto que la imaginación creadora no puede separarse ni de la personalidad moral, ni del medio cultural y social en el que se ejercita. Además, tal referencia vital rechaza el

---

14/ Berlin, 1983c, p. 283.
15/ Berlin, 1979e, p. 263.
16/ *Ibidem*, p. 249.

apoyo de la generalidad *a priori*, el consuelo de la «mala infinitud» y la esperanza en una totalidad abstracta. El problema de la verdad en tal contexto se concreta en un incansable ejercicio de la capacidad de juicio, que trata de unir, en la acción y en la obra, todas aquellas dimensiones.

Cuando Belinsky establece que la crítica literaria ha de partir de la comprensión de los supuestos y puntos de vista sobre los que se construye la obra, pero no puede terminar sino juzgando la densidad y verdad de tales supuestos, porque toda obra encarna ideas y éstas «were above all true or false... and not merely interesting, or delightful or even intellectually important»[17], no carga de moral o política la crítica de arte. Intenta comprender la obra a partir de sí misma y del medio en el que se produce y quiere llegar a una determinación de la misma en el mundo en el que se la recibe, con una posición *intransigente* hacia los problemas que se detectan en éste y para los que quiere encontrar respuesta.

Berlin correlaciona la actitud sobre la verdad con esta insobornabilidad vital, pero también destaca el alcance crítico específico de esta recepción de las ideas ajenas que se hace desde la propia cultura y desde los problemas concretos que el receptor quiere resolver[18]. Es importante detenerse en este aspecto de la radicalidad de estos autores.

Tanto los pensadores de esta generación como Tolstoi trabajan sobre la distinción entre esencia y apariencia tal como la acuñó el idealismo alemán[19]. Berlin, pese a su posición crítica ante el positivismo, desconfía de tal distinción, en la que ve una fuente de ontologización del pensamiento que lleve a una propuesta «última» sobre la realidad[20]. Su posición es análoga a la de Popper: análoga porque, a diferencia de éste, piensa que a través de la apariencia, a partir de cuanto se nos da de una civilización, una cultura o una formación histórica, es posible indagar en la especificidad de las redes en las que ellas, y los individuos que en ellas viven, organizan su identidad y sus significados vitales; y que es posible hacer esto mediante una comprensión que no pida prestadas categorías a la ciencia (*op. cit.*, nota 5 a la p. 113 en comparación con la 7 a la p. 114 [en la edición inglesa, nota a la p. 47 y nota a la p. 49]). Me parece que esta forma de resolver aquella distinción crítica la advierte Berlin en aquellos pensadores rusos o bien a su través la construye. Los miembros de aquella generación «soft», cuando buscan el sentido de la acción y lo hacen a través de las «nuevas ideas», no conectan

---

17/ BERLIN, 1947, p. 24.

18/ BERLIN, 1983d, pp. 233 ss.

19/ BERLIN, 1947, p. 24.

20/ BERLIN, 1984a, p. 48 [113 s.] y BERLIN, 1973b, pp. 128-135. Es quizá éste uno de los pasajes más revisados por el autor a lo largo de las tres ediciones del libro.

aquél ni éstas con un universo previamente establecido, o con un sentido de la historia. Belinsky recibe la obra como un producto y expresión humanos, con sentido en sí mismo, del mismo modo que Herzen establece que el significado de una canción se agota cuando se apagan sus últimos ecos[21]. Pero ello no implica que la obra —o la canción— pueda subsumirse, como dato, en una generalidad conceptual, ni relegarse a un ámbito emocional misterioso. La verdad con la que porfía Belinsky no es apariencia, *es esa misma obra* y la crítica es un ejercicio de comprenderla en su especificidad, «an act of painful self-adjustment to unfamiliar ideas, of attempting to inhabit a world created by another imagination»[22]. Aquella distinción, pues, se resuelve en la indagación reflexiva de lo diferente de la obra —o de la acción—; a lo que sigue, como veíamos, otra posición del juicio, la del propio crítico que recibe la obra y establece tal juicio desde la complejidad de su propio mundo. Ambos ejercicios del juicio no están jerarquizados: interactúan. Y juntos depositan una empiria reflexiva que enriquece el escueto entorno de estos pensadores.

Aquella búsqueda de verdad añade a su intransigencia la crítica y la empiria reflexiva, surgidas en el mismo hueco que liberan el rechazo de la apariencia y el de la generalidad. Ambas alientan la construcción narrativa de las grandes batallas de Tolstoi, en las que, a juicio de Berlin, el vacío que dejan el discurso del cálculo —que resulta inservible— y el del papel de los grandes hombres —que llega a ser gratuito— se llena con constelaciones de gestos individuales tan expresivos como desordenados. Y abonan la pasión por la diferencia de Turgenev, que hace que este sensitivo liberal sea seducido por la verdad del nihilista Bazarov o no renuncie a los grises ambientes de la pequeña nobleza rural, que dan a sus novelas un tinte de decadencia que sembraba en Tolstoi una desazón similar, dice Berlin, a la que despertaba en Lukács el mundo de Proust.

Una segunda característica de estos pensadores, casi contenida en cuanto se acaba de decir, es *su inspiración moral.* Es el correlato de aquella intransigencia por la seriedad vital de su pesquisa. Su indagación se centra en el significado de la acción, en la pregunta sobre los fines de la vida y en el sentido de las relaciones entre individuos y sociedad.

La intensidad e inminencia con las que se buscan tales respuestas hacen que éstas no se satisfagan con propuestas formales o atribuciones antropológicas. Para ellos la respuesta al «qué debo hacer» es ante todo solución al problema de la personalidad moral en un orden general y social; y son conscientes de vivir en un medio degradante, el ruso, cuyo arcaísmo y crueldad convierte en inmoral

---

21/ HERZEN, 1979, p. 35.
22/ BERLIN, 1955, p. 447.

la misma inhibición en combatir su persistencia[23], mientras que advierten en el propio medio europeo la conversión en modos de vida de actitudes acomodaticias o filisteas.

Por esa misma inminencia, las grandes soluciones de corte idealista habrían de tener poco éxito: «Para Herzen, uno de los más grandes pecados... es transferir la responsabilidad moral de sus propios hombros a los de algún impredecible orden futuro»[24]. Del mismo modo que el problema de la personalidad moral ha de resolverse en los problemas detectados en cada momento, el problema de los fines de la vida no permite aplazamientos. «Un fin que es infinitamente remoto no es un fin, sino, en todo caso, una trampa»[25].

Esta resolución moral —junto a aquella forma de crítica comprensiva y empiria reflexiva— marca una de las más profundas corrientes de influencia de la *Intelligentsia* rusa. La carta de Belinsky contra el irenismo de Gogol respecto a la autocracia se convertirá en texto de cabecera para una multitud de «individuos superfluos» que encuentran en ella identidad propia más allá de su aislamiento y su anonimato.

Permítaseme destacar la relación entre aquel modo inminente o inaplazable de determinar los «fines de la vida» y un importante tema del pensamiento de Berlin: no es posible, piensa, discriminar los fines de acuerdo a un principio de racionalidad formal. Cuando se dice que «la autoridad de la razón y de los deberes que ésta impone a los hombres se identifica con la libertad individual, sobre la base de que los fines racionales son los únicos que pueden ser objetos 'verdaderos' de la 'auténtica' naturaleza 'libre' del hombre, tengo que confesar que nunca he entendido qué significa la palabra 'razón' en este contexto»[26]. La determinación de los fines de la vida es una cuestión del individuo, del ejercicio de su opción entre valores. Entre las consecuentes diferencias es posible discutir, pero no puede suprimirse un ámbito de exclusiva competencia individual que esté libre para aquel ejercicio de la opción. La personalidad moral sin tal ejercicio es una abstracción.

Aquel trabajo de determinación de la diferencia y la crítica y esta forma de concebir los fines apuntan ya la tercera característica que advierte Berlin en los autores rusos, la unidad de la experiencia individual: «el hombre es sólo uno y no puede dividírsele»... «haga lo que haga, lo hará con toda su personalidad»[27].

23/ BERLIN, 1979f, p. XXIII.
24/ BERLIN, 1979e, p. 370.
25/ HERZEN, 1979, p. 37.
26/ BERLIN, 1984b, p. 153, note [224, nota 21]; subrayados de BERLIN.
27/ BERLIN, 1979e, p. 254.

La centralidad de la unidad de la experiencia es uno de los más claros componentes románticos de esta generación, y en cuanto atribuyen tal unidad al individuo, es esta nota uno de los más poderosos atractivos que ejercen sobre Berlin. Éste considera que el verdadero respeto a la individualidad ha de vérselas con los contenidos: es en este terreno donde puede advertirse la originalidad y la independencia que permiten no sólo vivir a la luz de «creencias y principios personales no dictados», sino que éstos se inscriban en soluciones serias a problemas de necesidades emocionales auténticas[28]. Si el respeto a la individualidad no pisa esta arena, se arriesga a permanecer en la abstracción, y ésta siempre puede ser absorbida por un horizonte conceptual fuerte, como veíamos en el caso del racionalismo. El individuo es posibilidad de diferencia, pero, sin la tematización concreta de la segunda, aquella posibilidad puede desvanecerse.

Los románticos teorizaron la unidad del individuo sobre modelos de armonía de las partes con el todo. Cada una de las partes reflejaba el conjunto. Lo nuevo es que la consistencia de tal armonía no se apoya en la perfección de las esferas celestiales, en el hombre o la sociedad ideal, sino en la densidad autónoma de la melodía romántica, en la fuerza de sus contrastes, en su desarrollo en el tiempo[29]. En esta síntesis original, espontánea y autosubsistente, el individuo no se circunscribe a su materialidad, sino que se vuelca hacia el medio. Hacia el medio cultural, social e histórico en el que se forma y al que ilumina y también hacia el medio que el mismo establece con su obra, sus fines y su acción.

Este es el punto en el que Berlin presenta su requisitoria al romanticismo. Primero, en la extrapolación del genio, de «aquel artista… cuyos materiales son los hombres, del destructor de las viejas sociedades y creador de las nuevas sin que importe a qué costo humano»[30]. En segundo lugar, señala la proyección de la armonía reflexiva de la personalidad romántica a la realidad, mediante una formación ontológica en la que aquellos vínculos reflexivos se establecen como necesarios y sobre el modelo de la obra de arte se construye un sistema tan estricto como el que los racionalistas de dos siglos antes elaboraron proyectando a la realidad la necesidad lógica o matemática[31]. En tercer lugar, advierte en los románticos la proclividad a atribuir al acontecer fines que se tienen por universales desde el punto de vista moral, atribución que a veces pasa por la creencia en una comunidad moral universal y otras por una restauración del

---

28/ BERLIN, 1983e, p. 13.
29/ La comparación es de BERLIN, y puede encontrarse desarrollada en BERLIN, 1990a.
30/ BERLIN, 1983e, p. 13.
31/ BERLIN, 1979e, pp. 278s.

ens verissimum bajo la forma de la confianza en la confluencia de fines moralmente reconocidos[32].

Con ello entramos en lo que desde el principio he determinado como cuestión central de este trabajo: por qué estos pensadores consiguen evitar esos riesgos.

V

Una primera respuesta se encuentra en Herzen. Para éste la unidad de la experiencia es algo de lo que no tiene sentido hablar sino a partir y por mediación de los individuos.

Esta posición arranca de una convicción: aquellas preguntas sobre la verdad, la personalidad moral y los fines no encuentran respuesta —ni pueden encontrarla— en los grandes sistemas filosóficos, ni en las generalidades del saber, ni en los proyectos generales morales o políticos.

Tal convicción surge de su análisis del fracaso de las revoluciones europeas del 48. Descubre en él un divorcio entre los principios y conceptos de los revolucionarios románticos y los intereses y fines concretos de los grupos que intervienen en la revolución: las teorías se construyen al margen de las necesidades y los programas sin atender a situaciones auténticas[33]. Herzen saca la consecuencia de lo espurio de tales concepciones generales, en un sentido que recuerda a la mitología lukacsiana del concepto; porque aquellas generalidades establecen objetos que se mueven sobre una escasa base empírica, teniendo, sin embargo, la fuerza suficiente para rechazar cuanto de particular pudiera impugnarlos. En consecuencia no sólo carece tal teorización política de una base empírica, sino que aquellos objetos y generalidades resultan inasequibles a la crítica reflexiva y terminan por imponerse como dogmas sagrados, hasta el punto de poder decirse, en palabras de Berlin, «that a new form of human sacrifice had arisen in his time —of living human beings on the altars of abstractions— nation, church, party, class, progress, the forces of history: these have all been invoked in his day and in ours: if these demand the slaughters of living human beings, they must be satisfied»[34].

Herzen considera que estas grandes ideas son objetivaciones ilusorias y fugaces de la conciencia de una época, por la que se establece como fin del acontecer lo que no es sino una consecuencia de las acciones humanas[35]. Por consiguiente, intenta liberar éstas de aquellos conceptos a fin de determinar su sentido de modo

---

32/ BERLIN, 1973b, pp. 15 y 17.
33/ BERLIN, 1979a, p. 186.
34/ BERLIN, 1990b, p. 16.
35/ HERZEN, 1979, p. 36.

empírico. A juicio de Berlin, esta indagación abandona los principios idealistas a través de los que Herzen, en sus últimos años en Rusia, había desarrollado la relación entre especulación y empiria en la ciencia[36] y se esfuerza en una descripción de las opiniones, ambiciones y deseos de los grupos sociales, bajo el presupuesto negativo de la imposibilidad de explicar la conducta humana subsumiéndola bajo una abstracción y la idea positiva de que la acción se ilumina a través de sus fines, sin que éstos puedan organizarse en una generalidad o deducirse de ella. Se trata, pues, de determinar el sentido de la acción a través de los fines, de modo que esta empiria reflexiva permita discriminar cuándo los conceptos sociológicos se refieren a la acción y cuándo se utilizan de modo hipostatizado (en términos favoritos de Berlin, establecer la «distinción crucial entre palabras que son acerca de palabras y palabras que son acerca de personas o cosas del mundo real»)[37].

Al conceptualizar así los fines, no hay en Herzen un entendimiento naturalista de la acción. El tiempo de la naturaleza es diferente del humano, aquélla no se las entiende con el futuro, sino con el instante, y por tanto nada tiene que ver con fines[38]. Los fines han de entenderse no como datos, sino en el seno de una propuesta de sentido, que se concreta en el despliegue de las diversas esferas en las que se articula la acción. La libertad, por ejemplo, no es un acontecimiento natural (si algo puede ser tenido como natural es la inclinación a la sumisión); libertad, educación, civilización son más bien resultado de un lento proceso —discontinuo y a veces tornadizo— en el que determinados fines se establecen por algunos hombres y, al reconocerse por otros, terminan por fijarse como claves de la acción. Tal proceso tiene que ver con los individuos, con la textura de las sociedades en las que viven, con las relaciones interactivas en las que se mueven[39]. No es resultado de la dinámica de la idea o de la historia. La comprensión de los fines supone la historia, pero no como totalidad de sentido, sino como ámbito en el que estos establecimientos tienen lugar y desde el que los comprendemos.

Aquella empiria habrá de establecerse a través, por tanto, de una consideración reflexiva de la conducta, sus fines y el medio en el que una y otros se establecen, sin concesión al determinismo y con atención a las instancias individuales y a la peculiar textura interactiva que puedan llegar a establecer.

Pero con ello sólo se contesta la mitad del problema. Queda saber cómo es que se establecen los fines, si éstos no responden a un desarrollo de las ideas, de la historia, ni de la naturaleza. La respuesta de Herzen es: «men create their own

---

36/ HERZEN, 1968; la opinión de BERLIN está en 1979e, pp. 362-363.
37/ BERLIN, 1979e, p. 390 y 1984a, p. 42 [107].
38/ HERZEN, 1979, p. 37; 1968, pp. 26 s.
39/ HERZEN, 1979, pp. 123-142.

morality ... animated by that *egoism* without which there is no vitality and no creative activity, the individual is *responsible for his own choices*»[40].

Con ello se dice más que la importancia de los fines a la hora de precisar el sentido de la acción y se sostiene algo más radical que la no creencia en horizontes conceptuales generales. Se está diciendo, a juicio de Berlin, que «no hay ni puede haber principio ni valor más alto que los fines de los individuos... únicos autores de todos los principios y todos los valores»[41].

Por consiguiente, la única forma seria de responder a los problemas planteados es el recurso a la capacidad de opción. Esto tiene un primer corolario: carece de sentido hablar de unidad de la experiencia fuera del ámbito individual. Negativamente se sigue, además, que nada hay que permita pensar en la existencia de un término final que conecte y coordine los fines, porque si esto se planteara —y se plantea de hecho en las propuestas políticas del XIX, en la doctrina de la soberanía, por ejemplo— se seguiría que la libertad de opción podría sacrificarse a tal proyecto, lo que contradiría la proposición final del párrafo anterior.

En este nivel práctico, por tanto, la dignidad humana se vincula a la posibilidad de ejercicio de la capacidad de opción y la posibilidad de respuesta a las grandes preguntas —respuesta que será tan fatigosa y compleja como lo son aquéllas— se mantendrá abierta si así se mantiene, sin interferencias, la posibilidad de elegir los propios fines.

Berlin califica esta propuesta de Herzen como «a doctrine ... where it forms a bridge between empiricists endowed with moral imagination and existentialists who have something inteligible to say»[42]. De esta forma establece aviso de mareantes para aventurarse en el peligroso estrecho descrito en el epígrafe II: una dirección teórica reflexiva, una dirección práctica casi libertaria cuyo punto de confluencia es el individuo, referido en cada una de esas direcciones a su entorno, como única esfera en la que la propuesta y expresión «unidad de la experiencia» puede tener sentido.

VI

Para Berlin la noción formal del individuo es insuficiente. Tampoco el mundo individual puede explicarse en función del impulso ciego de algún «*principium individuationis*». Si la importancia de este mundo individualizado es la peculiar unidad de teoría y práctica que acabamos de ver, cabía esperar que este mismo

---

40/ BERLIN, 1979f, p. XVII; subrayados míos.
41/ BERLIN, 1979a, p. 226.
42/ BERLIN, 1979f, p. XVII.

ámbito podía desarrollarse de modo general y no sólo desde un relativo hermetismo del individuo. Esto es lo que hace en su trabajo sobre Tolstoi.

En su ensayo «El Erizo y el Zorro», Berlin desarrolla la noción de unidad de la experiencia en contraste con las esperanzas puestas en un saber general y completo. Construye el ensayo oponiendo la pasión que advierte en Tolstoi por la verdad, su ambición por lograr un saber completo[43] al flagrante sentido de la individualidad que puebla sus novelas.

Piensa Berlin que Tolstoi resolvió la frustración de aquella ambición optando por el quietismo —heredado de Schopenhauer— que a la vez reconocía el necesitarismo del acontecer y nuestra imposibilidad de conocerlo y por la convicción de la primacía del conocimiento de las almas sencillas. Berlin no toma demasiado en serio estas soluciones desde las que el santo laico de Iasnaia Polyana lanza una doble requisitoria a la inautenticidad de la sociedad moderna, *bourgeoise*, y prefiere oponer la pasión y ambición por saber del ilustrado Tolstoi a la clara complicación con la que el Tolstoi narrador diseña la responsabilidad personal, la libertad individual, la espontaneidad de la acción y la singularidad de las situaciones de sus personajes.

Lo que une y separa esas dos dimensiones en las que Tolstoi se debate es la comprensión de la necesidad de someterse. Pero tal sometimiento no lo es a la fatalidad de los vínculos causales que determinan nuestra vida, permaneciendo —como los ángeles agustinianos de G. Greene— inasequibles al conocimiento, sino a lo que Berlin llama «las relaciones permanentes de las cosas y... la tesitura universal de la vida humana»[44]. Esto es lo que parecen aceptar los Rostov y los Bezhukov en su tranquila y algo mediocre cotidianeidad final de «Guerra y Paz», y lo que se revela a Bolkonsky al caer en las pendientes de Borodino. Y puede expresarse diciendo que es la consciencia de la oposición entre, de un lado, el saber poseído en el nivel de conciencia y la capacidad de planificación y de discernimiento de lo idéntico que nos confiere y, de otro lado, aquella red general en la que vivimos, desde la que conocemos, en la que algo surge como relevante, y desde la que esperamos que se nos comprenda a nosotros y a nuestras relevancias. Como Tirteo, nuestro conocimiento no puede separarse de ese trasfondo; como en la teología negativa —y, tal vez, en la metafísica adorniana— nuestro conocimiento no puede apoderarse de él para esclarecerlo ni pensar en poseerlo. Para Tolstoi, el error de Napoleón —y del jacobinismo, y de los expertos y educadores ilustrados— fue ignorar aquella primera verdad; para Berlin, el pecado de Tolstoi fue no aceptar la segunda.

43/ BERLIN, 1979d, pp. 442 y 476.
44/ BERLIN, 1981, pp. 130-131 y 138.

Para explicar esta comprensión del trasfondo de la experiencia, Berlin recurre al concepto de profundidad. Esto es: bajo la capacidad de determinación del conocimiento consciente, puede señalarse cómo éste se organiza —sobre todo en la ciencia— en dominios diferentes, se configura estableciendo objetos, relevancias, criterios de validez mediante principios formales que hacen que todos estos productos sean compartibles de modo universal[45]; pero tanto aquellas determinaciones como esta organización reposan en un «orden que contiene y determina la estructura de la experiencia»[46]. Este orden no puede ya ser una organización categorial, pero tampoco puede concebírselo como una abstracta competencia cognoscitiva, porque está cruzado de relaciones y de relaciones que no se agotan en lo cognoscitivo. Es más bien el lugar en el que se depositan las relaciones básicas del cognoscente consigo mismo —con todas las dimensiones emocionales, prácticas, sensibles, que componen al ser humano— con el mundo y con los demás hombres y en el que, desde tales relaciones, algo llega a ser sujeto y algo objeto: la comprensión de ese orden es la «comprensión de lo que pueden la voluntad y la razón humanas y de lo que no pueden»[47]. No se lo puede concretar categorialmente, ni mediante un concepto abstracto, porque es más bien el lugar en donde se dispone qué puede abstraerse y cómo, qué ha de suprimirse para acceder a una identidad[48]; el lugar en el que más que seguir el surco de la categoría, se llega a establecer una de ellas[49], se abduce una estructura de lenguaje, bien proponiendo una nueva categorización o un nuevo cruce entre las que existen[50]. Es el lugar en que la autocomprensión y comprensión de los demás se sabe mediada no sólo por el siempre igual de la racionalidad abstracta, sino por la diferencia que late en las tramas de los lenguajes históricos, en las relaciones características de épocas y de culturas[51].

Creo que este incierto territorio fue señalado por Kant en las antinomias; la tradición neokantiana trató de desplegarlo a partir de las posibilidades formales de la reflexión y Weber, a mi juicio, siendo consciente de su existencia, trató de focalizar ciertas partes mediante la determinación tipológica y la distinción de las formas de acción racional. Lo característico de Berlin es ampliar ese marco básico de la experiencia a toda relación imaginable en la compleja interacción entre los

---

45/ BERLIN, 1984a, p. 89 [157].

46/ BERLIN, 1981, p. 131.

47/ *Ibid.*

48/ BERLIN, 1983h, pp. 136-142.

49/ BERLIN, 1983b, p. 222.

50/ BERLIN, 1983h, pp. 144 s.

51/ BERLIN, 1983f, pp. 227 s. Final del epígrafe III.

hombres y su mundo, sin considerar ninguna privilegiada, y estudiar más tarde las formas en las que distintas formas de consciencia y acción seleccionan ciertas dimensiones y las articulan, desde su complejidad, en una unidad que se ilumina en su interior por la finalidad intrínseca que la anima. Este punto de vista, que a veces califica de aristotélico, le permite considerar condensaciones de experiencia muy distintas y otorgar a cada una sus razones: desde las del nacionalismo, hasta las que laten bajo la biografía de Marx.

Pero volviendo al análisis de Tolstoi, lo que en cualquier caso Berlin deja claro es que, al formar dicho marco parte de nosotros mismos, es inobjetivable, no puede ser constituido como objeto[52]. Desde aquí se ilumina la posición atribuida a Herzen: no es posible encontrar en lo general —que es ya un producto objetivo— una respuesta a un problema radical —que se mueve en el cruce de significaciones y supresiones, de pertinencias positivas y abandonadas en ese trasfondo—. Pero sobre todo se separa la unidad de la experiencia de toda posibilidad de determinación general, porque no podemos des-lindar, de-finir, de-terminar aquel marco general, ni suprimirlo.

Pero esto no quiere decir que la unidad de la experiencia se reduzca a una exaltación del sujeto, desde su inventividad, o desde la consagración subjetiva de la integración armónica de las legalidades que en el mismo confluyen, o desde la autodefinición. Si este marco general de la experiencia no se deja objetivar, nuestra relación con él —análoga a la del sujeto y el objeto, o a la que une y separa a lo mismo con lo otro— no se borra y Berlin la compara a un «principio de realidad»[53]. Por otra parte, este trasfondo, este marco de la experiencia, no es algo que pueda ignorarse, por su relativa inefabilidad, ni tampoco —como creo podría decir el racionalismo crítico— algo que o bien deba dejarse a su pura presencia vital o racionalizarse por la vía de la precisión de su carácter problemático y subsiguiente determinación lógica[54].

Berlin considera que es posible saber de ese marco de la experiencia mediante una «sabiduría». Ésta consiste en captar lo que para nosotros es inalterable de tal medio: «qué encaja con qué, y qué cosas nunca podrán ser juntadas... cómo vive el hombre y con qué fin, qué hace y qué sufre, y cómo y por qué actúa y debe actuar como actúa y no de otro modo»; es un saber que no ofrece información nueva pero que permite «ser consciente del juego recíproco entre lo imponderable y lo

52/ BERLIN, 1981, p. 132.
53/ *Ibidem*, p. 133.
54/ POPPER, 1982, pp. 147-179, sobre todo el epígrafe 6 y la nota 14. Ver también su intervención en el Simposio de Burgos tras la ponencia del Profesor Rojo, en Varios, 1970, pp. 109 s.

ponderable»[55]. Esta sabiduría es lo que hace que entre civilizaciones alejadas en el tiempo, y entre ámbitos vitales y culturales distantes, pueda haber inteligibilidad mutua y discusión. No porque se comparta la legalidad de la forma conceptual, sino porque puede someterse a la capacidad de juicio la forma, sin duda diferente, en la que se propone la determinación de lo objetivo[56].

Sobre esa base que a veces recuerda al par maquiaveliano prudencia-fortuna y que es tan crítica de una reducción del conocimiento a lo determinado como de los excesos románticos, es sobre lo que puede levantarse la reflexión sobre lo social, lo político, lo moral, porque en ellos la proporción «de vida 'sumergida', no observable... es demasiado grande», y no es que, situados aquí, obtengamos una empiria en tanto no se genere ésta al modo formal, sino que en aquellos ámbitos del conocimiento es fundamental contar con una cautela capaz de tener en cuenta la valoración ajena y una audacia que no nos paralice a la hora de juzgar, es decir, contar con una actitud consciente de pisar el suelo en el que se originan los términos «racional» e «irracional» y por tanto tenga la prudencia y la osadía para establecerlos en lugar de refugiarse debajo de ellos como coartada.

Tal y como acaba de caracterizarse, este trasfondo de la experiencia no puede agotarse por medio de un sistema de conocimiento general y completo. Si alguna mediación es posible es la individual. Estas comprensiones individuales no indican cada una un saber excluyente, sino que pueden comunicarse, entenderse y criticarse. Pero desde aquí no es posible dar el salto a un sistema general, porque la unidad de teoría y práctica no se libra de ser parcial y fragmentaria —porque crece sobre lo suprimido—, en cierto sentido arbitraria —porque lo que establecemos no puede justificarse más allá de donde el término justificación tiene sentido— y contingente, esto es, incapaz de subir por encima de ciertos límites de tiempo y localización. Sin embargo, esta incapacidad de subir a la generalización no las priva de razón cuando señalan una nueva relevancia, categoría o conceptualización que pueden traer a la luz, a lo largo de diversos ámbitos del saber, lo que hasta entonces resultó insignificante.

Este alcance decisivo pero limitado de la unidad de la experiencia es lo que de ninguna manera aceptó Tolstoi. Se valió de su aguda visión de los mundos individuales para negar cuantas propuestas de saber general tuviera por establecidas, y en lugar de analizar ese cierto abismo que advertía se vale de aquella visión de lo individual para «destruir su propia paz y la de sus lectores»[57]. Por ello Berlin prefiere al santo laico de sus últimos años, aquel Tolstoi que intenta una y otra vez

---

55/ Berlin, 1981, pp. 134 s.
56/ Berlin, 1984a, pp. 97-99 [165-168].
57/ Berlin, 1979d, p. 441 y 1981, p. 143.

zafarse de la contradicción entre profundidad e individualidad sin lograrlo, lo que para Berlin es sin duda un afortunado hito en la historia de las ideas.

VII

Hasta ahora hemos vinculado doblemente la unidad de la experiencia a la individualidad. Un paso más es la reflexión de Berlin sobre la obra de Turgenev.

Berlin tiene a Turgenev como un firme, aunque sereno, convencido de las virtudes del positivismo decimonónico, el liberalismo y la civilización europea. La fe de Herzen en la comuna campesina, su populismo socialista, la mística tolstoiana del campesino ruso le parecen fantasías no exentas de un riesgo mesiánico. Su fatalismo —que Berlin relaciona sin demasiada intensidad con Schopenhauer— se acerca a esa visión secular de la naturaleza, hija de un positivismo libre de las ilusiones ilustradas y de una sensibilidad que ya no reconoce a aquélla como a «guía y protectora» sino como a la «dama de ojos fríos» que alterna belleza con crueldad.

Este maestro del distanciamiento se consideraba, sin embargo, profundamente comprometido con los problemas rusos[58]; pero su solución política va por el camino del gradualismo, de la educación sistemática, de la formación progresiva de élites cultas y reflexivas.

Sorprende, por tanto, que este hombre sea el creador de la identidad literaria del revolucionario de la generación de los 60, que acuñe y ponga en circulación el término nihilista y que todo ello se haga en un personaje literario de tal fuerza y sinceridad que rompa las connotaciones ideológicas. Bazarov, el personaje central de «Padres e Hijos», no sólo concreta aquella identidad, sino que lo hace desconcertando e indignando a una izquierda que no quiere reconocer sus defectos y a una derecha que preferiría ignorar sus virtudes.

Esto fue posible porque en Turgenev la sensibilidad ante la diferencia se convierte en temple vital: no cede a las exigencias de lo igual, ni puede ignorar las exigencias de lo otro.

Esto es verdad en política. Sus convicciones liberales no le impiden distinguir la verdad del nuevo revolucionario ni ignorar la razón que le asiste. Y ello pese a que el resuelto pragmatismo de los Bazarov, su fe cientista, su confianza en la tecnología social y su menosprecio del arte son otras tantas dolorosas negativas a las creencias de Turgenev. Esto es para Berlin un distintivo de la actitud liberal que opta por cuanto se opone al conservadurismo, aunque ello le exija revisar sus

---

58/ Así lo señala BERLIN en 1983g, p. 23; 1979e, p. 255 y 1979b, p. 535.

convicciones. «La figura del liberal bien intencionado, vacilante, meditabundo, testigo de la compleja verdad, que como tipo literario creó Turgenev virtualmente a su imagen propia, se ha vuelto hoy universal», escribe Berlin en 1972[59].

Pero es sobre todo verdad de su visión de las cosas y de su creación literaria. La narración de Turgenev parece surgir de un cierto distanciamiento del objeto, una casi displicencia en la que no falta la ironía; su desarrollo se hace a través de una acumulación de facetas de la individualidad y la situación, de modo que ninguna de ellas llega a borrar las anteriores. No hay endiosamiento del personaje: la brillantez cruel de Bazarov en sus discusiones con los viejos Kirsanov y en su instrucción al joven Arkadi no desaparece con su ingenua rudeza ante Odintsova; tampoco hay un reduccionismo fácil: el mundo de Bazarov no carece de sensibilidad, aunque ésta sea tan dura como los perros rojizos de sus delirios. Esta acumulación de diferencias condena al lector que espere un desenlace claro a tener que ponerlo por sí mismo. Pero la sistemática suspensión del juicio de Turgenev no obedece sólo a una sublimación de la duda, traducida a virtuosismo de un último matiz que desconcierta al lector rompiéndole el más reciente juicio que ha aventurado. Hay un empeño porque los personajes claves se iluminen en su diferencia: Bazarov es una parte de la Rusia de la época, tal vez errada y carente de futuro, ni siquiera es claro si su muerte es heroísmo, fracaso o autodestrucción, pero ilumina la verdad y la fantasía de los demás personajes obligándolos a mirar su realidad.

Lo que se advierte entonces es la posibilidad de interacción entre formaciones de la experiencia plurales y contrapuestas sin que junto a ellas se disponga una instancia que facilite un juicio definitivo o un terreno desde el que todas hayan de coincidir. Esto se hace posible en la obra de Turgenev, negativamente, porque no cree que ningún universo conceptual —y tal vez ninguna convicción— sea inmune a la fuerza de una individualidad o incluso de un interés o un deseo verdaderamente vital; y, positivamente, porque su imaginación y sensibilidad le convierten en un maestro de la *Einfühlung*, la comprensión imaginativa herderiana cuyo ejercicio desconcierta a los racionalistas, empezando por el propio Kant. Este tipo de ejercicio, sin embargo, y aquel resultado pluralista es lo que interesa a Berlin. Porque la construcción de la diferencia a partir de la comprensión no es en Turgenev un trabajo de indagación psicológica, ni una identificación sentimental, o al menos no es eso exclusiva ni principalmente; y tampoco requiere una visión intuitiva de lo otro, ni un dispositivo ontológico entre lo uno y lo múltiple. Es un trabajo que se hace posible a partir de la posición libre de aquellos elementos que

---

59/ Berlin, 1979b, p. 550.

antes veíamos en el marco general de la experiencia —tal como lo hace el lenguaje artístico—, de modo que las diversas configuraciones individuales se comuniquen —no que entiendan o asientan, sino que no dejen de hablar o, en el caso del final de «Padres e Hijos», de recordar— sin que ninguna se apodere de las otras; establecen así entre todos algo que puede reconocerse aun a niveles empíricos, sin que su nexo de unión —pese a la diversidad de los elementos— esté fuera de ellos. Todo ello no sólo se establece en el equilibrio formal de la obra de arte, sino se ofrece al reconocimiento de los que la reciben y se prolonga en éstos. Un reconocimiento nada unánime, sino tan contradictorio que redujo a Turgenev a un destierro más doloroso que el alejamiento físico, pero reconocimiento profundo porque puso a todos en la tesitura de descubrir que la identidad era un lento trabajo de reconocer lo diferente.

VIII

Esta relación entre la unidad de la experiencia, el individualismo y el pluralismo se establece a partir de una forma de entender la propia realidad personal, profesional, social y cultural a través de un modo específico de comprender la crítica de arte.

Es lo decisivo de la obra de Belinsky, «Bessarione Furioso», el crítico romántico ruso que fijó la obra y la significación de Pushkin en la cultura rusa, que estimuló una identidad de los «individuos superfluos» en la Rusia de su tiempo mediante su dura denuncia del conformismo de Gogol y se convirtió en el mentor de la generación que estudia Berlin y de sus consecuencias que a través del populismo ruso llegan al radicalismo bolchevique.

La influencia de Belinsky parte de su modo de entender el arte y la crítica. Es un romántico que no quiere reposar en aquellas formas de unión entre arte y vida en las que ésta se abstrae de su medio social o de los aspectos de la existencia individual que él, desde su afán por la verdad y su inspiración moral, considera irrenunciables. Tampoco acepta la guía que, para la unidad de arte y vida, ofrezca la arquitectónica de sistemas. Busca la unidad que surge del interior de la obra de arte, convierte a ésta en autosustentadora a partir y a través de una inspiración propia, y le exige un alcance que toque a la acción individual y al medio de tal acción.

En su crítica, dice Berlin, no hay un análisis estilizado de la relación arte-vida. Y es que se prefiere que la articulación de la relación sea la que surja del mismo interior de la obra, de su conexión con el autor, e incluso de la misma recepción de la obra. Ésta aparece como un suceso total que enzarza al individuo, al medio histórico y cultural, e incluso crea su propio medio. No pretende, pues, Belinsky una crítica moralizadora, utilitaria, o pedagógico-social[60]. Lo característico es que a la vez que amplía el alcance de la crítica —a fin de cuentas era tal vez la única forma de hablar pública, personal y críticamente, en una sociedad tan reprimida y jerarquizada como la de Nicolás I, de cuanto ellos eran y pretendían—, rechaza la posibilidad de su articulación por un solo nivel valorativo —cualquiera que fuera éste, un tal criterio (estético, moral, filosófico o político) resultaría extrínseco para su concepto de crítica—, y subraya la importancia de la obra como una totalidad.

Belinsky buscaba en el arte lo que otros coetáneos esperaron de la metafísica y la religión: una forma de «colmar la brecha dejada por otras formas... de experiencia»[61]. Una preocupación típicamente romántica. La pureza de Belinsky convierte tal búsqueda en lo que Berlin llama un «humanismo radical»[62]. No quiere esteticismos: es una reconciliación con la realidad lo suficientemente sublimada como para ser falsa; tampoco sistemáticas filosóficas que, de antemano, fijan los papeles entre el sujeto y el objeto y dictan ritmos de actuación. Todo lo espera de la densidad objetiva y transparencia subjetiva de las creaciones de los hombres.

La experiencia que busca no puede venir de fuera, sino de la obra misma de los hombres. Por ello, si en el arte hay verdad, ésta es más que correspondencia: ha de ser profundidad —opuesto a banalidad y a simplismo—, y autenticidad. Si hay valor, éste desborda el formalismo o la referencia material: remite al propósito de la obra y al impulso del que brota; al tipo de mundo que suscita, a la densidad de sus relaciones de valor y a la relación de éstas con la verdad. Es decir, la experiencia que suscita la obra establece relaciones entre nuevos sujetos y nuevos objetos: es autosubsistente; pero, dada su autoría humana, ha de ser espontánea, directa. Y tal experiencia ha de ser medio de comprensión y autocomprensión, y vinculada al medio histórico, aunque para iluminarlo y conformarlo.

Hay una importante implicación en el hecho de buscar esta nueva experiencia en la esfera del arte: en ésta, verdad, valor y densidad de la experiencia no son excluyentes; la obra no es una función veritativa; lo que se establece en ella marca, más que una exclusión, una diferencia; el riesgo del juicio crítico es el de no comprender tal diferencia, tal novedad; en cualquier caso, rara vez la agota. La obra como totalidad, pues, en su verdad o en su consistencia, se parece más a los mundos individuales, que en su interacción más que excluirse se interpelan e impugnan; más que interpretar un medio, lo crean, más que imponer una identidad, la ofrecen y, más que obligar a una solución, hacen consciente de nuevos

---

60/ Ver la insistencia de Berlin al respecto en 1979e, pp. 259, 307, 309 y 1979b, p. 488.

61/ Berlin, 1979e, p. 308.

62/ Berlin, 1955, p. 447.

problemas. Esto es lo que Belinsky descubre en Pushkin[63]. Con ello se refuerza aquel humanismo al conectar unidad de la experiencia con experiencia individual, totalidad con pluralidad.

En este medio es donde ha de verse la radicalidad del arte. Para Belinsky no hay «una clara región de la experiencia llamada arte en la que aquéllos, que en otros momentos de su vida andaban comprometidos con la mentira o con apaños morales, pudieran, sin embargo, porque una cosa es la vida y otra el arte, crear obras que estuvieran por encima del juicio ético»[64]. Pero tal integración se sitúa en la relación creador-individuo, obra, medio-recepción. Si es el arte una experiencia humana radical, Belinsky busca o supone en el autor un «centro de gravedad moral» desde el que desplegar la autenticidad de la obra; desde ahí busca en la obra misma si su verdad es autoconsistente o si, digamos, se construye con palabras prestadas o tan particulares que apenas puede conectar los complejos de verdad y bien. Ahí la exigencia moral de integración se desliza ya a las relaciones de la obra con el medio. Con el que ella misma crea: con la profundidad y densidad de los significados e identidades que establece[65], si son o no capaces de fijar la nueva experiencia, de ofrecerla a quien la recibe, removiendo su falsa paz. Y también con el medio en el que la obra se establece, al que no puede permanecer totalmente ajena porque ello cuestionaría su pertinencia en la esfera de la experiencia buscada.

De todo ello se desprende que el arte es una forma decisiva de comunicación interindividual, específica —aunque no exclusiva— de cada época y cultura. La obra de arte no es un estilo, una habilidad, etc., sino «la expresión de vida de la asociación específica de seres humanos en las diferentes etapas de desarrollo material y espiritual... vida en la que uno viene a encontrarse con individuos... motivos, actividades, que intentan ser algo, comunicar alguna cosa, y... luchar y sufrir por conseguirlo»[66]. El arte así se convierte en «patria»: «un credo según el cual sólo la literatura estaba libre de las traiciones de la vida rusa cotidiana; sólo ella ofrecía esperanzas de justicia, libertad y verdad»[67]. Pero lo que singulariza tal ámbito no se transfiere a un lenguaje privilegiado, ni jerarquiza significados: lo que hace es multiplicar las condiciones de habla; condiciones que surgen de una

---

63/ BERLIN, 1979e, p. 105. Es interesante ver cómo desarrolla BERLIN la importancia cultural de la obra de PUSHKIN en un contexto diferente en BERLIN, 1971.

64/ BERLIN, 1955, p. 447.

65/ BERLIN habla de «autenticidad... pertinencia al tema, su profundidad, su verdad» en 1979e, p. 301; comparar con la verdad-valor de las relevancias históricas en 1983a, pp. 93 ss. [161 ss.].

66/ BERLIN, 1955, p. 447.

67/ BERLIN, 1979e, p. 302.

actitud siempre a integrar, no que se dé por unificada desde una esfera considerada *a priori* como determinante; que más que decir qué ha de decirse, señala la capacidad, el riesgo y la necesidad de hablar.

Hasta aquí las características básicas de la crítica de arte de Belinsky como las presenta Berlin. Podrían por sí mismas conectarse a cuanto se lleva dicho para finalizar el tema que nos ocupa. Pero en el análisis de Belinsky hay un concepto que lo unifica y que es de particular importancia para Berlin. Lo que éste llama «las ideas». Creo que es preferible hacerlo a partir de tal noción. «Ideas» son, para Berlin, verdades, convicciones y creencias que están conectadas a emociones, vinculadas a actitudes y gestos, encarnadas en correlatos simbólicos, y llegan, por ello, a ser «el complejo central de las relaciones de un hombre consigo mismo y con el mundo exterior»[68].

Podríamos llamarlas «condensaciones históricas de la autorreflexión», y me parecen muy cercanas a las formas de mediación por las que los individuos llegan a comprenderse a sí mismos y a los demás, desde el medio en el que viven —del que no cabe separar tales formas— al que pueden, además, desde ellas comprender y modificar. No son formas vacías: incorporan racionalidad y son moldeables por ésta; tampoco son principios racionales sustanciales pero abstractos: están ligados a la historia, a la cultura y a la biografía. No son una mera competencia de uso de la racionalidad: se vinculan a la acción, incorporan elementos prácticos, emocionales y sensibles. Por consiguiente, parecen favorecer las identidades concretas que veíamos en el epígrafe VI, al hablar de Herzen. Además, la conexión individual que permiten no es sólo algo privado o inefable, se puede hablar de ella y tal vez *con* ella se hable. En realidad, supondrían la concreción histórica e individual de aquel trasfondo de la experiencia al que me refería hablando de Tolstoi. Tales concreciones señalan la diferencia de lo individual, pero desplegándola desde un oscuro suelo común que permite comprender la palabra diferente. En tercer lugar, esta diferencia no equivale a una tolerancia vacía, a un *tout comprendre, tout pardonner*: como dice Berlin, puede hablarse de ideas «profundas o huecas, falsas o verdaderas», pero también de ideas «cerradas o abiertas, ciegas o dotadas de poder de visión»[69]. En otras palabras, permiten una interacción, en la que cada individuo puede ver la verdad del otro y su verdad a la luz del otro, tal como intuíamos en la obra de Turgenev.

Finalmente, el que esta mediación tenga como correlato —social e individual— el lenguaje permite pensar la unidad de la experiencia como un lento y arriesgado ejercicio que se mueve fuera de fines e ideas preconcebidas y sin autolimitarse a

---

68/ *Ibidem*, p. 298.
69/ *Ibid.*

una sola esfera de sentido. Un ejercicio de sincronía tensa —dada la interacción con los individuos y con un medio complejo, y la carencia de un único y fuerte criterio *a priori* de selección de lo relevante— y de diacronía arriesgada porque, como debió apostar Belinsky por la importancia futura de Pushkin, habrá de hacerlo esta configuración por su futuro y el de los que la rodean, sin poder contar más que consigo y sus interacciones. Estas mismas dificultades, sin embargo, son lo que permite pensar un medio no regido sólo por el interés, la fuerza o las diversas formas de tutela, de la verdad o del poder, sino por la posibilidad de hablar y de mantener la palabra. Berlin, desde luego, suprimiría de este terreno cualquier instancia que *a priori* garantizara el acuerdo.

IX

Queda por tanto ahí esbozada esta original forma de entender de modo pregnante la individualidad con un evidente correlato del pluralismo. Mi versión, para aquellos que busquen una identificación histórica de la *Intelligentsia* Rusa, me temo, les parecerá escorada. En realidad, no era ése el fin de este trabajo. Sin embargo, por completar la lectura de Berlin —lo que sí entra en el propósito— quiero subrayar la importancia de aquella *Intelligentsia* como elemento del cambio social. Berlin habla de la importancia de las ideas en el cambio social. No quiero entrar aquí en la famosa discusión a la que dio pie el análisis weberiano de la ética protestante. Sólo insistir en que, pese a su aislamiento, pese a su escaso bagaje en medios de intervención social y a su alejamiento de los centros establecidos de distribución del poder, la *Intelligentsia* rusa propició un terreno para el establecimiento de identidades modernas. Entre sus elementos hay buenas dosis de radicalismo y jacobinismo, cuya herencia de luces y sombras conocemos bien. Pero también hay elementos liberales y libertarios junto a otros que marcan la importancia de lo diferencial de culturas e individuos y, en la generación que hemos analizado, una desconfianza importante de la eficacia del Estado. Tal vez no sean estos elementos del todo baladíes hoy. Especialmente cuando de ellos resulta que la expresión de la complejidad es más importante que el establecimiento de lo igual.

Bibliografía

AYER, A. J. (1982): *Parte de mi vida*, traducción de Álvaro Delgado Gal, Alianza Editorial, Madrid.

BERLIN, I. (1947): «The Man who Became a Myth», *Listener*, 38, pp. 23-25.

— (1953): «Thinkers or Philosophers?», Reseña de N.O. Lossky, «History of Russian Philosophy», *Times Literary Suplement*, n.º 27/3, pp. 197-198.

— (1955): «The Furious Vissarion», *New Statesman and Nation*, 50, pp. 447-448.

— (1971): «Tchaikowsky and Eugene Onegin», Glyndeboume Festival Programme Book, pp. 58-63.

— (1973a): «Fathers and Children» (carta), *Times Literary Suplement*, n.º del 12 de enero, p. 40.

— (1973b): *Karl Marx*, traducción de la edición 3ª de *Karl Marx, His Life and Environments*, Oxford University Press, Oxford, 1969, por Roberto Bixio, Alianza Editorial, Madrid.

— (1979): *Pensadores Rusos*, traducción de *Russian Thinkers*, Hogarth Press, New York, 1978, por Juan José Utrilla, Fondo de Cultura Económica, México.
Se citan individualizadamente los estudios contenidos en este primer tomo de los *Selected Writings*, de acuerdo al siguiente orden:

— (1979a): «Herzen y Bakunin y la Libertad Individual».

— (1979b): «Padres e Hijos».

— (1979c): «Rusia y 1848».

— (1979d): «Tolstoi y la Ilustración».

— (1979e): «Una Década Notable».

— (1979f): «Introduction to Alexander Herzen, *From the Other Shore & The Russian People and Socialism*», Oxford University Press, Oxford, 1979 (1979, f).

— (1980): *Vico and Herder. Two Studies in the History of Ideas.* Chatto & Windus, London.

— (1981): *El Erizo y la Zorra*, Ensayo sobre la visión Histórica de Tolstoi. Traducción de Mario Muchnik. Muchnik, Barcelona.

— (1983a): *Conceptos y Categorías*, traducción de *Concepts and Categories*, tomo II de los *Selected Writings*, Hogarth Press, London, 1978, por Francisco González Aramburo, Fondo de Cultura Económica, México.

— (1983b): «El Concepto de Historia Científica», en *Conceptos y Categorías*, traducción de *Concepts and Categories*, tomo II de los *Selected Writings*, Hogarth Press, London, 1978, por Francisco González Aramburo, Fondo de Cultura Económica, México.

— (1983c): «Herzen y sus Memorias», en *Contra la Corriente*, traducción de *Against the Current*, tomo III de los *Selected Writings*, Hogarth Press, London, 1979, por H. Rodríguez Toro, Fondo de Cultura Económica, México.

— (1983d): «Hume y las Fuentes del Irracionalismo Alemán», en *Contra la Corriente*, traducción de *Against the Current*, tomo III de los *Selected Writings*, Hogarth Press, London, 1979, por H. Rodríguez Toro, Fondo de Cultura Económica, México.

— (1983e): «Introducción a H. G. Schenk, *El Espíritu de los Románticos Europeos*», traducción de Juan José Utrilla, Fondo de Cultura Económica, México.

— (1983f): «Montesquieu», en *Contra la Corriente*, traducción de *Against the Current*, tomo III de los *Selected Writings*, Hogarth Press, London, 1979, por H. Rodríguez Toro, Fondo de Cultura Económica, México.

— (1983g): «The Gentle Genius», reseña de A. V. Knowles, ed. «Turgenev Letter's», *New York Review of Books*, 1983, oct., pp. 23-33.

— (1983h): «Traducción Lógica», en *Conceptos y Categorías*, traducción de *Concepts and Categories*, tomo II de los *Selected Writings*, Hogarth Press, London, 1978, por Francisco González Aramburo, Fondo de Cultura Económica, México.

— (1984a): «Historical Inevitability», en *Four Essays on Liberty*, Oxford University Press, Oxford. [Hay traducción española de A. Bayón, *Cuatro Ensayos sobre la Libertad*, Alianza Editorial, Madrid, 1988, que se citan entre corchetes].

— (1984b): «Two Concepts of Liberty», en *Four Essays on Liberty*, Oxford University Press, Oxford. [Hay traducción española de A. Bayón, *Cuatro Ensayos sobre la Libertad*, Alianza Editorial, Madrid, 1988, que se citan entre corchetes].

— (1990a): «The Decline of Utopian Ideas in the West», en *The Crooked Timber of Humanity*, John Murray, London.

— (1990b): «The Pursuit of Ideal», en *The Crooked Timber of Humanity*, John Murray, London.

HERZEN, A. (1968): *Cartas sobre el Estudio de la Naturaleza*, Ed. Ciencia Nueva, Madrid.

— (1979): *From the Other Shore & The Russian People and Socialism*, traducción de Richard Wollheim. Oxford University Press, Oxford, 1979.

MACINTYRE, A. (1987): *Tras la Virtud*, traducción de Amelia Valcárcel, Crítica, Barcelona.

NABOKOV, W. (1986): *Habla Memoria, Una Autobiografía Revisitada*, traducción de Enrique Murillo, Anagrama, Barcelona.

POPPER, K. R. (1982): *Conocimiento Objetivo*, traducción de Carlos Solís Santos, Tecnos, Madrid.

VV.AA. (1970): *Ensayos sobre Filosofía de la Ciencia en torno a la obra de Karl R. Popper. Simposio de Burgos*, Tecnos, Madrid.

Liberalismo y nacionalismo:
las razones de Isaiah Berlin

I

El rebrote del nacionalismo perturba la tranquilidad de la conciencia confiada en que la universalidad de los derechos, la generalidad de los intercambios económicos y de las formas racionales de vida estaban poniendo fin a los particularismos.

El ropaje nacional de los Estados modernos pertenecía al pasado, una vez que aquéllos aseguraron su democracia: ésta ofrecía una identidad autónoma al individuo, la conectaba con aquellas formas generales de la vida moderna y, al mismo tiempo, garantizaba el reconocimiento de las exigencias nacionales que defendían la identidad de comunidades históricas. Reconocidos estos derechos, los conflictos suscitados entre esas comunidades y los marcos generales eran un problema de *prudencia política*. Someter aquellas formas generales a las exigencias nacionales era, cuando menos, un índice de arcaísmo político.

A todo esto se añadía la convicción de la creciente importancia de las formas de cooperación internacional. No ya las referencias nacionales, sino la misma idea de soberanía nacional parecía no haber sobrevivido a la II Guerra Mundial.

Los interrogantes surgen con las tensiones en Centroeuropa y entre las todavía repúblicas soviéticas, hace apenas cuatro años. La incomodada sensibilidad moderna aún pudo argumentar que el carácter autoritario de la organización de los Estados socialistas había dejado intacto el fondo arcaico de algunas de esas sociedades. Pero la crueldad de la guerra entre los componentes de la antigua Yugoslavia debilitó el argumento, que perdió aún más su transparencia con las tensiones recientes en la misma Europa Occidental.

Estos acontecimientos nos han rescatado del olvido: leer en este momento las copiosas referencias del reciente trabajo del profesor Hobsbawn —pese a lo terminante de la tesis general y de las conclusiones de ese libro[1]— recuerda el peso considerable que el incómodo huésped nacional tuvo en la gestación del Estado liberal. Pero tales sucesos exigen algo más: calibrar críticamente el alcance de las generalidades con las que se comprende nuestra sociedad.

Esta cura de humildad la podemos encontrar en la reflexión de Isaiah Berlin. En una entrevista publicada en 1991, Berlin negaba la noción misma de un renacer del nacionalismo: éste nunca había muerto (Berlin, 1991); es una idea que ya enunciara hace veinte años: el nacionalismo es la rama doblada que reverdece desafiando a quien certifica su defunción[2]. Negaba también que su actual vigor fuera una reacción a una planificación autoritaria: la más benévola de éstas, afirmaba, tiene en su futuro la amenaza centrífuga del nacionalismo (Berlin, 1991, p. 22). Berlin, ciertamente, no es un nacionalista, pero está convencido de que los fenómenos nacionales —se expresen como pacífica conciencia nacional o como nacionalismo extremo— tienen raíces más hondas que las que sustentan los intercambios, el derecho o las formas de organización racional de la sociedad moderna; por ello escapan a las oposiciones conceptuales de la teorización liberal o socialista. El posicionamiento de Berlin se deriva, pues, de una apreciación teórica. El presente trabajo intenta esclarecer sus razones.

II

Lo más característico del liberalismo de I. Berlin es que, en su análisis de la sociedad y racionalidad modernas, sin renunciar a las convicciones más profundas de la Ilustración —la autonomía del discurso y de la opción—, enfrenta a éstas con la diferenciación de la experiencia y la acción y con la dispersión del valor típicas también de la modernidad. El resultado es un cuestionamiento de las formas generales en las que se comprende nuestra sociedad.

Si en esas formas generales distinguimos entre las que determinan las exigencias del sistema y aquéllas otras que establecen los principios normativos de la intersubjetividad moderna (así Habermas, 1981, pp. 101-104), puede decirse, ante todo, que Berlin desconfía del alcance de las primeras. Los conceptos sistémicos

---

1/ HOBSBAWN antepone, como en otros de sus trabajos, la importancia de la misma formación del Estado moderno a las formas de conciencia nacional. Su conclusión es que las transformaciones de este fin de siglo anuncian un «mundo que ya no cabe dentro de los límites de las "naciones" y de los "Estados-nación"» (HOBSBAWN, 1991, p. 196).

2/ La comparación da nombre a un trabajo incorporado en la última compilación publicada de sus escritos (BERLIN, 1990, pp. 238 ss.), recientemente aparecida en España. Sin embargo, el texto es de 1972.

carecen de capacidad para identificar y comunicar; esto distancia a Berlin de las expectativas neoliberales ortodoxas en el terreno económico: son conocidas sus diferencias con Hayek en lo que concierne a la capacidad del mercado para determinar y resolver por sí mismo las necesidades humanas (Berlin, 1992a y b). Pero también lo separa de *ciertas razones teóricas* en las que se apoyaban el socialismo y el Estado del bienestar: las identidades sociales no se agotan en las estructuras de la división del trabajo, los instrumentos de planificación no cubren todos los valores ni anticipan los fines que los hombres pueden llegar a perseguir (Berlin, 1988, pp. 93 y 104).

Berlin, en segundo lugar, tampoco confía en las formas racionales normativas de la intersubjetividad moderna. Piensa que estas formulaciones —desde la voluntad general y el discernimiento racional de fines hasta la creencia en unas condiciones ideales de fijación del consenso— han sido históricamente asimétricas respecto al desarrollo de la experiencia y actividad humanas en la sociedad moderna. Estas propuestas normativas son, sin duda, elaboraciones de una racionalidad autónoma. Pero se establecen en una sociedad en la que la acción se diversifica haciéndose inteligible sólo por sus fines inmanentes (Berlin, 1979a, pp. xvii y xxiv), una sociedad en la que los individuos multiplican sus iniciativas desde la nueva conciencia de su autonomía (Berlin, 1990, pp. 193-195) y en la que acción e individualidad maduran en modos de vida específicos. Esto exige a aquellas formulaciones estar en permanente contraste reflexivo con la experiencia social e histórica (Hampshire, 1991, p. 130). Sin esa crítica nos arriesgamos a: 1) ignorar inquietudes, objetivos e ideas presentes en la sociedad que son empíricamente determinables y potencialmente transformadores de la misma y 2) suprimir fines y valores establecidos por los individuos. Si esto ocurre, aquellas formas de identidad y comunicación son algo más que abstracciones: disciplinan a los hombres objetivamente y, subjetivamente, recortan su identidad individual. Son un germen de ignorancia y represión.

III

Berlin no rehúye el discernimiento racional de aquella asimetría. Pero lo hace desde una visión filosófica muy personal en la que destaca su peculiar recepción de Hume y Kant.

Hume, según Berlin, con su crítica al principio de inducción, dejó en suspenso la idea misma de conexiones objetivas y necesarias entre acontecimientos (Berlin, 1979b, p. 190). La formulación kantiana de la ley general cubre este vacío, pero no debe olvidar el carácter reflexivo e histórico de las categorías. Éstas no son surcos eternos por los que el pensamiento trabaja obligadamente limitándose a aplicarlas; los hombres determinan los objetos proponiendo tentativamente redes categoriales para comprender la multiplicidad de aspectos con los que la realidad se presenta a su *acción* cotidiana.

Este modo de concebir el saber compromete muchos aspectos de la subjetividad. Berlin piensa que Hume, al criticar la noción de identidad, no sólo acaba con la idea del yo sustancial, sino adelanta —en su análisis de la memoria y los instintos— serias dudas sobre una subjetividad sólo formal. El yo que surge de esa crisis es también el propuesto por Kant, el «yo pienso que acompaña todas nuestras representaciones, aquel que hace que mis experiencias sean mías» (Berlin, 1979b, p. 243). Pero Berlin insiste en los componentes activos y volitivos de ese yo. Se perfila así el tipo de subjetividad que exigía aquel concepto de saber: no hay racionalidad formal capaz de diseñar un mundo *a priori*, ni de anticipar los fines de la acción o los valores a la voluntad. Ni la construcción del objeto, ni la identidad del yo pueden entregarse a una subjetividad estilizada: se despliegan en la racionalidad que se ejercita en la interacción múltiple con el medio y a través de diversas dimensiones subjetivas.

Berlin establece, así, una dialéctica entre el ejercicio autónomo del discurso y de la opción y el estatuto de las generalidades. En ella se advierten, en primer lugar, los límites de los sistemas (económicos, administrativos o de otra índole): éstos pueden calcular lo que ya se tiene por determinable, pero no decir que pueda ser tenido por tal. Fijar este rango desborda los supuestos del sistema y corresponde a una subjetividad autónoma desde el conjunto de sus interacciones. Las generalidades de las ciencias humanas exigen un estatuto reflexivo, pues se establecen proponiendo tentativamente categorías y relevancias —de un modo que Berlin compara a la kantiana «capacidad de juicio» (Berlin, 1983b, p. 198)— hasta lograr un modelo plausible del objeto de la experiencia *y* del marco subjetivo en el que aquél se forma.

Aquella dialéctica arroja aún mayores dificultades sobre las propuestas normativas y políticas, en las que no cuenta sólo el despliegue de la interacción, sino los horizontes valorativos con que enfrentamos tal despliegue. Para Berlin tales convicciones valorativas están en mutuo desacuerdo; esto es, a fin de cuentas, la raíz y el fermento de la reflexión política moderna. Esas diferencias surgen de una subjetividad que, al descubrir su autonomía, separa la definición de necesidades de los contextos naturales y deja de remitir el valor a una armonía ideal para establecer ambos por sí misma. Es claro que estas diferencias no pueden someterse al acuerdo categorial de la ciencia. Pensar en un modelo capaz de incorporarlas y ordenarlas sería una falacia análoga a la creencia en la autosuficiencia de los sistemas —falacia que algunos llamarían autorreferencial (Berlin, 1983b, p. 251)— pero de consecuencias aún más disciplinarias.

IV

Berlin da un primer paso para resolver esta «dialéctica de la Ilustración», entre el ejercicio de la racionalidad autónoma y sus objetivaciones, en su reflexión sobre Vico. Éste proporciona una visión histórica de la interacción. En ésta los hombres transforman el medio y a ellos mismos, estableciendo formas de autocomprensión y experiencia compartidas. Por consiguiente, no cabe recurrir a conceptos atemporales para comprender una actividad que fija esos conceptos y los desborda. Esta capacidad de inventar y modelar el propio mundo no permanece sin embargo ininteligible. La propia experiencia de ser hombres, de comportarse como tales, permite un ejercicio de la «comprensión»; conocemos, desde nuestra interioridad, qué es decidir, proceder según reglas o comprometerse y ello nos capacita a llegar tentativamente a los objetos que los hombres establecen. Pero este acercamiento a la *Verstehen* de lo que Vico llamó «fantasía» no incurre en las insuficiencias teóricas que Weber señalara en su aportación a la *Methodenstreit*; no recurre a la psicología o a la intuición, sino —también gracias a Vico— a las formaciones simbólicas de las culturas; éstas son las que ofrecen el entramado de aquella experiencia compartida y de la inventiva de los hombres. Tales objetos, por último, tienen la densidad suficiente para no dejarse disolver en una racionalidad sustantiva: por el contrario, remiten a la diferenciación de las culturas históricas que más bien invitan a pensar en lo diverso del ejercicio humano de la razón que a un desarrollo anónimo de la identidad racional.

Desde aquí, Berlin enuncia una «fenomenología del espíritu humano» (Berlin, 1980b, p. 66): lo diverso de la interacción se despliega como experiencia humana, se conoce por una hermenéutica de la historia y las culturas y puede compartirse a través de procesos comunicativos.

Esta solución entraña un elemento incondicional que Berlin enuncia en su trabajo sobre Montesquieu[3], pero que está implícito aquí: tomar en serio la autonomía de los hombres supone que su acción no puede reducirse a categorías que les sean externas, ni someter sus decisiones a universos valorativos exteriores. Este supuesto de incondicionalidad justifica el esfuerzo de la «comprensión» —como intento de comunicación con lo diferente—. Pero también permite criticar los modos de vida degradantes —ante los que la comunicación se rompe—. Sobre todo, impide que las elaboraciones humanas puedan imponerse, como cosas, a los hombres, sus autores. Es una idea regulativa que mantiene abierto el ejercicio de la racionalidad.

3/ Berlin, 1983b, pp. 224 ss. Ver otro enunciado en Berlin, 1992c, p. 52.

V

Traslademos ahora este modelo comunicativo y reflexivo a la sociedad moderna, teniendo en cuenta la diversificación de fines y valores que aquélla permite y la interdependencia que establece entre los hombres (Berlin, 1988, introducción).

Las propuestas normativas, más que promesas de una sociedad ideal, serán —siguiendo a Vico, pero a través de la experiencia de Herzen— «objetivaciones de la conciencia de una época» (Herzen, 1979, p. 36); no pueden, por tanto, proporcionar soluciones adecuadas a los problemas concretos que en la época despuntan. Un sistema de pensamiento, por ejemplo el utilitarismo, sólo se mantendrá fértil si se reconoce incompleto y abre sus nociones a una reelaboración acorde a las nuevas exigencias del momento[4]. Pero tal reelaboración, dada la pluralidad de situaciones y la interdependencia propias de la sociedad civil, corresponde a los individuos.

El problema no se agota en la prospección sociológica, sino que tiene una vertiente ética. La reflexión sobre Vico rompe la expectativa de una confluencia final entre valores: la historia cultural sugiere la pluralidad de horizontes valorativos y oscurece la idea de un progreso acumulativo. Encerrar, entonces, a la sociedad civil, con su variedad e interdependencia, en un modelo ideal es, además de estéril, peligroso para los individuos.

La dialéctica entre racionalidad autónoma y sus objetivaciones, en la sociedad moderna, sólo se resuelve en el individuo. La autonomía no tiene más contexto que la opción individual entre valores y fines alternativos. Es la conclusión que enuncia Berlin en su comentario a Herzen: «No hay ni puede haber principio ni valor más alto que los fines de los individuos, y, por tanto, no hay principio en nombre del cual deba permitirse violentar o degradar a los individuos, únicos autores de todos los principios y todos los valores» (Berlin, 1980a, p. 226).

VI

El individualismo radical de estas conclusiones no impide a Berlin llegar a condiciones de validez intersubjetiva de las generalidades normativas, apoyándose en su noción de comunicación. Ésta no busca un modelo ideal: se adentra en las categorías y mundos de los otros mediante la «comprensión» y el lenguaje y sin abandonar el supuesto de incondicionalidad de lo humano.

4/ En esto ve Berlin la fuerza del argumento de Mill sobre la libertad y la vigencia de sus «experiments in living» (Berlin, 1988, p. 252).

La noción de intersubjetividad incorpora así elementos de solidaridad interindividual, por la que tengo en cuenta que lo que el otro pretende o propone, siendo distinto de lo que yo persigo, se apoya en la misma capacidad de modelar la realidad, establecer fines u optar por un valor. Será, pues, correlativa al pluralismo sin quedar por ello eximida del juicio. Esta noción de intersubjetividad saca las últimas consecuencias de poner a los individuos por delante de las generalidades, de modo que éstas cobran vida desde ellos. Con ello, la idea de comunicación es el correlato de la creatividad individual.

Esta intersubjetividad considerará insuficientes algunos modos de formación colectiva de la voluntad, por ejemplo la teoría de la soberanía y las soluciones formales de los problemas de consenso, pues ningún procedimiento puede descartar *a priori* fines individuales ni forzar a los individuos a comportarse inhumanamente. Además, tal intersubjetividad rechazará aquel tipo de propuestas políticas que descarta alternativas situándolas simplemente fuera de los límites de la necesidad de un sistema. Finalmente, rechazará una jerarquización *a priori* del valor.

Pero es indudable que tal noción de intersubjetividad plantea el problema de cuál es el correlato adecuado en el que los individuos desarrollen de modo realista su autonomía. Berlin libera a la individualidad moderna de la ascética de la forma racional, de la legalidad naturalista y del sometimiento a la necesidad lógica o sistémica, le devuelve la conciencia de una autonomía que ha de ejercerse sin recortes en la subjetividad y sin volver la cara ante las exigencias del medio. Pero una individualidad así concebida puede alcanzar, como el propio Berlin reconoce (Berlin, 1990, pp. 228-229), una enorme capacidad de autodestrucción si no está «situada». ¿Cuál es esta «situación», una vez relativizadas las formas generales de la conciencia moderna?

VII

La conciencia nacional es un componente básico de este correlato. Herder fue el primero en destacar, frente al cosmopolitismo, que pertenecer a un pueblo —definido por un lenguaje, un territorio y la memoria compartida del pasado— era una necesidad humana (Berlin, 1983a, p. 333). Es, pues, un fenómeno moderno, distinto de las ansias patrióticas renacentistas o de la xenofobia y el orgullo genealógico. Un fenómeno, además, que en Herder ni es primariamente político ni por sí mismo exclusivista. Es una queja contra la confianza puesta en el ejercicio abstracto de la razón, especialmente cuando éste se refiere a la organización de la vida compartida; para Herder esa racionalidad no accede a los contenidos específicos de las situaciones vitales y, por tanto, resbala sobre la superficie de los problemas concretos. Esos contenidos sólo se despliegan en los modos de vida y se captan desde visiones individuales.

La carga reactiva de la queja anticosmopolita de Herder —que Berlin no olvida— no convierte ésta en nostalgia de la sociedad arcaica. Es una actitud que se mantiene abierta entre la necesidad de buscar las raíces de la propia experiencia —sin la que aquellos contenidos permanecerían ajenos— y la precisión de responder a las exigencias de unas relaciones interhumanas cada vez más generales y a una interacción más diferenciada. Esta tensión está presente en los escritos de Herder (Herder, 1982, pp. 118 ss.); Berlin la señala en su recepción de la educación ilustrada. Berlin descubre una antinomia similar en ciertos autores historicistas posteriores (Berlin, 1972).

Esta tensión se resuelve en lo que Berlin llama el expresionismo de Herder: la actividad que los hombres despliegan en «la literatura y el arte, la religión y la filosofía, las leyes y las ciencias, el juego y el trabajo» no se plasma en objetos cuyo valor es independiente de sus autores, sino en formas de comunicación que proponen visiones individuales de la vida y que pueden ser recibidas y compartidas por otros (Berlin, 1980b, p. xxii); no son cosas, útiles o concreciones de la razón, sino «voces que hablan», expresiones cuya verdad pueden entender, criticar y compartir otros hablantes (Berlin, 1980b, p. 200) hasta constituir un mundo común. El saber, el sentido de la acción y la norma aparecen de nuevo, como expresión de verdad, en un contexto comunicativo; pero aquí Berlin no subraya la conformación histórica del saber, sino su despliegue simultáneo y diverso en las culturas y modos de vida.

La importancia de la expresión se conecta con una idea de experiencia unificada e inseparable del medio donde se produce. Hombre y medio no se dividen cada uno en facultades y esferas; aparecen como dos constelaciones que entre sí son difícilmente separables. La realidad es un flujo (Berlin, 1980b, p. 166) en cuyo interior los hombres entran en muy diversas relaciones con ella hasta seleccionar y ordenar ciertos aspectos mediante el concurso de las distintas facultades modeladas en la reflexión y concretadas en la expresión. Esta es, pues, original, pero en cuanto está situada en un medio específico (Berlin, 1980b, p. 173). Y llega a compartirse no en una estructura general *a priori*, sino en cuanto esta palabra-signo es recibida por otro hablante como palabra-comunicación. Así, las distintas civilizaciones aparecen mediadas por su entorno natural, al que a la vez conforman a través de estructuras simbólicas; en tal proceso —en el que mundo natural y humano se entrecruzan en el símbolo— despliegan su modo de vida y sus instituciones.

Berlin destaca en consecuencia que las formaciones culturales se organizan en una pauta o patrón que impregna y conecta las diferentes esferas vitales («pervasive pattern» Berlin, 1980b, pp. 195-196 y xvii). Esta pauta conforma actividades aparentemente heterogéneas, las relaciona entre sí y con las actitudes vitales y une dominios presuntamente separados del saber y del valor. Berlin las relaciona con la noción diltheyana de estructura de la experiencia (*Wirkungzusammenhang*. Berlin, 1983b, p. 232): son formaciones globales, estructuradas, que incorporan fines específicos y organizan la vida en su interior, de modo que hay más afinidad entre dominios que coexisten en esa pauta, aun alejados, que la que pudiera tener uno de esos dominios con el que idealmente le correspondiera en otra cultura.

Pero en la idea de expresionismo hay también un elemento individual e individualizador: la expresión es visión individualizada de la vida y su recepción entraña aceptar la identidad de hablante, de expresar con verdad y singularidad (Berlin, 1980b, p. xxii). En Herder, la incorporación al lenguaje es a la vez «método» y «arte». No es método porque instruya, sino porque crea las condiciones para comprender la peculiar articulación de la vida y la realidad en una cultura. Esta eficacia del lenguaje no brota de la lógica formal ni se reduce a ella, sino de un saber estar, y, digamos, manejárselas, en las conexiones diversas de una cultura. Pero esta cualidad de «método» la cumple el lenguaje si es a la vez «arte», porque no impone las condiciones de comprensión, sino que estimula a quien vive en su interior a ejercitar la reflexión y a arriesgarse a la expresión: a reconocerse como hablante. La organización de las culturas conforma el medio, pero incorporando a esa tarea a los individuos. El lenguaje es método en cuanto socializa y arte en cuanto individualiza y hace reconocer la individualidad de los otros (Herder, 1982, p. 212).

En las culturas herderianas está presente, pues, una individualidad autónoma. Sólo que ésta no consiste en atenerse a formas racionales fijas o en participar en procesos de elaboración e intercambio de objetos o en respetar normas y autoridades más o menos anónimas, sino en ser capaz de expresar con verdad, reconocer críticamente la expresión y compartir ésta y la identidad de quien se atreve a elevar la vida a lenguaje.

Aquella pauta o patrón de las culturas —en la que se dan las notas de lenguaje, territorio y memoria comunes típicas de la conciencia nacional— cumple en esta actividad interindividual un papel decisivo y el individuo llega a ser tal en la medida en la que es capaz de vivir en aquella conformación, hacerla propia, modificarla, y compartirla de modos diversos con otros a los que también se reconoce esa capacidad. Por esto, en días de esperanza en el alcance de la razón, quienes, como Herder, reconocen los límites de la abstracción, pero valoran la autonomía, tienen como necesidad humana la «pertenencia a» una cultura. Berlin piensa que con su crítica de las formas de organización racional Herder es la golondrina que anuncia la tormenta de la Revolución Francesa: las tensiones que nacen de la misma autonomía del pensamiento y la voluntad desbordan la abstracción de aquella organización. Si pueden los individuos llegar a configurarse como autónomos, lo serán en un medio cultural específico[5].

VIII

Profundizaré más en esta noción de individuo autónomo y «situado». Primero, porque se suele considerar a Herder precursor de las teorías tardo-románticas que intentaron resolver la tensión entre la especificidad de una cultura y la universalidad de los intercambios, conceptualizando a la nación como una totalidad, aunque incognoscible. Weber mostró que esta restricción no impide reducir a los individuos a emanaciones de esa totalidad (Weber, 1985, pp. 5-51 y 164 ss.).

Berlin no cree que las nociones herderianas *Volkseele* y *Volkgeist* sean totalidades ontológicas. Herder examina los elementos de las diversas culturas, los analiza sin disolverlos en un todo, mantiene a éste en un estatuto hipotético y lo considera impugnable por cada nuevo aspecto particular[6]. Es cierto que Herder pide un acercamiento empático *(Einfühlung)* a las culturas, pero éste es un elemento de la «comprensión» que enriquece la *fantasía* de Vico con la capacidad unificadora del sentimiento que Herder toma sobre todo de Rousseau (Herder, 1982, p. 45). No busca un contacto misterioso con la otra cultura, sino un acceso tentativo a la conexión de sus categorías, al estilo de la crítica romántica (Berlin, 1980b, pp. 168-169) —y sin recurso al psicologismo dada la importancia concedida al lenguaje—. Este acercamiento, siempre que encierre la exigencia de la verificación posterior, no se opone a la empiria, al contrario: sin él, los datos que pudieran acumularse «permanecerían muertos» (Berlin, 1980b, p. xxv) y no consagra al todo sobre la parte, sino a la diferencia sobre lo igual.

El recurso a la empatía sugiere un problema más radical en la relación entre individuo y cultura de pertenencia: si aquél se conforma en el interior de ésta, no es sólo a través de una actividad racional pura, sino de relaciones anudadas en un ámbito pulsional y volitivo; un terreno propicio al nacionalismo posterior, pero que es necesario pisar si es que tiene algún sentido hablar de individuación y si la comunidad de pertenencia puede mostrar aquella importancia que no le fue reconocida por la historiografía racionalista.

5/ DUMONT (1987, pp. 129-131) señala en Herder un individualismo alternativo al ilustrado.

6/ El todo herderiano, dice BERLIN, se parece más a una *Gestalt* (BERLIN, 1980b, p. 196) que a un organismo.

En Herder la conformación de la voluntad y el deseo por las culturas históricas es elemento central: cada una de ellas posee, nos dice, un centro de gravedad emocional y volitivo. Pero en el mismo lugar añade que el tal *Schwerzpunkt* no se define por los fines de cada cultura elevados a fetiche, sino porque en cada una la capacidad humana de perseguir fines se modela simbólicamente (Herder, 1982, p. 301). Berlin destaca que es éste el nivel más hondo del expresionismo herderiano: no es la transparencia de la mirada ni la instrucción del experto lo que ordena las palabras; éstas en cuanto están «conectadas con la acción son anteriores a los nombres vinculados a la contemplación de los objetos» (Berlin, 1980b, p. 170); es aquí donde se conforman los cursos de acción, se definen necesidades, se establecen fines. Pero esto no tiene lugar mediante mecanismos compulsivos sino en el medio simbólico y reflexivo de la comunicación, con lo que se mantiene un distanciamiento entre lo definido y lo conformado y la misma capacidad de definir y conformar. Esta distancia es la que se atribuye al individuo.

Tal distancia es plausible porque, para Berlin, la influencia del medio natural —y ahí puede incluirse la naturaleza interior— está mediada por la misma comprensión simbólica de la interacción. Pero interesa destacar esto en la reflexión de Berlin sobre Herder. Si éste dice que Shakespeare es el educador del hombre nórdico, es porque ve en su obra una síntesis vital (un mundo: algo nada lineal ni conceptual), elaborada desde las referencias y significados de una cultura (el lenguaje, la historia, pero también la fábula, el carnaval y el guiñol), en algo tan brillante y frágil como es el lenguaje (puesto que la obra tiene un ritmo interno que desborda preceptivas y referencias conceptuales) que estimula, no impone, aspectos de la identidad que la experiencia estilizada del racionalismo ignora (Herder, 1982, pp. 249-271). En Herder esto es, sobre todo, la alabanza de la experiencia original «heroica», involucrada en el dominio de la voluntad; Berlin lo subraya, pero insiste en su carácter de *verdad*. Si un poeta educa a un pueblo, si pone un mundo en sus manos, no es porque lo seduzca, lo consuele o lo instruya, ni porque le imponga su visión con la fuerza del genio, sino porque le ofrece, con una *nueva forma*, una *identidad también nueva*: la de quien puede crear y por tanto discutir, negar, tomar posición ante lo que se ofrece. La identidad que propone es entonces *autónoma*, análoga a la propuesta por Kant (Berlin, 1980b, p. 152), y es ésta centro de aquella forma que ancla en el terreno de la voluntad y el deseo.

Esto tiene consecuencias de interés. Encontramos, primero, una noción de autonomía «situada» en un contexto cultural destacado, sobre todo, por el lenguaje. Por el lenguaje *histórico* —con sus usos, sus posos tradicionales, su desarrollo histórico— y por el *inventivo*. El primero guarda significados y referencias ausentes del lenguaje formal y que arrancan de dimensiones profundas de la identidad y la vida compartida[7]; de este modo presta carne y sangre a la autonomía del discurso y la opción. El segundo sugiere que el ejercicio de la autonomía exige algo más que el marco de un universalismo formal: invita a modelar a partir del lenguaje y del medio cultural la novedad que supone la sociedad moderna. Las grandes literaturas nacionales, la obra de Pushkin, tal vez la de Verdi, modelan algo más que mitologías: forman horizontes en los que una cultura descubre sus límites y sus posibilidades desde los que puede interrogarse por su papel en las relaciones generales modernas (Berlin, 1980a, pp. 304 ss.). Esto podría ampliarse al problema del lenguaje filosófico y de las instituciones jurídicas.

En segundo lugar, la noción de tradición en Berlin se separa de la que mantienen liberales como Hayek o Popper. No es, como en el primero, límite entre fáctico y fatal de la experiencia posible (Hayek, 1982, pp. 71-98); tampoco es un texto de la experiencia arcaica que se ofrece a la lectura y discusión racionales (Popper, 1983, cap. IV). La tradición es la conformación simbólica de un modo de vida en la que se pueden detectar dimensiones y contenidos profundos de nuestra identidad, conformación que ha sido hecha por los hombres. Es un punto de partida, pero no un *datum*; y no es la crítica formal la que desvela su alcance, sino la elaboración lingüística, ciertamente crítica, pero empeñada en no disolver aspectos significativos de una cultura.

Una tercera consecuencia es la importancia que las pautas de las formaciones culturales tienen para tematizar la disensión o posibilitar acuerdos. Si esas pautas tienen una especial capacidad para unificar sentimiento y propósito entre los que viven en ellas, esta unidad persistirá aun en las tensiones y conflictos propios de la sociedad moderna (Berlin, 1980b, p. xxvi).

Finalmente, estas comunidades aparecen como el lugar donde los cambios históricos pueden echar raíces: las grandes revoluciones, dice Berlin, son las revoluciones lingüísticas (Berlin, 1980b, p. 170), las que transforman identidad y significados. Esto apunta a la importancia de la comprensión de la modernidad que tiene lugar en las comunidades nacionales y culturales que compartían mundo y actitudes desde relaciones comunitarias. Fue éste un lugar común del liberalismo doctrinario —con su insistencia en las costumbres y en los niveles intermedios de la sociedad liberal—; y me parece advertir análoga preocupación en la insistencia gramsciana sobre la formación diversa de los Estados modernos: en ambos casos las generalidades de nuestra sociedad —mercado, derecho racional, división del trabajo, control racional de la producción— no bastan para explicarla y exigen no sólo ser comprendidas desde diversas perspectivas culturales, sino

---

7/ Ver la semblanza de Plamenatz en BERLIN, 1984.

entender cómo fueron incorporadas por esas culturas y en la interrelación específica entre éstas.

Esto nos lleva a un último aspecto de la relación entre individuo moderno y nación, al contraste entre la universalidad de la autonomía de aquél y la particularidad de ésta. La tesis de Berlin en su lectura de Herder es que la pertenencia a una comunidad no lleva al particularismo, sino a la solidaridad entre naciones desde la misma diversidad de éstas.

La universalidad en el pensamiento de Herder oscila entre el decidido anticosmopolitismo de su primera filosofía de la historia y la oscura universalidad de la noción de *Humanität* en las «Ideen». Berlin toma de la primera la incompatibilidad e inconmensurabilidad de las culturas, consecuencia de la diversidad de sus pautas y de la profundidad a la que cada una de éstas llega. Subraya que tal inconmensurabilidad es correlativa en Herder al rechazo del *Favoritvolk:* no es posible jerarquizar las culturas de acuerdo a un modelo histórico. Tampoco es posible hacerlo de acuerdo a un modelo racional, porque cada uno sólo puede juzgarse en sus categorías: la idea de una racionalidad al margen del ejercicio concreto y situado de ésta es gratuita. Tampoco cabe ordenarlas en una secuencia *de progreso,* porque sería someterlas a la etapa siguiente negándoles su carácter autocentrado. Pero todo esto no enclaustra a cada comunidad en sí misma. Berlin piensa que Herder las inscribe en un horizonte de solidaridad y entendimiento mutuo, traducción secular de la universalidad de la salvación en el cristianismo.

Berlin establece, en conclusión, que tales comunidades no son sino formas diversas de ordenar la vida por la actividad inteligente de los hombres. Entre ellas hay una solidaridad universal que no es ciega, porque se basa en el reconocimiento de la inteligencia y autonomía de los otros seres humanos: no se contenta con aplicar a los individuos la dignidad de la forma; les reconoce la capacidad de establecerla. Si en Berlin hay una *unidad del género humano,* ésta no se apoya en el universalismo formal, sino en la universal capacidad de establecer la forma en distintas situaciones y desde visiones de la vida diferentes. De aquí se sigue que la sociedad moderna es irremisiblemente plural; pero sobre todo se enuncia un concepto distinto de solidaridad.

IX

Ésta distaría de los dos conceptos de Durkheim. La conciencia de «pertenecer a» una nación no es un regreso a las fidelidades orgánicas: busca en la cultura de pertenencia un fondo común de referencias para conformar lo nuevo y lo viejo y compartirlo entre individuos autónomos. No entrega, por otra parte, ni esta interindividualidad ni el ejercicio de la razón a la generalidad que esté separada de una experiencia integrada. Desde esta solidaridad, la relación entre las naciones no podría basarse más que en el reconocimiento mutuo de la diversidad y en la igualdad entre ellas. Ninguna propuesta de orden mundial podría hacerse valer por sí misma de antemano, pues su generalidad resultará mediada en su recepción por cada cultura.

Berlin ve posiciones análogas en Herzen —por la impronta populista de su socialismo y su recelo ante modernizaciones o reformas importadas—, en la práctica política de los que, como Roosevelt, sólo aplican sus ideas liberales teniendo en cuenta la peculiaridad del medio, o en el mazziniano igualitarismo entre naciones diversas.

Esta solidaridad, por tanto, se mueve en una franja muy estrecha, definida por el rechazo del nacionalismo primero, y, después, por el escepticismo ante las promesas de sociedad ideal encerradas en las generalidades de la sociedad moderna.

Porque Berlin no es un nacionalista. Para él, el nacionalismo no es sino «una exaltada condición de la conciencia nacional» (Berlin, 1990, p. 245) que suprime cuanto de tolerante y pacífico hay en ésta porque eleva «los intereses de la unidad y autodeterminación de la nación al rango de valor supremo» (Berlin, 1983a, p. 421). El nacionalismo resuelve la tensión de la conciencia nacional en autoafirmación de la propia identidad que ignora toda mediación.

Al convertirse en inmediatas, las relaciones de pertenencia pierden su estatuto comunicativo y reflexivo y se ontologizan. La relación entre individuo y nación se asentará en una personalización del todo y, en casos extremos, en la biología o en la raza; el lenguaje se puebla de referentes que lo alejan de la vivacidad de la significación y de lo eventual de su renovación; los contextos territorial e histórico se inscriben en trasfondos arcaicos («la terre et les morts»). En general, el «pertenecer a» se convierte en *asimilación de la identidad individual al colectivo nacional*: las visiones y fines individuales se tienen como efectos de este colectivo sin el que no podría pensarse una actividad individual normal *(ibid., p. 424)*.

Todo ello tiene como correlato entender la nación como un *todo orgánico o un proyecto histórico* que exige un apoyo incondicional a sus miembros presentándose a éstos y a los foráneos como portadora de *una misión universal (ibid., p. 427)*. En germen se contiene aquí el exclusivismo y la agresividad del nacionalismo que se confirma con la transmutación del valor diferencial de la identidad nacional en *simple autoafirmación* de «lo nuestro» y de su superioridad por el hecho de ser tal. Con ella la comunicación entre individuo y nación y entre las naciones se corta, pues no hay posibilidad de recepción de lo diferente. La nación se convierte, por fin, en valor incondicionado por encima de cualquier otro fin o convicción *(ibid., p. 426)*. Es obvio que las virtualidades contenidas en la conciencia nacional desaparecen.

Pero este bloqueo de la comunicación —con los correlatos de dominación e ignorancia de la originalidad individual— puede darse también en otros proyectos de cooperación interhumana de la modernidad.

El argumento de Renan en favor de la nación fue un intento de reinsertar ésta en las categorías del Estado liberal y de la razón ilustrada (Finkielkraut, 1987, pp. 32 ss.). Berlin no niega que el proceso de la conciencia nacional apunte a su configuración estatal (Berlin, 1983b, pp. 309-313 y 1984, cap. 3), pero en su ensayo sobre Herder insiste en la opinión de éste: el Estado arrebata a los hombres lo que es más suyo, les priva de sí mismos, los enajena (Berlin, 1980b, p. 162). El Estado puede restringir la identidad humana a las relaciones que él mismo hace posibles, sustituir la experiencia de los individuos por las relevancias y conceptos de su propia lógica e incluso constituirse en ideal de convivencia racional, supliendo así indebidamente los fines individuales. El argumento del consentimiento es entonces ambiguo: somete las relaciones interindividuales propias de la comunidad nacional a la disciplina del Estado, disciplina racional y voluntariamente aceptada, pero disciplina al fin.

Esta ambigüedad no es, sin embargo, exclusiva del Estado; *es característica de aquellas concepciones que inscribieron la individualidad y la cooperación interhumana en alguna de las generalidades de la racionalidad moderna*. Así ocurre incluso en el modelo liberal kantiano, cuando piensa que es posible discernir racionalmente los fines individuales o establecer objetivamente la racionalidad de la ley (Berlin, 1988, pp. 223-225); con ello las relaciones interindividuales se inscriben en un marco insatisfactorio. Porque este predominio de la forma racional ignora la originalidad individual y la somete a la autoridad de un yo racional pero vacío. La autonomía se reduce a un defensivo autodominio («self-mastery») (Berlin, 1987, pp. 205-211), la cooperación interindividual crece entre la ascética de la expropiación a la que se somete a los yos empíricos y la exteriorización de una racionalidad fronteriza con la dominación.

Se ha sustituido la autonomía del discurso por una universalidad producida por los hombres, cuya objetivación establece un modelo de cooperación que destaca ciertas dimensiones e interrelaciones humanas y suprime otras, sin posible revisión, porque se corta el paso al individuo empírico; autonomía y cooperación se someten a las exigencias de Procusto y, como se sugería al hablar del Estado, individualidad y comunicación se enajenan.

Pero la crítica de Berlin no se hace sólo por este aspecto mutilador: desde una perspectiva teórica (Berlin, 1975), sugiere el error de transferir esas universalidades desde los discursos históricamente concretos donde se originaron —la ciencia, los modelos de intercambio contrarios a los privilegios o la recepción ilustrada de la noción occidental de razón— al conjunto de las actividades humanas: se ignora la peculiaridad del objeto originario de tales discursos y no se advierte el carácter epocal, cultural, *situado* de noción de universalidad. Esto implica que también aquí la mediación se ha perdido. El problema del cosmopolitismo racionalista, por ejemplo, no es sólo su incapacidad para procesar la diferencia, sino que, presentándose como universal, tal vez no sea más que *un valor de la Ilustración francesa.*

La reflexión de Berlin sobre Marx es un buen ejemplo de cuanto decimos. Berlin cree que la obra de éste fue quizá el más importante intento de proponer una identidad y cooperación basadas en una específica conexión entre vínculos generales de la sociedad moderna. Las categorías de Marx unificaron sentido de la acción, identidad social y actividad política, incorporaron todo ello a un análisis empírico de la sociedad y a una perspectiva solidaria; finalmente estableció una reconstrucción tentativa de la experiencia moderna a través de un colectivo en el que hacía converger dimensiones potenciales de la conciencia desgarrada.

Pero Berlin piensa que esta unificación se paga al alto precio de restringir la identidad humana a una casi compulsiva necesidad de racionalizar el mundo en el marco de los mitos de la reconciliación y de la perfectibilidad humana (Berlin, 1973, pp. 133 s. y 139 s.)[8] y con el riesgo de establecer una comunidad tan universal como excluyente (Berlin, 1990, pp. 178 s.). Son los dos usos excesivos de las generalidades.

En el caso de Marx, Berlin añade una consecuencia más de esta entrega de la comunicación a marcos racionales e inmediatos. La insensibilidad de Marx ante la conciencia nacional —que le impidió medir el alcance, por ejemplo, de la cuestión irlandesa— es paralela al carácter mítico que atribuye al proletariado: éste, a los ojos de Berlin, es una sublimación de otras comunidades más profundas a las que trató de sustituir sin conseguirlo (Berlin, 1983a, pp. 328-364; sobre todo pp. 359-364). Para Berlin las «immagined communities» (dígase con todo respeto a Anderson) son las que intentaron construir la cooperación interhumana por la exclusiva vía racional: la «comunidad republicana» jacobina, la «voluntad general», las identidades sociales definidas por la división del trabajo (Gellner, 1989, pp. 17-39). Todas ellas confiaron en la identidad y relaciones racionales y se vieron desbordadas por situaciones que no previeron y que quizá no podían prever porque cerraron demasiadas fuentes de experiencia, ignoraron el carácter mediado de la universalidad que proponían y sustituyeron las posibilidades de comunicación por una comunidad sublimada.

8/ BERLIN introduce estas consideraciones en la tercera edición.

En el polo opuesto de este proceder, Berlin destaca ciertas formas de organización política que han demostrado su fertilidad, como el «Welfare State», en especial en la inspiración del «New Deal», y que han sido posibles, a su juicio, por una especial atención a las peculiaridades del medio social y cultural. Roosevelt propuso una doble síntesis: en el terreno teórico, entre libertad individual y solidaridad social, y en el ámbito político entre liderazgo y democracia (Berlin, 1984, pp. 81-95). En las réplicas europeas, el Estado social consiguió igualmente una síntesis original sobre la vieja idea de economía nacional entre democracia política y cooperación social. Las dos formas desafiaban *a priori* los horizontes doctrinarios; su viabilidad tuvo que ver con el establecimiento de un ámbito de participación no abstracto, porque ambos casos se asentaron sobre valores compartidos culturalmente, acentuados algunos por la crisis económica o por la guerra.

Esta doble desconfianza del nacionalismo y de las ilusiones de una construcción racional está presente en una reciente opinión de Berlin que sugiere que la Comunidad Europea sólo podrá ser edificada desde la diferencia mantenida de las naciones integrantes. La importancia de la tecnología y de la comunicación exigen formas más amplias y estables en política y economía, pero éstas han de pasar por la variedad de las culturas que los reciben. Tal vez merezca la pena retener esta idea en la resaca de los acuerdos de Maastricht y ante las consecuencias de su aplicación.

X

Lo decisivo de la inspiración de Berlin es que las referencias de la modernidad sólo pueden compartirse desde la autonomía individual y ésta sólo es viable en las culturas tradicionales. Esto es una cura de humildad para la razón occidental, pero plantea además ciertas exigencias ante la situación de Europa central y oriental, las minorías nacionales dentro y fuera de Occidente y las nuevas formas de cooperación internacional.

El nacionalismo es índice de la prolongada frustración que genera la confianza racionalista en la posibilidad de cortocircuitar las exigencias de lo particular. Berlin detesta los medios violentos y el fundamentalismo y piensa que el actual nacionalismo es un claro obstáculo a la idea de una solidaridad pacífica entre naciones[9]; pese a ello, no cesa de insistir en las razones del fenómeno

---

9/ BERLIN en las dificultades actuales recuerda el equilibrio entre liberalismo y conciencia nacional que logró Masaryk. Ve algo parecido en Havel o en Michnik. No está seguro de poder decir lo mismo de Yeltsin o Walesa (BERLIN, 1991, p. 22).

nacional —la exigencia de no ser dominados, de decidir por sí mismos en un contexto cultural y solidario propio— y repite que ignorar estas razones fomenta el peor nacionalismo.

Para él, el nacionalismo decimonónico no surgió sólo de la queja contra la marginación y la derrota ni tampoco de los intereses de las burguesías nacionales. La configuración de intereses diferenciados, la fijación de los lenguajes históricos, el lento diseño de las instituciones, la formación de referencias culturales, fue un amplio proceso en el que *intelligentsias* y minorías políticas ofrecieron formas específicas de comprender la modernidad y de ejercitar la autonomía. Lo que la historiografía racionalista y muchos pensadores liberales y socialistas ignoraron fue la importancia de ese lento y combinado esfuerzo en orden a generar valores, ideas, imágenes y preferencias.

Sabemos que esta ignorancia tuvo como contrapartida la confianza en las generalidades racionales. Una de ellas, de la que aún no hemos hablado, fue la organización imperial moderna. Ciertos pensadores, como Burckhardt, confiaron en ella. Esta confianza perduró y, cuando a mediados de nuestro siglo las hasta entonces colonias luchan por la autodeterminación, Berlin afirma que muchos liberales carecían de referencias para entender esos empeños (Berlin, 1988, p. 233). Y esto ocurría porque veían tal organización como prolongación de la civilización europea, que explotaba recursos, pero también educaba y administraba aquellas zonas del mundo. Lo que los europeos no se plantearon ni al inicio ni al fin de la época imperial era que en poco tiempo esos hombres y pueblos tendrían sus propias instituciones y rechazarían ser organizados por terceros. En 1958 Berlin establecía que las guerras de autodeterminación indicaban que estos pueblos preferían regirse por sí mismos —aun de modo nada democrático— a la más benévola de las administraciones foráneas.

Tres lustros después, Berlin percibe una radicalización mayor. Se rechaza no la organización imperial, sino programas de ayuda y cooperación, incluso los de las Naciones Unidas y, a la vez, se relativizan condiciones históricamente típicas para el acceso de la nación a la autonomía política: un territorio de dimensiones viables, una mínima integración económica, etc., es decir, la racionalidad estatal. El primer aspecto se da más fuera de Occidente, el segundo —con notas diferenciales— se registra también en los Estados europeos. Lo que destaca Berlin es el rechazo de una cooperación legitimada racionalmente y la vindicación de autonomía desde una base fragmentaria, sea una etnia, una lengua, una religión. Todo ello parece apuntar a una posición contraria a razón, que se opone a cualquier planificación ordenada. Berlin insiste, no obstante, en la seriedad de estos fenómenos: lo importante no es la viabilidad de la identidad que surge, sino su surgimiento mismo; al hacer valer tal identidad no se combate la ciencia ni la

razón, sino la creencia en que es posible organizar la vida de las periferias desde la capacidad de decisión y el saber del centro. Se combate la confianza en lo
cuantitativo y en las soluciones uniformes y se rechaza la despersonalización y el
olvido de los atributos de la individualidad (Berlin, 1990, pp. 256-257). Por ello la
presunta incapacidad de quien quiere en cada caso actuar por sí mismo no anula
la razón que tiene para exigir actuar así.

Berlin no ha publicado una reflexión sistemática sobre la crisis de la URSS,
pero en sus trabajos recién citados se dan elementos de juicio para enfocar sus
opiniones aún fragmentarias. Tómese a la URSS como imperio, como pieza decisiva de un orden mundial de bloques o como concreción de una propuesta de
construcción social desde presupuestos ideológicos racionales, su desplome es
un hito en el fin de las falsas ilusiones del pensamiento occidental. Finaliza el que
para Berlin era el último de los imperios. Declina el largo período de confianza
en la capacidad del Estado. Se debilitan las ideologías, liberando las ideas que ya
no ofrecen seguridad sino inquietan el discurso. Los vínculos nacionales e internacionales abandonan el rígido correlato de los bloques. Pero las tendencias
actuales no acompañan estas perspectivas.

Parece que para lograr el equilibrio previo a la cooperación entre naciones,
basta con garantizar en el interior de cada Estado la aplicación de formas democráticas, haciendo abstracción de las peculiaridades de cada pueblo. Esto puede
llegar a ser una nueva estereotipia de Occidente y es un desenfoque del valor
de las ideas: éste surge de la elaboración, discusión y recepción de las mismas
por los hombres y ello exigiría a Occidente un nivel de comunicación y respeto
de la diversidad de otros pueblos que no se cumple en la esfera meramente formal (Pisani, 1992). Esta deficiencia se agudiza en la cooperación internacional:
el desenfado de los entusiastas del «nuevo orden», el tono neutro con que hablamos de la división internacional del trabajo o con que acogemos la autoridad
del FMI, todo ello ignora el que, para Berlin, es el centro del problema. Éste pasa
por 1) reconocer que los distintos modos de vida han de elaborar las claves de la
modernidad de manera original y diversa y 2) que la búsqueda de vías de acuerdo
se hará sobre la base de la pluralidad consiguiente y no sobre un modelo previo.
Berlin reconoce que las actuales tensiones nacionalistas alejan estas esperanzas.
Pero si sólo se intenta suavizarlas mediante políticas de protección y equilibrio
derivadas de la rígida aplicación de los modelos a los que acabo de referirme,
la mirada escéptica de Berlin aguardará un nuevo brote de la «rama doblada»
(Berlin, 1991, p. 22).

Bibliografía

BERLIN, I. (1972): «Prólogo a Fr. Meinecke», *Historism: The Rise of a New Historical Outlook*, Routledge and Kegan Paul, London.

— (1973): *Karl Marx*, traducción de la edición revisada de 1963 por R. Bixio, Alianza, Madrid.

— (1975): «General Education», *Rev. of Education*, 1, Oxford, pp. 287-292.

— (1979a): «Introducción a A. Herzen», *From the Other Shore & The Russian People and Socialism*, Oxford University Press, Oxford.

— (1979b): *The Age of Enlightenment*, Oxford University Press, Oxford.

— (1980a): *Pensadores Rusos*, traducción de J. J. Utrilla, Fondo de Cultura Económica, México.

— (1980b): *Vico and Herder. Two Studies in the History of Ideas*, Chatto and Windus, London.

— (1983a): *Contra la Corriente*, traducción de H. Rodríguez Toro, Fondo de Cultura Económica, México.

— (1983b): *Conceptos y Categorías*, traducción de F. González Aramburo, Fondo de Cultura Económica, México.

— (1984): *Impresiones Personales*, traducción de J. J. Utrilla y A. Coria Méndez, Fondo de Cultura Económica, México.

— (1986): «Isaiah Berlin: Contra la Corriente», entrevista con R. Carr, traducción de Carlos Dardé, *Revista de Occidente*, n.º 66, noviembre 1986, Madrid, pp. 103-139.

— (1988): *Cuatro Ensayos sobre la Libertad*, traducción de Julio Bayón, Alianza, Madrid.

— (1990): *The Crooked Timber of Humanity*, John Murray, London (hay traducción española: *El fuste torcido de la Humanidad*, Barcelona, 1992, Península).

— (1991): «Two Concepts of Nationalism», entrevista con Nathan Cardéis, *New York Review of Books*, noviembre, 21, pp. 19-23.

— (1992a): «Sir Isaiah Berlin», conversación con Salvador Giner, *Claves*, n.º 22, mayo, pp. 44-47.

— (1992b): «Este ha sido un siglo terrible. Isaiah Berlin reflexiona sobre los desastres del pasado», entrevista con J. Cruz, *Babelia*, n.º 30, 9 mayo, pp. 13-15.

— (1992c): «Philosophy and Life», *New York Review of Books*, mayo, 28, pp. 46-54. (Es una selección de textos del libro de R. Jahanbegloo, aparecido después: *Conversations with Isaiah Berlin*, Halban, London, 1992).

DUMONT, L. (1987): *Ensayos sobre el Individualismo*, traducción de R. Tusón, Alianza Editorial, Madrid.

FINKIELKRAUT, A. (1987): *La Derrota del Pensamiento*, traducción de J. Jordá, Anagrama, Barcelona.

Gellner, E. (1989): *El Nacionalismo y los nuevos cambios sociales,* traducción de A. L. Bixio, GEDISA, Barcelona.

Habermas, J. (1981): *La Reconstrucción del Materialismo Histórico,* traducción de J. N. Muñiz y R. G. Cotarelo, Taurus, Madrid.

Hampshire, St. (1991): «Nationalism», en Margalit, E. y A. (eds.): *Isaiah Berlin. A Celebration,* The Hogarth Press, London.

Hayek, F. A. (1982): *New Studies in Philosophy, Politics, Economics and the History of Ideas,* Routledge & K. Paul, London.

Herder, J. G. (1982): *Obra Selecta,* traducción de P. Ribas, Alfaguara, Madrid.

Herzen, A. (1979): *From the Other Shore and the Russian People and Socialism,* Oxford University Press, Oxford.

Hobsbawn, E. J. (1991): *Naciones y Nacionalismo desde 1780,* traducción de J. Beltrán, Crítica, Barcelona.

Pisani, E. (1992): «La Transición Democrática», *El País,* 30 de julio, p. 9.

Popper, K. R. (1983): *Conjeturas y Refutaciones,* traducción de R. Grasa, Paidós Ibérica, Barcelona.

Weber, M. (1985): *El problema de la Irracionalidad en las Ciencias Sociales,* traducción Simón y García Blanco, Tecnos, Madrid.

Isaiah Berlin y la pluralidad de fines*

I

Isaiah Berlin tiene el atractivo del pensador que prefiere sugerir problemas a plantear soluciones. Sus ensayos sobre la libertad, escritos a lo largo de los años cincuenta, fueron calificados entonces como liberalismo de guerra fría; hoy, sin embargo, mantienen una frescura que no se encuentra en los trabajos de Hayek o Popper: la crítica de Berlin a la planificación y al Estado de Bienestar y su reflexión sobre la aplicación de las nociones de causa al acontecer social e histórico se basan en una noción de individuo nada formal. A diferencia del individualismo metodológico de aquellos autores, la individualidad en Berlin destaca por sus contenidos, sus exigencias concretas de acción y valor y, sobre todo, por tener un mundo propio, aspectos hoy más cruciales que las caracterizaciones formales, a la hora de reflexionar sobre una sociedad plural.

Esta irreductibilidad del individuo, su excentricidad respecto al acontecer social y a las propuestas de encuadramiento político separaron a Berlin de toda teorización apresurada del consenso. En ello debió influir su convencimiento de la heterogeneidad de las culturas y de las culturas nacionales —otra dimensión de la actualidad de su pensamiento—, pero también su escepticismo ante condiciones generales de acuerdo. Este escepticismo aparecía ya en los ensayos citados;

---

*/ En la versión original el presente trabajo llevaba el sumario que sigue, que, en esta edición, a efectos de unificación editorial, aparece aquí:

SUMARIO
I. FINES INDIVIDUALES. — II. INSUFICIENCIAS EN KANT Y MILL. — III. RAZÓN, NATURALEZA, INDIVIDUOS. — IV. UNA TEORIZACIÓN DE LA INDIVIDUALIDAD: 1. *Libertad moral como ruptura.* 2. *Contra la representación.* 3. *Vico y la experiencia subjetiva.* 4. *Intercomunicación.* 5. *Crisis de los conceptos generales.* 6. *Individualidad romántica.* 7. *Individualidad y pluralismo.* — V. DEL RELATIVISMO. — BIBLIOGRAFÍA.

la determinación reflexiva de fines individuales era un alegato contra la planificación, pero también increencia en el mercado, como Berlin ha reiterado con frecuencia; ese mismo escepticismo inspira su crítica a la generalidad de ciertos valores, encaminada a mostrar cómo éstos se fragmentan en cuanto se sitúan en una *Lebenswelt* concreta.

Esta insistencia de Berlin por adelantar las perspectivas individuales a las generalidades convierte su obra en referencia para la reflexión sobre las tendencias centrífugas y la dispersión presentes en nuestra sociedad, que no pueden tener más solución que una consideración más profunda de la individualidad de los fines.

Asistimos —no sólo en Europa— a la aparición de grupos sociales con exigencias derivadas de una identidad cultural o ideológica, exigencias de índole material, de contenido, que las hacen difícilmente procesables; se multiplican intereses corporativos, nada comprensibles en términos de clase dada la quiebra del mercado de trabajo como procesador social; esta misma quiebra unida a la economía de oferta provoca la aparición de múltiples situaciones de marginación que apenas llegan a tener expresión pública en su particularidad. A ello se añaden ciertas demandas sociales cuyo carácter cualitativo desborda las formas vigentes de determinación de fines. En esta situación, la democracia social pierde su virtualidad al desdibujarse la identidad de los agentes sociales tradicionales, mientras el Estado se debate entre las exigencias de una economía cada vez más mundializada y la debilidad del mercado para determinar necesidades.

En todo ello influye la caída de los regímenes del socialismo real: ésta ha sido, digamos, simultánea a algunas de aquellas transformaciones sociales, pero, además, la deseable desaparición de la organización del mundo en bloques parece impulsar un reverdecer del nacionalismo, lo que da una nueva dimensión al problema de los fines individuales. Si las razones señaladas son rigurosas, no cabe esperar solución de una mera definición positiva de derechos: ésta apenas podría responder a cuestiones de solidaridad entre identidades tan diferentes y sería demasiado formal para conectar necesidades tan dispares.

En el más conocido ensayo de Berlin, su discusión sobre los dos conceptos de libertad, hay un debate sobre la determinación y validez de los fines individuales. En la recepción crítica del ensayo este aspecto quedó en un cierto segundo plano. Trabajos como el de McCallum jr. y G. A. Cohen (McCallum, 1967; Cohen, 1969) se ocuparon de la pluralidad e incompatibilidad de fines, y Elster (Elster, 1988) discutió el problema de la determinación de preferencias, pero me parece que ninguno de ellos ha hecho justicia a la generalidad del planteamiento de Berlin y a la originalidad de su solución, no incluida ciertamente en aquel ensayo. Me parece que su análisis puede ser de interés para la perspectiva actual de este problema.

La generalidad del planteamiento de Berlin viene dada por su crítica a dos venerables nociones de libertad: la autonomía kantiana y la idea de J. S. Mill de libertad como capacidad de realizar las propias preferencias. Ambas nociones son contrapuestas por Berlin a sus concepciones sistemáticas, concluyendo la insuficiencia de éstas para determinar fines individuales. El interés del planteamiento de Berlin no está sólo en la comprobación de tales carencias, puestas de manifiesto por diversos autores, sino en la peculiar solución que propone. Ésta tiene en cuenta las diversidades culturales y las dimensiones imaginativas y autoafirmativas de la individualidad, con lo que ahonda en la discusión sobre los valores de la modernidad (dicho sea con todo respeto para Berlin, que considera carentes de rigor conceptos como modernidad o postmodernidad (Berlin-Jahanbegloo, 1992, p. 61). Desemboca además en un pluralismo radical que a menudo ha sido calificado de simple relativismo (MacIntyre, 1987; Gardiner, 1977; Momigliano, 1976), crítica que Berlin ha rechazado.

Voy a comenzar por analizar las críticas de Berlin a ambas nociones de libertad; trataré luego la solución de Berlin al establecimiento de los valores individuales y examinaré, por fin, su distinción entre pluralismo y relativismo.

II

Berlin es un decidido defensor de la autonomía kantiana. Para él «todos los valores se constituyen como tales en virtud de los actos libres de los hombres y sólo se llaman valores en cuanto que así se constituyen; no hay ningún valor —concluye— superior al individuo» (Berlin, 1988, p. 208). Esta doctrina, dice, «es el corazón del humanismo liberal en ética y en política» (Berlin, 1988, p. 208); ignorarla en beneficio de formas utilitarias o conductistas es sencillamente degradar al ser humano (Berlin, 1988, p. 207), cuya dignidad consiste en su capacidad de elección. Este valor del individuo es intrínseco y Berlin llega a llamarlo su «sentido kantiano» (Berlin, 1988, p. 54).

Pero Berlin piensa que la autonomía puede degradarse. El descubrimiento de la autonomía individual puede ser oscurecido por las exigencias de la naturaleza interior o por las problemáticas relaciones con la sociedad. El individuo, entonces, quizá opte por la tranquila transparencia del ejercicio de la racionalidad formal, se identifique con ésta y renuncie al laborioso discernimiento de la lógica inmanente de las exigencias del yo empírico o a la indagación de la diversidad de valores de una sociedad compleja. La autonomía se desvirtúa entonces a mero autodominio.

Berlin habla en este caso de «retirada a la ciudadela interior», lo que recuerda las estrategias weberianas de «huida del mundo»: una personalidad moral puede desorientarse ante exigencias vitales o desiderativas que surgen, precisamente, en el contexto de la conciencia de la propia autonomía, o ante la percepción de valores o necesidades que, siendo concretas, carecen, sin embargo, de lugar definido en las relaciones sociales vigentes, o al comprobar que los valores se dispersan en modos de vida divergentes; puede además que resuelva toda esa desazón en una sublimación: el ejercicio de la autonomía en lugar de esclarecer estos problemas se transfiere a una individualidad identificada con la racionalidad formal y se traduce a «una forma de individualismo protestante secularizado», donde el lugar de Dios lo ocupa la idea de vida racional y el individuo convierte en ideal ser gobernado por la razón y sólo por ella (Berlin, 1988, p. 208).

Propicia tal repliegue la misma antropología kantiana: al separar las esferas racional y natural, Kant prepara este exilio interior en el que la identidad individual se estiliza hasta coincidir con una racionalidad vacía y prescinde de los contenidos de la vida individual. El individuo se identifica con un yo racional superior que debe educar y someter al yo empírico, sin reconocer sustancialidad a las exigencias de éste.

Esta renuncia a las exigencias del yo empírico tiene consecuencias políticas: en primer lugar porque puede conceder al procedimiento un valor excesivo, otorgándole una capacidad de discernir valores concretos que por sí no tiene. Para Berlin, la estrategia del totalitarismo del siglo XX redujo las cuestiones sobre las que cabe discutir a aquellas que puede resolver el Estado (Berlin, 1988, p. 93); éste eliminará o trivializará la búsqueda de valores o fines que él mismo no puede garantizar (Berlin, 1988, p. 90), llegando hasta vaciar de sentido todo aquello que no es determinable en términos de planificación. Pero este análisis no es privativo del estado totalitario. En la relación entre ámbitos culturales, sociales y políticos es frecuente que la eficacia administrativa o la lógica impuesta por los límites de la acción del Estado sean más decisivas para priorizar o establecer un valor que el reconocimiento de las exigencias de individuos o grupos sociales. El círculo se cierra porque, al desvincularse la autonomía individual del reconocimiento de las relevancias individuales, éstas quedan relegadas a un estatuto meramente psicológico, con lo que se acentúa la racionalidad exclusiva del Estado. Al fin, contará más la corrección del procedimiento formal para tomar decisiones y la eficacia de la planificación para establecer necesidades que el reconocimiento de los individuos para determinar éstas o decidir por sí mismos (Berlin, 1990, pp. 238 ss.).

¿Es contrapartida adecuada a este deterioro la consideración empirista de las exigencias individuales? Berlin niega esta posibilidad. En su ensayo critica la noción milliana de libertad: si por libertad se entiende la «posibilidad *(ability)* de hacer lo que uno quiera *(wish)*» (Berlin, 1988, p. 210), la mera supresión de un deseo inviable nos haría más libres. No es un juego de palabras, sino el resultado de una constatación: los individuos modernos pueden terminar por hacer suya la necesidad económica o política y mellar su propia capacidad de desear (Berlin, 1983b, p. 310). La autonomía puede desvirtuarse al evitar el discernimiento de las relevancias individuales y someterlo todo a la razón formal, pero la tradición empirista no ofrece marco para reconocer la validez de esas relevancias. Cierto que en aquel caso se daba una separación de la referencia empírica, pero ahora, al desaparecer la esfera de lo incondicionado, las exigencias individuales empíricas se reducen a mero cálculo; si antes algunos fines se relegaban a la esfera psicológica, ahora sólo contamos con ésta. No hay, por tanto, una adecuada conceptualización ética ni, en consecuencia, una justificación política del reconocimiento del individuo ni de sus exigencias.

Sin duda este juicio no puede aplicarse con ligereza a Mill, que tan laboriosamente descubrió el significado de la interioridad y se esforzó por conceptualizar así lo individual. A Mill su tradición empirista le permite bastante más que afinar en el terreno psicológico: le da un agudo sentido de la singularidad de cada conflicto social o político, de las perspectivas individuales imbricadas en ellos y de las sutiles variaciones que sufren cada día (Berlin, 1988, p. 264). Esto es así por el cambio conceptual desde el que trabaja: para Bentham el individuo —dice Berlin— era un acontecimiento psicológico, para Mill un ideal moral; está además convencido de la variedad e impredecibilidad de los modos de vida y formas de satisfacción humanas y cree que la dignidad individual es consecuencia de la capacidad de opción más que de la misma inteligencia (Berlin, 1988, pp. 249 y 254).

Pero al intentar conservar, en ese nuevo marco de elaboración teórica, los conceptos utilitarios no pueden librarse de la ambigüedad. Convirtió la noción «naturaleza humana» de referencia objetiva en algo «perpetuamente incompleto, en autotransformación y siempre nuevo» (Berlin, 1988, p. 260); pero cuando sobre esta base trata de redefinir la utilidad, ésta se vuelve demasiado ambigua para ser teóricamente decisiva (Berlin, 1988, p. 252), sobre todo porque Mill prefiere dejar abierto el alcance del conocimiento —y mantener aquella indeterminación de la naturaleza— que precisar en exceso cualquier fin último.

Desde esta perspectiva, aquella noción de libertad se carga de densidad moral porque puede calibrarse qué significa para Mill el deseo y la capacidad de satisfacerlo. Pero sólo gana en patetismo porque se advierte la falta de inocencia con la que pueden aplicarse los conceptos millianos. El grado de preocupaciones teóricas y la amplitud empírica contrastan con la debilidad conceptual. Este desajuste se ve en su argumentación sobre la libertad. Con independencia de su debilidad histórica, los argumentos son conceptualmente oscuros: ¿cómo puede justificarse con nociones utilitarias, aun reinterpretadas, un valor cuya cualidad intrínseca el propio Mill ha reconocido hasta poner en crisis aquellos mismos conceptos utilitarios?[1].

El balance de ambas críticas es que el reconocimiento del carácter ético de la individualidad va acompañado, en Kant, de una insuficiente aceptación de los contenidos empíricos subjetivos, mientras que en Mill falta el concepto que establezca la validez de unos contenidos que, sin embargo, reconoce. Berlin lleva el problema a la inadecuación de los conceptos sistemáticos de ambas concepciones: racionalidad kantiana y naturaleza.

III

Kant, piensa Berlin, muestra su sentido de la libertad individual al formular (Kant, 1981) el ideal de una sociedad civil organizada de acuerdo a la ley y en la que la máxima libertad de cada uno coexista con el máximo respeto y garantía para la libertad de los demás. Su debilidad, sin embargo, aparece al confiar la solución de tales conflictos a la Razón, esperando que ésta pueda determinar los verdaderos fines de los hombres. Esto es más que una consecuencia de la psicología de facultades: es una concepción del alcance de la Razón[2]. El problema no es ya la delimitación extensional de fines, su discernimiento entre apetito y valor, sino su determinación intensional. Y ésta se otorga a una facultad humana que «crea o revela una finalidad que es idéntica en todos los hombres y para todos ellos» (Berlin, 1988, p. 224). Con ello, las propuestas individuales quedan en precario, hasta tanto no pasen por tan alto tribunal, rechazando que muchos fines individuales puedan surgir en contextos de experiencia individual compleja, en contextos imaginativos y estéticos, dice Berlin[3]; más aún, la determinación de fines se separa de todo contexto empírico, pues, a juicio de Berlin, Kant concibe la Razón en un dominio metafísico (Jahanbegloo, 1992, p. 109). Con todo ello, la autonomía, como «libertad racional», se resuelve en el señorío de una facultad cuya universalidad puede pasar por encima de los contenidos de los fines y de la significación inmanente a los conflictos entre ellos[4].

1/ En distinto sentido, pero con análoga eficacia, véase la crítica de Rawls a Mill (RAWLS, 1979, pp. 243-245).

2/ Es ilustrativo comparar con ADORNO, 1984, pp. 139-144, y HORKHEIMER, 1966, p. 173.

3/ Sobre la relación de Berlin con Schiller, véase GARDINER, 1979.

4/ Véase la crítica de Herder a la antropología kantiana en BERLIN, 1980b, pp. 198-199; véase también LUKÁCS en «Pobreza de espíritu», citado en HELLER, 1984, pp. 244-245.

En la tradición empirista y utilitaria no hay esa intensa confianza en la razón: Bentham no cesa de insistir en que toda ley comporta una restricción de la libertad y así separa el ejercicio de la libertad de la sublimación racional y mantiene abierta la necesidad de indagación empírica. Pero en este caso la barrera es otro concepto, también totalizador: el de naturaleza humana. Éste, al suponer que el comportamiento humano puede esclarecerse como un objeto cognoscible a través de pautas que se repiten, podrá considerar las relevancias subjetivas como casos de una ley general o someterlas a criterios generales externos a esa misma subjetividad, y se inmuniza contra las exigencias de ésta suponiendo la armonía final entre razón y naturaleza (Berlin, 1988, pp. 125-126).

En ambos conceptos hay implicaciones políticas. La racionalidad formal, al negar que la ley racional limite la libertad, entrega ésta no ya a un procedimiento, sino a una instancia que puede determinar por sí misma qué fines sean racionales y cuáles no. Con ello la determinación de fines se entrega al especialista, pues se ha separado del juicio individual que atiende a su concreción y de las exigencias de reciprocidad individual (Berlin, 1988, p. 223). El utilitarismo ortodoxo, por su parte, puede alentar modos de organización racional de la sociedad igualmente ajenos a ambas exigencias.

No se rechazan ambos conceptos por ser omnicomprensivos, sino por ser reductivos: porque presumen poder determinar las elecciones posibles al margen de la capacidad de juicio y opción individual. En eso contradicen el ejercicio de la autonomía de los individuos. El escepticismo de Berlin, su recomendación de cautela ante los sistemas cerrados *(Wait and see)* no es sólo una reserva teórica: es un componente de su filosofía práctica, de su valoración de la opción y de la individualidad.

IV

El problema es, pues, el establecimiento, con validez empírica, de los fines por la subjetividad individual de modo que esta actividad no sea absorbida o cortocircuitada por nociones generales normativas o descriptivas. Es éste un problema moderno, propio de las relaciones que Weber llamó «societarias»: Berlin insiste en que no es homologable a la libertad en Grecia que tenía virtualidades de identificación comunitaria (Berlin, 1988, pp. 41-43). El problema surge con la diferenciación de relaciones propias de la sociedad civil, cuyo dinamismo y autonomía desborda las nociones generales; por ello el problema del individuo se recorta en la esterilidad de esas nociones. La originalidad de Berlin está en relacionar estrechamente su solución con el romanticismo. Recorreré los momentos de su teorización.

1.

El primero de ellos es precisamente la defensa kantiana de la libertad moral. Berlin cree que con ella arranca un dinamismo, el de la voluntad individual, que desbordará los conceptos naturalistas o normativos: Kant «abre la caja de Pandora» (Berlin, 1990, p. 216).

Porque, con ello, lo más relevante de la voluntad humana deja de ser el aspecto condicionado, a esclarecer por leyes positivas, y se centra en el acto de voluntad moralmente significativo. Con ello se desplaza la atención de la teoría desde aspectos naturalistas a significaciones sólo definibles desde la interioridad; desplazamiento, además, que no está mediado por valores establecidos, porque la capacidad moral radica en la posibilidad misma de establecer el valor: la subjetividad interesa por lo que puede establecer y no por su adecuación a normas previas.

Este doble movimiento no sólo aclara el carácter incondicionado de la interioridad individual: apunta, además, a una nueva identidad humana. La cultura occidental mantenía una relación optimista y lineal con la naturaleza: los seres humanos eran seres naturales dotados de capacidad racional; ésta alentaba la esperanza de esclarecer cuanto en la naturaleza había oculto, un saber que liberaría de la superstición; este saber podría además iluminar las relaciones de los hombres, como seres naturales, consigo mismos, con los demás y con la naturaleza, liberando así de todo dogmatismo. Con la autonomía de la voluntad se oscurece no ya la viabilidad de este proyecto, sino aun su idílico punto de partida: aparecen dos legalidades que no son coincidentes; si la voluntad humana tiene la capacidad de identificación que veíamos antes, los hombres descubren que carecen de un sitio propio en la naturaleza. Ésta deja de ser el correlato de las pulsiones y necesidades humanas y el libro abierto a la percepción, para convertirse en «mundo muerto» que resiste a la actividad creativa de la voluntad, en «materia bruta que espera ser formada» (Berlin, 1990, p. 190). La identidad humana escapa a la tutela de la naturaleza. Y también a una identificación moral otorgada por un universo previo y general de valor: es en el compromiso concreto con el valor elegido donde se accede a tal identidad. Es, por tanto, la actividad original del individuo la que puede identificar sin que haya algo dado en lo que descansar; el lugar en la naturaleza y la identidad moral son algo a establecer.

2.

La nueva identidad del individuo adquiere un correlato más amplio en la lectura que hace Berlin de Hamann. Es éste, como Kant, pietista, pero posee una noción del individuo —ciertamente teológica— tan radical que impide su recuperación racionalista.

Hamann rechaza la confianza ilustrada en la generalidad de las ciencias y en el análisis sólo racional de la experiencia, porque piensa que son abstracciones simplificadoras: ignoran en el objeto lo particular, lo cualitativo y lo fluyente y suprimen en el saber las perspectivas individuales, el hallazgo y el descubrimiento (Berlin, 1979b, p. 271). Berlin destaca la recepción por Hamann de la obra de Hume (Berlin, 1983a, pp. 233-260); la disolución humeana de la generalidad científica y de la certeza racional la toma Hamann como una recuperación de un espacio en el que es posible un encuentro individual con lo particular del objeto. Hamann traduce la creencia humeana *(believe)* como fe *(Glaube):* el objeto en su singularidad —desde la que resiste a la subsunción en lo general— es cifra, palabra de Dios oculta, pero directamente dirigida al individuo (Berlin, 1980b, p. 166); la fe abre el camino a la interpretación individualizada.

Berlin ve en este fideísmo *el establecimiento de un territorio en el que entramos en directo contacto con la realidad,* en el que las relaciones entre sujeto y objeto no disimulan sus aristas bajo lenguajes generales codificados de antemano. No se resalta una experiencia originaria, sólo se subraya que la *inteligibilidad es anterior a esos lenguajes de modo que si podemos aplicarlos es porque el objeto es inteligible y no al contrario* (Berlin, 1983b, p. 69); por consiguiente, tales lenguajes —como sugiere Berlin en sus críticas al neopositivismo y fenomenalismo— son el resultado del ejercicio humano de la racionalidad y no de las exigencias de la Razón y/o de la naturaleza.

Hamann lleva su crítica de la generalidad ilustrada hasta «la noción [kantiana] de las categorías inalterables de la experiencia» (Berlin, 1983, p. 258); Berlin sabe que lo hace por un sensualismo que él no comparte (Berlin, 1980b, p. 167), pero valora en su crítica que, una vez abierto aquel contacto directo con la realidad, se exige interpretar, y al interpretar aquella inteligibilidad *busca o pone categorías* sin encuadrarse necesariamente en estructuras *a priori* atemporales. Las categorías se incorporan a la acción inteligente, a sus variados objetos y a su historicidad (Berlin, 1983b, p. 222).

Con la prioridad de la inteligibilidad sobre la categorización y con la historicidad de ésta se abre camino una noción de experiencia más amplia: ésta escapa a la presión del dato sensible como referencia y de la tutela de categorías fijas[5] y se convierte, en palabras de Berlin, en lo «lógicamente concebible» como experiencia (Berlin, 1983b, p. 69): eso es, en todo aquello que puede asemejarse «a mi experiencia real en cualquier forma de familiarización directa con el objeto» y que se conforma en categorizaciones adecuadas (Berlin, 1983b, p. 70). Esto hace

---

5/ Véase a este respecto un enfoque análogo, pero más radical, en RORTY, 1983, pp. 142 ss.

de la experiencia *un problema del hombre entero,* no resoluble desde dualismo alguno. Ésta es otra de las críticas de Hamann a la solución kantiana (Berlin, 1983a, p. 258); en el recurso a la experiencia unificada —que recordara Goethe— busca Hamann la restauración de la unidad del ser (Berlin, 1980b, p. 167); lo que Berlin subraya es que en aquel espacio de confrontación directa e imbricación con la realidad no es el dato sensible y la *apprehensio* conceptual lo decisivo, sino la densa conjunción de creencia, praxis, emocionalidad e instinto propio de un ser inteligente. Una experiencia estilizada conduce a la certeza racional y a un conocimiento por correspondencia que permiten la delimitación del objeto para su manipulación (Berlin, 1983b, pp. 136-144); el contacto por familiarización ofrece un vínculo con la realidad en el que los hombres toman conciencia de la multiplicidad de sus formas de significar y de sus relaciones con el objeto.

La recepción de Hamann por Berlin recupera aquel espacio de contacto directo con la realidad que el primado ilustrado de la representación hurtó a la praxis cognoscitiva y a la experiencia. Al hacer valer los derechos de lo particular[6] y la inteligibilidad previa a la representación, se libera aquel espacio. Berlin no opta por el irracionalismo, se limita a fijar un espacio concreto a la ciencia. Ésta tiene métodos formalizados para fijar relevancias, pertinencias conceptuales y reglas de contrastación de sus resultados; estas estipulaciones tienen que ver con la precisión del objeto de investigación y del interés cognoscitivo bajo el que se contempla (Berlin, 1988, pp. 113-174; 1983b, pp. 179 ss.); por tanto, no agota toda experiencia posible. Pueden darse otras, que movilizan distintas formas de contacto con la realidad y otras formas de determinación pueden establecerse; dada la complejidad de aquéllas, éstas tendrán un carácter tentativo: pondrán inventivamente las categorías en lugar de aplicarlas. Pero la experiencia compleja y la inventividad, aunque rompan el monopolio de la representación (Berlin, 1990, pp. 33-34 y 215), no son irracionales: son inteligibles para la reflexión.

Este espacio liberado tiene, sin embargo, una segunda propiedad: la invención que se libera en él es inevitablemente contingente. Al resituar la ciencia, Berlin libera a la experiencia y a la acción inteligente de una determinación conceptual cerrada; hay una experiencia creativa y una acción inventiva. Pero ambas, siendo inteligibles a la reflexión, no pueden justificarse de modo exclusivo, pues ello supondría poder explicar *categorialmente* la posición de unas categorías y no de otras, y esto es un sinsentido. La experiencia individual inventiva es posible, pero sus resultados son contingentes.

6/ Véase en análogo sentido ADORNO, 1984, parte III, I.

Berlin no resuelve esta contingencia inventiva en autoafirmación: el contenido de lo nuevo es controlable categorial y empíricamente por otros hombres y mujeres que posean análoga capacidad categorial, empírica e inventiva: es decir, análoga capacidad expresiva. El lenguaje es la mediación de esta invención racional y contingente.

3.

La mística de Hamann no lo es de una experiencia originaria, sino de la palabra, del signo por el que Dios se revela al individuo y éste se relaciona con sus semejantes. Herder secularizó esta mediación del signo y se interesa por la palabra humana e histórica. El despliegue de la experiencia subjetiva a través de la palabra lo estudia Berlin en Herder y Vico.

Vico distingue un conocimiento humano cuyo objeto es la naturaleza —o la sociedad como estructura dada— *(certum)* y otro *(verum)* que se ocupa de la inteligibilidad de la acción de los hombres. El primero proporciona certezas, pero permanece exterior a su objeto; Berlin lo entiende como saber pragmático y empírico, muy cerca de su concepción de la ciencia. El *verum*, por el contrario, es un conocimiento interior a su objeto, porque es un saber humano del «mundo hecho por el hombre» en el «que somos verdaderos ciudadanos» (Berlin, 1980b, p. 123).

En un conocido pasaje de la «Ciencia Nueva» (Vico, 1973-81, párr. 331) Vico afirma que podemos penetrar en las más remotas épocas históricas, pues entre ellas y nosotros median las «transformaciones de la misma mente humana». Con ello Vico corrige las ideas de historia de su tiempo: ésta ni es una colección erudita, pero muerta, de hechos e instituciones, ni puede entenderse mediante el despliegue de algún concepto filosófico. Ha de rastrearse desde la experiencia que tenemos de actuar como hombres, como *seres dotados de actividad intencional* y desde la imaginación que propone cómo hombres de otras épocas actuaron de modo diferente desde esa misma condición intencional. La acción deja de entenderse en claves de facticidad o de conceptos que le sean externos y se indaga desde hipótesis subjetivas esclarecibles reflexivamente. Esa es la novedad del *verum*.

Según Berlin, Vico elaboró esta idea desde la noción de los neoplatónicos renacentistas, según la cual los hombres modelan su entorno y a ellos mismos en una incesante actividad intencional: la historia se vincula así a la acción transformadora de los hombres y puede entenderse desde un ámbito, inaplicable a la naturaleza, el de la experiencia de la actividad subjetiva. Pero Vico conocía los trabajos de los historiadores y juristas del XVII, cuyos análisis en torno al contencioso de la autoridad entre papado y reyes absolutos habían desembocado en la heterogeneidad de las culturas[7] y situó aquella noción neoplatónica en las formas concretas de éstas últimas. Aquella intencionalidad, entonces, no está en el vacío sino en interacción con un entorno que en parte es físico, en parte formado por las consecuencias no pretendidas de nuestras acciones, en parte generado por la diversidad de objetivos de quienes componen la sociedad. Desde este punto de vista, los hombres no sólo transforman el mundo, sino *se* transforman y, consecuentemente, no es posible imaginar una época o cultura ejemplar, sino que cada una de ellas tiene sus problemas y preocupaciones específicos y es, además, caduca. Tal actividad intencional y situada, en tercer lugar, produce objetos y a ellos tenemos un acceso privilegiado por ser los hombres autores de los mismos: Vico revitaliza así otra venerable tradición, la convertibilidad escolástica entre *verum* y *factum* y con ella dota de concreción a aquella experiencia subjetiva. El *verum* accede al sentido de la acción si toma en serio la especificidad de cada época o cultura y las analiza desde hipótesis reflexivas —que proponen categorías subjetivas— construidas imaginativamente —desde el supuesto de una capacidad alternativa de construir la experiencia global—.

Berlin acerca esta noción de *verum* a la *Verstehen* (Berlin, 1980b, p. 107): «comprensión» de otros modos de ejercer la capacidad intencional del sujeto. La vinculación a Vico evita que la «comprensión» entre Berlin tenga regustos psicologistas —como en la *Geisteswissenschaft*— o caiga en la asimilación romántica de la reflexión a una creatividad separada de la realidad[8]: en Berlin la «comprensión» trabaja sobre el *lenguaje,* con controles *empíricos* concretos y manteniendo la contingencia de la acción.

Para Vico pensar es usar símbolos. El lenguaje poético puede proponer objetos en los que se sintetizan muy diversas dimensiones de la experiencia; la «comprensión» de la experiencia subjetiva será para Berlin una hermenéutica de los objetos de las culturas históricas por la que se abducen las categorías de la subjetividad presentes en la expresión. El lenguaje poético en Vico, además, establece nuevos objetos y relaciones interhumanas: en virtud de esta cualidad —que Berlin llama performativa (Berlin, 1980b, pp. 50-51)— la hermenéutica conecta con la noción global de experiencia que describimos al estudiar la recepción de Hamann; mediante los diversos signos se llega a las categorías de la acción (Berlin, 1980b, p. 38), la voluntad y la imaginación creativa (Berlin, 1980b, p. 108).

7/ Berlin se apoya para estos análisis en Kelley. Hay un interesante paralelo en SKINNER, 1985.

8/ Merece la pena comparar el fracaso de ciertas formas de la subjetividad romántica analizadas por Berlin en BERLIN, 1990, con el texto de LUKÁCS, 1970, p. 90.

Con esta lectura de Vico, Berlin establece la determinabilidad de la experiencia subjetiva. Sus objetos no están eximidos de la disciplina de la prueba. Con ello afirma que es una indagación empírica, pero también fija las exigencias de esta empiria. Ésta ha de construirse en conceptos y categorías que sean propios del objeto: con los supuestos de Vico no es posible atenerse a un «set» único de categorías, necesariamente externo a la época o cultura que se estudia, sino en los términos de aquélla. Esto significa, primero, descartar componentes que son anacrónicos desde un punto de vista reflexivo, no erudito; en segundo lugar se exige ir a lo que Dilthey llamó «*Wirkungzusammenhang*», organización global de la experiencia: no se pide tanto una determinación excluyente cuanto categorías amplias con gran capacidad de connotar y aludir, de modo que más que esquematizar el objeto diluciden las relaciones entre objeto y sujeto y las que vinculan entre sí aspectos aparentemente diversos de la misma cultura o época (Berlin, 1983b, p. 222). Ambas exigencias reposan en una tercera análoga, a lo que Steiner llama «extraterritorialidad» (Steiner, 1973); el acercamiento a una cultura ha de buscar o crear un medio concreto de comunicación que no puede sustituirse por una mediación trascendental ni por un sistema de transformaciones lógicas y equivalencias semánticas. Estas tres condiciones sintetizan el esfuerzo que Vico pedía a la «fantasía» y evidencian que la empiria de la que nos ocupamos es reflexiva; sometida, desde luego, a la prueba, si no es fiel a la diferencia y esforzada en la autorreflexión, sus resultados permanecerán muertos (Berlin, 1980b, p. xxv).

Desde aquí, la experiencia subjetiva puede ser racionalmente comprendida, testada y objetivada categorialmente. Es una experiencia inventiva, pero contingente. Por las razones apuntadas anteriormente y por el modo en el que Berlin entiende el concepto «Providencia» en Vico. La trascendencia en la que se deja este concepto veta toda subjetividad absoluta del estilo de las lecturas idealistas de Vico por Croce y Collingwood. El proceso de la acción histórica es discontinuo (inventivo y caduco), sin convertirse por ello en sucesión fáctica, pues la *verum-Verstehen* lo impide; pero ésta sólo llega a una «fenomenología del espíritu humano», con intencionada minúscula, a un despliegue discontinuo, impredecible y fragmentario de lo que hicieron y padecieron los hombres.

4.

Es fácil ver que esta inteligibilidad empírica de la acción a través de categorías subjetivas y de la interacción es intercomunicativa. Puede precisarse el alcance de tal intercomunicación a partir de lo que Berlin llama expresionismo de Herder. Éste, sin embargo, dispersará aún más la conformación subjetiva de la experiencia, lo que exigirá una nueva noción de universalismo.

En su ensayo sobre el lenguaje, Herder descarta que éste sea revelación divina, acontecimiento natural (así polemiza con Süsmilch y Condillac) o invención de una facultad superior añadida a una naturaleza animal. El lenguaje brota de la actividad libre y reflexiva, de un ser situado en una red de múltiples causas naturales cuya corriente puede, sin embargo, interrumpir. Este acto se debe «al gobierno conjunto de sus facultades sensibles y cognoscitivas», a «la singular facultad positiva de pensar... ligada a cierta organización corporal» (Herder, 1982, pp. 150-151). En este caso, la conjunción de creatividad, situación y unidad de teoría y práctica se concreta en la expresión. Ésta surge de la reflexión, de la capacidad subjetiva de ordenar las diversas facultades imbricadas en el hablante: «el lenguaje es acuerdo del alma consigo misma» (Herder, 1982, p. 158); pero su resultado ha de ofrecerse al reconocimiento de otros hablantes (Herder, 1982, p. 165): se consolida en la intercomunicación.

Es lo que Berlin llama el «expresionismo» de Herder (Berlin, 1980b, pp. xxii y 153). Cuanto la actividad inteligente de los hombres produce no adquiere sentido por corresponder a un conjunto de necesidades previas o ajustarse a formas válidas *a priori*, sino por ser «expresiones individuales de vida» que pueden ser recibidas y compartidas —o rechazadas— por «aquellos que se han situado en lugares similares a las condiciones en las que tales palabras —u objetos— se introducen de repente en la existencia» (Berlin, 1980b, p. 171). El lenguaje modela la realidad en la medida en que ésta puede compartirse y reconocerse por otros hablantes desde su condición de tales: individuo y comunidad de hablantes se exigen mutuamente.

Con esto la experiencia subjetiva se valida en la intercomunicación. Pero, a la vez, se dispersa. Expresión e intercomunicación se restringen a la cultura histórica a la que pertenecen los hablantes. El lenguaje es lenguaje histórico; sus virtualidades no pueden extenderse a un lenguaje formal necesariamente abstracto. La validez que la expresión adquiere no puede extenderse a una comunidad universal. La discontinuidad que Vico introdujo en la diacronía de la experiencia subjetiva la traslada Herder a la sincronía de las culturas. El lenguaje vincula expresión y comunicación, inventiva y aprendizaje, hasta el punto de no poder desarrollarse la autonomía individual fuera de la textura de una comunidad histórica: sin ella, el individuo es una abstracción (Berlin, 1980b, pp. 196-197). Pero esas comunidades tienen una estructura específica, porque no hay criterios externos para juzgarlas ni cabe ordenarlas en la serie del progreso (Berlin, 1980b, p. 189): son entre sí inconmensurables (Berlin, 1980b, p. 182). El reconocimiento de la experiencia subjetiva se ha llevado hasta la individualidad, pero sus resultados se han llevado a un punto de máxima dispersión.

Sin embargo, es posible un universalismo. El aislamiento de las culturas puede superarse mediante la empatía, la *Einfühlung*. Ésta añade, a la perspicacia imaginativa de Vico para comprender modos de vida diferentes, el despliegue de todos los registros de la subjetividad individual sintetizados sentimentalmente —así lo aprende Herder de Rousseau— para comprender las formas diferentes de ser igualmente individuo. La «comprensión» con Herder pierde todo sentido de apropiación: intenta el difícil ejercicio de reconocer la experiencia ajena porque es *también* la de un individuo; no se reduce, además, a la mera contemplación de lo diverso: ejercita el juicio ante la inhumanidad de ciertas culturas. Herder ofrece así, paradójicamente, dos pilares a la intercomunicación: el primero valida el alcance de la expresión en el reconocimiento; el segundo añade a la «comprensión» una dimensión ética de aceptación de la diferencia como producto de la individualidad. Ambos elementos anudan la experiencia subjetiva a la individual, comprendiendo a ambas en un inevitable pluralismo.

5.

Adelantemos ya dos consecuencias. El pensamiento de Vico quita a la noción de naturaleza humana su alcance para precisar la experiencia humana y, *a fortiori*, la capacidad subjetiva para establecer fines. La actividad intencional y su potencial de transformar y autotransformar desbordan la noción de naturaleza. Podría hablarse de un proceso de crecimiento múltiple e interactivo, desde luego discontinuo, al que no cabría aplicar un concepto de causalidad estrictamente naturalista. Qué sean o cómo actúen los hombres sólo puede entenderse desde lo que hemos llamado «fenomenología del espíritu humano», desde donde no puede llegarse a una determinación.

Por su parte, la reflexión de Herder niega el alcance de la racionalidad *a priori*. El ejercicio de la racionalidad es inseparable de las relaciones interactivas y de las que he llamado «intercomunicativas», cuyo correlato es una cultura histórica. No quiere decir esto que la expresión y la posibilidad de compartirla se determine por el medio (Berlin, 1990, p. 76), sino que la idea de una racionalidad capaz para anticipar todos los contenidos y todos los conceptos sería contradictoria con el mismo ejercicio posible de la racionalidad.

En la perspectiva trazada, remitirse a uno u otro de esos conceptos para esclarecer la experiencia individual sería claramente represivo. Aceptar tal perspectiva no niega la inteligibilidad ni la comunicación basada en una común capacidad del ejercicio de la razón. Sí tiene dos consecuencias: es plural el ejercicio de la determinación de la experiencia subjetiva y del valor. El establecimiento de éste no tiene más correlato que la elección.

6.

Éstas y otras consecuencias positivas van a establecerse por el individualismo romántico. El romanticismo eleva a niveles públicos las razones del individuo: la autonomía de su voluntad y el ejercicio inventivo de su inteligencia. El romanticismo cree que las propuestas de verdad y valor objetivos no son sino «coartadas» que ocultan el verdadero problema (Berlin, 1980, p. 201), que no consiste en saber *qué es* la naturaleza, la sociedad o el valor, sino en *desvelar cuáles son y cuáles podrían ser nuestras relaciones* con el mundo, los demás hombres y la propia vida (Berlin, 1980, p. 36).

No se llega a la verdad abriendo los ojos ante el objeto: se sabe qué se oculta en la representación y no basta con la crítica que Kant hace de ésta. Aceptar el dato sensible es admitir la necesidad natural, y ésta no es más que el «molino de la muerte» (Novalis, 1988, p. 40); encerrar la naturaleza en categorías acaso sea forzarla, abonar un saber «de hacha y azadón» (Novalis, 1988, p. 35) que al fin destruya la misma naturaleza en los hombres. Conocer exige esclarecer, quizá alcanzar, un lugar cabe el objeto —la simple determinación sólo separa— desde el poder nombrarlo en sus fluidas y precarias relaciones con el entorno; ello supone ahondar en las múltiples relaciones que el sujeto mantiene con ambos; la palabra que surge de ahí es «la introducción en el mundo de algo literalmente nuevo» (Berlin, 1983c, p. 12) y autosubsistente: encierra una propuesta nueva de relación entre sujeto y objeto y una nueva identidad. El descubrimiento de esta originalidad despierta la conciencia de la dispersión de la experiencia, puesto que es tan diversa la identidad y las relaciones de quien conoce (Berlin, 1990, p. 38). Pero las líneas de esta dispersión señalan a la importancia de la interioridad: no se buscan los conocimientos del experto ilustrado, sino al poeta que despierta la subjetividad; ésta sólo se despliega recorriendo la naturaleza interior y exterior, los modos de vida diferentes, las palabras olvidadas de la tradición y el saber popular. Originalidad y variedad se cruzan en una experiencia heterogénea y densa que sólo se articulará en la reflexión individual: ésta es «forma de la forma» y en su condición fragmentaria exhibe la riqueza y fertilidad de la verdad.

El papel del individuo será más terminante aún en el dominio del valor. La identidad moral es algo a conquistar: la voluntad se descubre excéntrica a la razón, en contradictorias relaciones con la naturaleza y anclada, sin embargo, en el mundo instintivo. En el logro de aquella identidad es más importante el camino por el que se determina el valor que la determinación misma, la riqueza y autenticidad de los motivos de la determinación que el alcance público de sus consecuencias, el despliegue y profundidad de la subjetividad que la correspondencia a un valor objetivo (Berlin, 1983c, p. 12; 1990, p. 190). El problema de la identidad moral se concreta en la creación del ideal y éste o lo realiza el individuo o no es literalmente nada (Berlin, 1990, p. 188). Aquí se llega al final del viaje romántico: a la necesidad de optar. Una opción que ha de salir de la mera identidad formal para pisar los contenidos que proponen la sociedad, la naturaleza interior, las otras individualidades, porque una identidad sólo se enriquece mediante el choque con lo diverso (Berlin, 1990, p. 226); la opción, además, no se refugiará en un presunto orden objetivo: prefiere la contradicción trágica a racionalizar valores excluyentes (Berlin, 1990, pp. 159, 185 y 234). La voluntad individual se convierte así en la fuente del valor; no como un principio impenetrable, sino —como ocurría con la reflexión— a través de un proceso en el que la profundidad de las preguntas planteadas deposita, con las respuestas, los elementos de un mundo individual.

La reivindicación romántica del individuo cuestiona de modo concreto los universos generales: la verdad está mediada por la individualidad, por la identidad y relaciones diferenciadas que el individuo establece; éste es punto crucial de la determinación del valor que se vincula a la opción y a la autorreflexión.

7.

Berlin no soslaya los riesgos de la individualidad romántica: la autorreflexión, proyectada en la necesidad interna de la obra de arte, se transfirió a la legitimación de los cesarismos y del culto al líder (Berlin, 1983c, p. 13, y 1990, p. 237); la subsistencia de lo individual se extrapoló al fundamentalismo de la nación o la raza (Berlin, 1990, p. 213), y en su monografía sobre Marx, por fin, desarrolla cómo la necesidad de los conceptos generales puede restaurarse desde la autorreflexión (Berlin, 1973, cap. 6). Tampoco olvida que la individualidad romántica llega a autodestruirse si no reconoce la propia contingencia.

Berlin no cree en la inocencia del romanticismo; pero piensa que su visión del individuo termina vital y críticamente con las pretensiones monistas contenidas en los conceptos generales del pensamiento de Occidente. Las visiones de Vico y Herder se hacen conciencia individual. El ejercicio de la racionalidad individual se antepone a las propuestas valorativas e institucionales: ninguna organización del valor ni estructura institucional puede legítimamente someter a su disciplina a los individuos porque son éstos los que crean el valor y para ellos se establecen las instituciones (Berlin, 1990, p. 199). Además, el bagaje y la diferenciación de los mundos individuales se revelan como reservas vitales para criticar las pretensiones de armonía que sacrifican al logro de ésta la opción entre valores alternativos (Berlin, 1990, p. 237).

Estas posibilidades de la individualidad romántica son fértiles en conexión con dos direcciones del pensamiento liberal. Una de ellas, la que inspiran los «doctrinaires», sobre todo Constant; la otra la extrae Berlin de la vida y las ideas de Herzen. Berlin no escribe ningún ensayo sobre Constant, aunque su ensayo sobre la libertad se mueve en el horizonte del discurso del Ateneo de París. No lo sugieren tanto las citas (Berlin, 1988, pp. 234 ss.), que advierten de los riesgos de la soberanía para los derechos individuales, cuanto su empeño en subrayar que, en las diferenciadas relaciones de la sociedad moderna, es más importante garantizar los mundos individuales y sus relaciones que establecer una esfera de generalidad, con riesgo de someter a los primeros y simplificar las segundas. Esta convicción de los «doctrinaires» la desarrolló Berlin en su ensayo sobre Montesquieu. Éste muestra la tensión que cruza los escritos del Barón de la Bréde entre una noción absoluta del derecho y un empeño por conservar las formas culturales y sociales desde las que las normas adquieren carne y sangre. Esta doble atención condensa la sabiduría de Montesquieu y da a sus escritos especial interés en el período postrevolucionario (Berlin, 1983a, pp. 231-232). Berlin afirma que en aquella contradicción «el único eslabón entre las dos doctrinas es su común propósito libertario» (Berlin, 1983a, p. 228). Así se sintetiza el pensamiento de Berlin sobre los «doctrinaires»: de un lado, la garantía de la libertad de los individuos frente a cualquier poder; de otro, que la costumbre, las referencias culturales y las organizaciones «naturales» impulsan una sociedad organizada en torno a los individuos y que evita constituirse a sí misma o a sus normas en ideal de vida de éstos.

En la vida y pensamiento de Herzen aquellos dos componentes se articulan en una idea de individuo que mantiene el legado romántico siendo consciente de su contingencia; o, en otros términos, la obra de Herzen lleva la expresión y la comunicación herderianas a la dispersión de la sociedad moderna a través de una referencia individual establecida ya como inevitable.

Herzen tiene la comprensión del «extraterritorial»: no renunció a la cultura rusa, pero se forma en y admira las ideas de la Europa moderna; éstas lo convierten en un rebelde, pero mantiene la conciencia de las limitaciones y exigencias de la sociedad rusa; odia la autocracia y la superstición, pero teme la disciplina de las grandes construcciones políticas racionales. Éste es el hombre que, recién llegado a Occidente, vive los acontecimientos de 1848. Reflexionará sobre ellos desde su tierra de nadie. Berlin lo compara con Marx: no entenderá aquel fracaso en clave de generalidades, sino a través de los intereses y exigencias de los grupos sociales y políticos en presencia. También, como Marx, se esfuerza en una comprensión empírica, pero Herzen, en lugar de proponer una hipótesis que abarque el acontecer general de la sociedad civil, intenta establecer las múltiples formas en las que individuos y grupos sociales pueden organizar la vida. Su educación hegeliana le llevó a una convicción diametralmente opuesta a la de Marx: es escéptico ante las soluciones que las construcciones generales propusieran a los problemas humanos verdaderos (Berlin, 1980a, p. 360); estas grandes construcciones sólo son objetivaciones de la conciencia de una época y los problemas reales de ésta, al ser nuevos, se plantean y han de resolverse en situaciones particulares; esto es tanto más cierto cuanto que la sociedad moderna es más diferenciada en diacronía y sincronía (Berlin, 1979a).

Desde ahí brota terminante la solución de Herzen: no hay respuesta a ningún genuino problema humano que no pase por la elaboración individual madurada en comunidades ajenas a la disciplina del Estado o de la ideología. No hay otra experiencia inteligible más que la que es inmanente a la individualidad y las dimensiones de ésta son tan variadas que no es posible confiar en un ámbito de significación privilegiada: «el simple cambio económico sin ir acompañado por una transformación más profunda no bastará para cambiar los hábitos y las creencias morales..., las instituciones de la vida privada» (Berlin, 1980a, p. 204). Además, los únicos fines morales son los autónomos (Berlin, 1980a, p. 197) y los individuos son los «únicos autores de todos los principios y todos los valores» (Berlin, 1980a, p. 226).

La sociedad moderna recibe así de Herzen un doble e insustituible estímulo desde la subjetividad individual. Desde esa perspectiva, las razones de Constant contra Rousseau y Mably (Constant, 1988, pp. 78 ss.) adquieren su tono exacto, el de un discurso sobre el anonimato individual en la sociedad moderna y los consiguientes riesgos de una distribución racionalista del poder; sobre estas razones, Herzen resalta la diferenciación activa de las esferas individuales como impulso de nuevas experiencias y origen de valores. De ahí la radicalidad de sus conclusiones: la voluntad general no es sólo un dominador potencial que ignora dimensiones de la individualidad anónima, sino que llega a exigir el sacrificio de los individuos al proyecto del Estado (Berlin, 1990, p. 16). En un terreno positivo, la originalidad y diversidad de los mundos individuales sólo tienen un punto de confluencia; el reconocimiento del pluralismo.

El pluralismo será el punto de llegada de este tener en cuenta la experiencia y autonomía individuales, el reconocimiento final de su inventiva y contingencia. Las formaciones de la experiencia individual crecen y maduran en modos de vida diferenciados; las perspectivas individuales son nuestras únicas referencias, pero tales perspectivas no pueden objetivar los marcos en los que crecen y se forman; de ahí su indudable incompleción. Análogamente, el valor se establece por los individuos, pero en un correlato de opción, es decir, en un contexto de incompleción cognoscitiva en el que diversos valores se presentan cada uno como último. El reconocimiento del individuo no puede llevar sino a la pluralidad de visiones, preferencias y valores.

Sobre esto establece Berlin su modesto ideal de vida buena; ya en 1958, en su lección inaugural de la Cátedra Chichele, sobre los dos conceptos de libertad, terminaba diciendo que «darse cuenta de la validez relativa de las convicciones de uno... y sin embargo defenderlas sin titubeo, es lo que distingue a un hombre civilizado del bárbaro» (Berlin, 1988, p. 243); pretender ir más allá de este «escepticismo culto» es tan inmaduro como, en opinión de Herzen, peligroso, pues, cuando se lleva hasta sus últimas consecuencias aquella dispersión de la individualidad, no hay ningún terreno previo a ésta en el que se pueda establecer el acuerdo. Treinta años más tarde, en el discurso de recepción del Premio Agnelli aboga por una práctica consolidada de concesiones mutuas en el terreno de «normas, valores y principios» (Berlin, 1990, p. 17) atendiendo a lo específico de las diversas situaciones. Es el ideal de una «vida decorosa» que acepta el pluralismo en el contexto de lo incompleto de nuestro conocimiento y en la búsqueda de una convivencia basada en un «equilibrio precario que impida la irrupción de situaciones desesperadas y de alternativas intolerables» (Berlin, 1990, p. 18).

V

La densidad que Berlin atribuye a la individualidad conviene a la dispersión de intereses sociales y perspectivas culturales, nacionales y corporativas características de nuestro tiempo. La increencia de Berlin en el mercado y su desconfianza de un cuerpo positivo de derechos individuales evitan soluciones fáciles a tal dispersión cuya profundidad, por otra parte, se resiste a formas de consenso no mediadas por la individualidad (básense aquéllas en el cálculo o en el restablecimiento de un discurso universal). Pero su misma radicalidad hace pensar que sus supuestos hacen inviable una práctica política (Parekh, 1986) o no llevan sino al relativismo, a la aceptación de la autorreferencialidad de los discursos individuales y/o de grupos.

En Berlin no hay tolerancia vacía. En su criterio, la teoría política exige un análisis de las categorías en las que se ahorman las diversas opiniones y propuestas, una indagación «comprensiva» de las diferentes posiciones (Berlin, 1983b, pp. 237-380). Descarta así la aceptación fáctica de la autorreferencialidad y una consideración emotivista del valor. Tal análisis es inseparable del que estudia las situaciones objetivas, que parte de que la simple aceptación de mecanismos ciegos —como el mercado— o la consagración de la libertad negativa como sumo valor conducen a la dominación (Berlin, 1988, p. 240); en este sentido ha de leerse su medida afirmación: «Las soluciones utilitarias son algunas veces erróneas, pero en general son beneficiosas» (Berlin, 1990, p. 17). Si el primer análisis establece las diferentes visiones y valores, el segundo extiende un marco en el que situarlas.

Los dos juntos establecen lo que podría llamarse una matriz de disensión o de diálogo. Ésta es abierta porque carece de capacidad de exclusión: reconoce que aquél cuyas preferencias y fines se analizan tiene derecho a decir que, aunque acepta la lógica del análisis, afirma que ésas no son *sus* categorías (Berlin, 1955). Esto quiere decir: *a)* aquella matriz se reconoce incompleta al no absolutizar sus propios supuestos conceptuales, con lo que no excluye *a priori* la capacidad de otro hablante; *b)* se exige un esfuerzo positivo para reconocer los matices diferenciales o nuevos de las relevancias individuales, los aspectos en los que sus significados se apartan de conceptualizaciones trilladas: una sensibilidad que Berlin compara a la que un artista tiene de las posibilidades de la materia con que trabaja (Berlin, 1982, p. 27), porque antepone la importancia de lo que persiguen individuos o grupos a la posibilidad de su ordenamiento en la uniformidad; *c)* se acepta que la opción corresponde final y exclusivamente al individuo: el análisis o la conversación terminan en el silencio de la opción individual.

Todo ello, sin embargo, no exime a la teoría política del juicio: reconocer valores alternativos no dispensa del juicio sobre las consecuencias de una acción inspirada por ellos mismos ni del juicio intrínseco sobre ciertos posicionamientos. Estos juicios prevendrán de la absolutización de un valor, desautorizarán exclusiones de la disensión, calificarán ciertas preferencias como inhumanas o como moralmente estúpidas (Berlin, 1990, p. 203).

Entre ambos extremos del análisis se abre una amplia práctica reflexiva. Dado que se descarta teóricamente una matriz de consenso definitivo, la reflexión se esforzará en precisar los conflictos entre valores: los que surgen de la preeminencia otorgada a uno de ellos sobre otros (así analiza Berlin la igualdad) o de la restricción del significado de un valor (caso de la libertad). Esta indagación no se reduce al ámbito conceptual, se preocupa también de situar el valor en visiones del mundo individuales o en modos de vida compartidos, de modo que no se ignoren, frente a las necesidades generales, los derechos y exigencias en su particularidad viva. No se busca funcionalidad ni mejora procedimental ni un terreno para las concesiones fácticas. Si el primer proceso profundiza reflexivamente en la diferenciación de los valores, el segundo recuerda que la generalización de una meta o la eficacia de una planificación pueden tener límites en la reivindicación de los hombres para actuar por sí mismos, desde su cultura, modo de vida o configuración de valores. Análisis conceptual y reciprocidad individual confieren así contenido al modesto ideal de la *decent life.*

¿Se apoya esta sabiduría sobre el relativismo? Berlin lo rechaza argumentando que, si bien el valor no es separable de la opción individual y un individuo no llega a su autonomía sino en un ámbito cultural concreto, la posición del valor sigue siendo contingente y carece de relación causal con el medio (Berlin, 1990, pp. 70-90). Yo prefiero señalar simplemente que, a mi juicio, el ideal de la *decent life* está presidido por dos grandes convicciones de Berlin: la primera de ellas, que ningún procedimiento por corrección formal que pueda exhibir y, *a fortiori,* ninguna estructuración utilitaria de la norma de una sociedad puede forzarme a comportarme de manera inhumana (Berlin, 1988, pp. 236 ss.). La segunda consiste en que por mucho que puedan diferir culturas, grupos e individuos, el reconocimiento del valor alcanza universalidad: desde mi propia experiencia de valor reconozco el valor en la opción diferente, siempre que ésta pueda ser reconocida como humana. Si tal connotación de reciprocidad se pierde, se rompe el medio comunicativo en el que algo alcanza la dignidad de valor. Ambas convicciones tal vez no prometan una ambiciosa teoría, pero estimulan sin duda una práctica del mutuo reconocimiento.

Bibliografía

ADORNO, Th. W. (1984): *Dialéctica negativa,* traducción de José María Ripalda, revisada por Jesús Aguirre, Taurus, Madrid.

BERLIN, I. (1955): «Philosophy and Beliefs» (Coloquio con Anthony Quinton Stuart Hampshire e Iris Murdoch), *Twentieth Century,* 57, pp. 495-521.

— (1973): *Kart Marx,* traducción de la edición revisada de 1963 por Roberto Bixio, Alianza Editorial, Madrid.

— (1979a): *Introducción* a HERZEN, A: *From the Other Shore & The Russian People and Socialism,* Oxford University Press, Oxford.

— (1979b): *The Age of Enlightenment,* Oxford University Press, Oxford.

— (1980a): *Pensadores rusos,* traducción de J. J. Utrilla, Fondo de Cultura Económica, México.

— (1980b): *Vico and Herder. Two Studies in the History of Ideas,* Chatto and Windus, London.

— (1982): *Personal Impressions,* edición de H. Hardy, introducción de N. Annan, Oxford University Press, Oxford.

— (1983a): *Contra la corriente,* traducción de H. Rodríguez Toro, Fondo de Cultura Económica, México.

— (1983b): *Conceptos y categorías,* traducción de F. González Aramburo, Fondo de Cultura Económica, México.

— (1983c): *Introducción* a H. G. SCHENK: *El espíritu de los románticos europeos,* traducción de J. J. Utrilla, Fondo de Cultura Económica, México.

— (1988): *Cuatro ensayos sobre la libertad,* traducción de Julio Bayón, Alianza, Madrid.

— (1990): *The Crooked Timber of Humanity,* John Murray, London. (Hay traducción española: *El fuste torcido de la humanidad,* Península, Barcelona, 1992).

BERLIN, I. y JAHANBEGLOO, R. (1992): *Conversations with Isaiah Berlin,* Halban, London.

COHEN, G. A. (1969): «A Note on Values and Sacrifices», *Ethics,* 79, pp. 159-162.

CONSTANT, B. (1988): *De la libertad de los antiguos comparada con la de los modernos*, editado junto con *Del espíritu de conquista y* bajo este mismo título, traducción de Marcial Antonio López, Tecnos, Madrid.

ELSTER, J. (1988): *Uvas amargas sobre la subversión de la racionalidad*, traducción de Enrique Lynch, Península, Barcelona.

GARDINER, P. (1977): «Review of Vico and Herder: Two Studies in the History of Ideas by Isaiah Berlin», *History and Theory*, 16, pp. 45-51.

— (1979): *Freedom as an Aesthetic Idea*, en RYAN, Alan (ed.): *The Idea of Freedom*, Oxford University Press, Oxford.

HELLER, A. (1984): *Más allá del deber*, en *Crítica de la Ilustración*, traducción de Gustavo Muñoz, Península, Barcelona.

HERDER, J. G. (1982): *Obra selecta*, traducción de P. Ribas, Alfaguara, Madrid.

HERZEN, A. (1979): *From the Other Shore & The Russian People and Socialism*, Oxford University Press, Oxford.

HORKHEIMER, M. (1966): *La actualidad de Schopenhauer*, en *Sociológica*, II, traducción de Víctor Sánchez de Zavala, supervisada por J. Aguirre, Taurus, Madrid.

KANT, I. (1981): *Idea de una historia universal en sentido cosmopolita*, en KANT, I.: *Filosofía de la historia*, traducción de Eugenio Imaz, Fondo de Cultura Económica, Madrid.

LUKÁCS, G. (1970): *El alma y las formas*, traducción de Manuel Sacristán, Grijalbo, Barcelona.

MAC CALLUM, G. C. (1967): «Berlin on Compatibility of Values Ideals and Ends», *Ethics*, 77, pp. 139-145.

MACINTYRE, A. (1987): *Tras la virtud*, traducción de Amelia Varcárcel, Crítica, Barcelona.

MOMIGLIANO, A. (1976): «On the Pioneer Trail», *New York Review of Books*, pp. 33-38.

NOVALIS (1988): *Los discípulos en Saïs*, traducción de Félix de Azúa, Hiperión, Madrid.

PAREKH, B. (1986): *Pensadores políticos contemporáneos*, traducción de Vicente Bordoy, revisada por Vallespín, Alianza, Madrid.

RAWLS, J. (1979): *Teoría de la justicia*, traducción de María Dolores González, Fondo de Cultura Económica, Madrid.

RORTY, R. (1983): *La filosofía y el espejo de la naturaleza*, traducción de Jesús Fernández Zulaica, Cátedra, Madrid.

SKINNER, Q. (1985): *Los fundamentos del pensamiento político*, tomo I: *El Renacimiento*, traducción de J. J. Utrilla, Fondo de Cultura Económica, México.

STEINER, G. (1973): *Extraterritorial. Ensayos sobre literatura y la revolución lingüística*, traducción de Francisco Rivera, Barral, Barcelona.

VICO, G. (1973-81): *Principios de ciencia nueva* (edición 1744), 4 tomos, traducción de Miguel Fuentes Benot, Aguilar, Buenos Aires.

Isaiah Berlin y Joseph Brodsky, contra la corriente

I

La quiebra de las ideologías que formaron la conciencia del siglo XX, la aparición de la ciencia postempírica y el ocaso de las vanguardias artísticas acercan el fin de nuestro siglo a sus inicios. Lo hacen con un nivel de profundidad mayor que el surgimiento del nacionalismo o la progresiva aparición de un equilibrio mundial basado en varias potencias, porque aquellas tres novedades suponen una fragmentación del lenguaje que guarda hondas analogías con la crisis que siguió al agotamiento del romanticismo y del idealismo. Entre estas analogías me parece que una de las más importantes es la conciencia de la dispersión.

El presente trabajo se acerca a este problema a través de las obras de Isaiah Berlin y Joseph Brodsky. De ambas parece desprenderse una visión de las cosas que es consciente de la dispersión y que ve en ella una consecuencia de la autonomía moderna, pero que no renuncia a descubrir un suelo en el que la capacidad de discernimiento y comunicación racional es posible. Tanto Berlin como Brodsky han tenido que vivir en varias culturas y en varios lenguajes, sus biografías son extraterritoriales. Tal vez por ello su reflexión sea singular, un tanto contra la corriente de ciertas convicciones y referencias del siglo. Eso mismo hace que su percepción sea, si no más aguda, ciertamente más amplia y compleja.

II

En abril de 1931 I. Berlin traduce (Berlin, 1931b) y comenta (Berlin, 1931a) un texto del poeta ruso Alexander Blok, «El Colapso del Humanismo»; el ensayo es un vigoroso ataque contra la vida fragmentada y la mentalidad calculadora y conformista de la civilización moderna. A ello opone Blok «el espíritu de la música»:

una totalidad que conecta naturaleza y acción humana, razón y voluntad, invención y destino, de modo accesible a la intuición vital, porque está presente en las culturas, y en especial en la rusa. El ensayo, escrito en 1921, se encuadra de modo tardío en el debate europeo del cambio de siglo sobre cultura y civilización. La elección del texto y su comentario indican qué tipo de problemas preocupaban a Berlin, un joven universitario de 22 años.

La oposición entre cultura y civilización refleja una inquietud más general del fin de siglo: la que surge al descubrir que la condición de la conciencia moderna es la diseminación de experiencias, la dispersión de significados y la diversidad de valores. El análisis racional es posible, pero siempre que se limite a una esfera de acción o significado —la economía, la política o el erotismo— y renuncie a la idea de globalidad. Este descubrimiento lleva, más que a la nostalgia de la metafísica, a la extraña sensación de una experiencia vital que, siendo más libre y luminosa, advierte que ha sido abandonada por la forma. La época vuelve los ojos al romanticismo, aunque no espera encontrar en los nexos de la experiencia «heroica» o en las relaciones entre voluntad y naturaleza una solución al problema. La unidad entre forma y vida es algo a resolver por hombres que conocen los límites del idealismo y saben que sólo pueden contar con sus propios recursos. Lo que se indaga en el romanticismo es la diversidad de dimensiones que descubrió en la subjetividad y la profundidad que reconoció a la expresión; y, al insistir en los registros más secretos (instintuales y volitivos) de nuestra interacción con la realidad y en los elementos creativos y autoafirmativos de la expresión, se están buscando caminos para ensanchar reflexivamente las condiciones de la forma.

La oposición entre cultura y civilización entraría en el mismo contexto que la discusión alemana sobre el método de las ciencias humanas y la indagación vienesa sobre el lenguaje, la conciencia que descubre la distancia entre las relaciones en las que se organiza la vida y la actividad de los hombres y las referencias vitales que animan a éstas, es la que busca nuevos conceptos y relevancias de las ciencias sociales y culturales y, en parte, las descubre en la delgadez del lenguaje: éste aparece como forma capaz de desenterrar los aspectos más inquietantes de la experiencia, aunque sin abandonar su fragilidad de la que parecía estar exento el concepto.

En tal contexto, la cultura rusa ejerce un atractivo especial: Lukács o los expresionistas se entusiasman con la «idea rusa», porque piensan que ésta mantiene viva la unidad de teoría y práctica —pese a su carácter trágico— sin recurso a construcciones filosóficas o doctrinales, sino a través de la percepción que los individuos alcanzan de sí mismos en el cruce de la propia cultura primitiva y de la modernidad; les parece, además, que esta percepción no se resigna al concepto, en parte porque mantiene ciertas significaciones subjetivas a la hora de concebir la realidad y en parte porque se empeña en no prescindir de las dimensiones contradictorias con que la realidad se presenta en tal cruce de culturas; por todo ello, se considera que la cultura rusa consigue una vibración especial entre lo arcaico y lo nuevo, lo subjetivo y lo objetivo, que parece prometer una visión inmediata e irrenunciable de los hombres y las cosas y una nueva solidaridad interhumana que desembocan en una idea potencialmente universal —aunque inefable— de la cultura.

Sin duda este entusiasmo por lo ruso sublimaba la incierta y escueta tarea del análisis reflexivo de la forma. Pero lo que me interesa destacar es la posición de Berlin —un universitario británico que no ha renunciado a su cultura de origen, la rusa, ni a su identidad judía— ante los ecos de estos problemas que se recogen en el ensayo de Blok. Al traducir y comentar éste, Berlin encarece la calidad del lenguaje, la densa experiencia que encierra y la apasionada voluntad que lo anima, que llega a apoderarse de recursos ideológicos ajenos —los de la revolución— para agudizar el alcance de su crítica. Pero Berlin no cree en la unidad restaurada que promete el ensayo: concede más peso a la cultura liberal —y británica—, a la disciplina empirista, a la consideración de la autonomía individual que al alegato de Blok. Sin embargo, piensa que éste tiene razón cuando desdeña la sintonía final de verdad, bien y belleza: el monismo racionalista no es el suelo de los valores modernos. Éstos crecen en la diversidad de la vida y en la original diferencia de las culturas; los mismos valores liberales remiten a la complicada densidad del mundo del lenguaje y se mantienen por individuos más dispuestos a moverse en la heterogeneidad de esas tramas que a vincularse a referencias ideológicas; estos individuos aceptan su condición dispersa y plural y, por consiguiente, ejercitan la racionalidad sin refugiarse en el esquematismo de la forma ni limitarse a lo ya ordenado de la experiencia.

III

En 1989 Joseph Brodsky compara a Berlin con un perspicaz y cauto «explorador indio» (Brodsky, 1991a): discretamente escéptico hacia los grandes proyectos, mantiene una tranquila fe politeísta en la multitud de signos y poderes que pueblan la vida. Berlin puede analizar las formas con las que la modernidad pensó organizar la vida de los hombres porque las mira desde el futuro, es decir, desde un tiempo que no está de antemano estructurado y en el que, por tanto, siempre cabe la novedad; sabe «ver» ésta porque no confía el discernimiento a un sistema —que ignoraría lo nuevo y prescindiría del propio esfuerzo de ponderación—; permanece así en tierra de nadie entre distintas culturas, atento a la señal desconcertante, pero empeñado en un ejercicio muy personal de la razón.

El ensayo de Brodsky es ciertamente lo que dice su título: un tributo al educador Berlin. Pero esta relación no agota una infinidad de puntos de vista sobre la dispersión. Ambos la aceptan sin mantener que es posible aún un centro de la racionalidad y sin banalizarla reduciéndola a hechos. Berlin enfrenta la dispersión manteniendo los ideales de la Ilustración —la autonomía del discurso y de la opción—, pero llevando éstos al cruce de las culturas y a la diversidad del acontecer; no espera recuperar allí los privilegios de la razón, sino devolver la palabra a los individuos, estimular la dignidad de los hallazgos fragmentarios y ver las diversas maneras en que éstos llegan a compartirse. Brodsky, por su parte, excava los cimientos del proyecto ruso de una cultura universal para dejar al descubierto las virtualidades de la lengua en cuya elaboración poética se establecen posiciones ante la vida; éstas son también fragmentarias, pero capaces de ofrecer un mundo compartido, porque la palabra devuelve a los hombres su dignidad moral (la que los sistemas éticos robaron a la inquietud metafísica [Brodsky, 1991a, p. 208]).

Esta afinidad tiene un segundo aspecto implícito en el primero: es competencia de los individuos habérselas con la disgregación de la experiencia. La energía que libera la ruina de los sistemas de pensamiento es absorbida por la palabra individual que en vez de sacar su legitimidad de algún concepto general —digamos el de naturaleza humana—, extrae su fuerza de ser expresión en el tiempo: una forma de modelar el mundo de manera inventiva y contingente, creadora pero consciente de trabajar en el vacío («ese vacío donde sólo la mente / se atreve a demorarse, no la vista» [Brodsky, 1991b, p. 52]). Esto se prolongará en Berlin hasta sustituir la jerarquización racionalista de valores por la opción individual entre valores que se presentan como últimos.

El lugar concedido al individuo no se queda en pura autoafirmación. En ambos autores hay una defensa de la forma. Una forma que será expresión humana y no orden platónico, pero que es capaz de reestructurar el tiempo (Brodsky), de modelar nuestra interacción (Berlin). La vigencia de la expresión no brota de la seducción, ni de alguna legalidad exterior (p. e. psicológica), sino de la misma autoorganización de la forma para unir lo diverso y compartirlo así entre los hombres. Nada de esto, sin embargo, saca de la temporalidad a la forma: ésta es precaria y caduca; pero vuelve una y otra vez, quebrando el tiempo, para ser considerada por los hombres.

IV

Los trabajos de madurez de Berlin sobre la cultura rusa comienzan hacia1946, poco después de su estancia, por tareas diplomáticas, en la URSS —donde visitó a Pasternak e inició una honda amistad con A. Ajmátova[1]—. Estos trabajos no analizan la cultura rusa sino las elaboraciones de su *Intelligentsia*[2].

En sus páginas se sugiere, en primer lugar, una explicación del afán ruso por la universalidad cultural. La primera generación de la *Intelligentsia*, la de 1848, recibe las ideas occidentales desde un doble aislamiento: el de una sociedad sin instituciones ni experiencia modernas y el del oscurantismo de Nicolás I y su restauración autocrática. Las ideas europeas llegan separadas de las necesidades sociales y culturales que fueron su correlato en Occidente, se reciben por el delgado conducto del libro, se discuten en cenáculos casi privados y por hombres y mujeres no sólo perseguidos, sino virtualmente carentes de sitio en esa sociedad (Berlin, 1980b, pp. 35-69 y 229 ss.).

A este aislamiento se une la concepción romántica del arte (Berlin, 1980b, pp. 276-277) como verdad de la vida, y del artista como ser dotado de la misión de iluminar a un pueblo: aquel escueto grupo social se percibe a sí mismo como un «sacred order» que ha de dedicar su vida «to discover the truth, realice it in their livers, and with its aid to rescue the "hungry and the naked"» (Berlin, 1980c, p. 202).

El último elemento añade a la recepción abstracta de las ideas occidentales y a la globalidad implícita en los supuestos románticos la percepción, también totalizadora, de la pobreza y la degradación de la sociedad rusa de la época. El proyecto intelectual, vital y artístico de aquellos hombres conecta con una idea de redención universal. Ésta es vaga, pero tan fuerte que la siguiente generación de la *Intelligentsia*, el populismo (Berlin, 1980b, pp. 391-395) recibe el fracaso de las revoluciones europeas de 1848 y la maduración del capitalismo como síntomas de la degradación occidental que la cultura rusa podría evitar permaneciendo fiel a las instituciones populares tradicionales —tuteladas por la ciencia— en las que late una dignidad no envilecida (Berlin, 1980b, pp. 394-397). Todo ello sintetiza la peculiaridad del universalismo cultural.

Pero en sus ensayos Berlin descubre inflexiones en el interior de este universalismo que parecen negarlo. Ocurre, sobre todo, con Belinsky y Herzen. Éste[3] relaciona el fracaso del 48 con la progresiva diferenciación, en las sociedades europeas, de intereses y fines individuales o de grupo que las generalidades liberales o socialistas no alcanzan a procesar; aboga, en consecuencia, por una empiria

---

1/ Una reseña autobiográfica de esta estancia en la URSS puede verse en BERLIN, 1982 (PI), último capítulo. Hay interesantes alusiones a esa estancia en Berlin-Jahanbegloo, 1992.

2/ Estos ensayos están esencialmente recogidos en BERLIN, 1980 (RTH).

3/ En el caso de Herzen debe añadirse al análisis del texto citado en la nota anterior el que se contiene en BERLIN, 1979.

que no se contente con la fría descripción de los hechos ni se limite a aplicar conceptos indiferentes a los contenidos, sino que considere la acción desde la misma inteligibilidad inmanente a sus fines. A esto no es ajena una concepción moral: el individuo es fuente de todo valor en contraposición a las esperanzas puestas en las construcciones ilustradas o idealistas. El individuo aparece así en el centro de la escena: su capacidad de discurrir y optar se pone por delante de las generalidades. Belinsky ahonda este lugar del individuo con su noción de arte: el arte conecta muy diferentes aspectos de la experiencia y sólo merece aquel nombre cuando no se separa de la pasión por la verdad y la justicia. Es la síntesis de la expresión artística la que propone una verdad vital y su recepción por otros individuos es el medio en el que éstos pueden unificar teoría y práctica desde su individualidad (Berlin, 1980b, pp. 289 ss.).

Berlin traza así dos giros; uno, que traslada las esperanzas de la razón ilustrada al ejercicio de la misma por los individuos; el otro desplaza el empeño por una cultura universal a un proyecto en el que cada individuo ha de vérselas, en tal ejercicio, con la diversidad de relevancias que confluyen en su mundo.

La unificación de la experiencia es una tarea ilustrada —así lo indican la preocupación por la empiria y la pasión por la verdad— pero no puede contar con los soportes conceptuales de la Ilustración: la confianza racionalista no neutraliza ya el aguijón de la opción, el discurso ha de trabajar en las interacciones de la historia y la cultura y tener en cuenta las diferentes dimensiones y elementos que confluyen en la expresión sin simplificaciones conceptuales.

La tensión que acumula este quehacer individual no se resuelve en el misticismo. Berlin, en otro de sus ensayos sobre el XIX ruso —el dedicado a Tolstoi, un libro que fue de A. Ajmátova a N. Mandelstam con Brodsky como mensajero[4]— rechaza la solución mística tanto como la esperanza en una armonía universal: no son estas sublimaciones las que pueden organizar el desconcierto que surge de la recepción de la modernidad en Rusia; cuando el individuo se adelanta a la generalidad, y su expresión al concepto, descubre que está situado en un haz de interacciones que no puede objetivar; su identidad entre dos mundos sólo podrá elaborarse lingüísticamente como los propios personajes de Tolstoi hacen en sus novelas.

4/ El libro fue publicado inicialmente como «The Hedgehog and the Fox», London, 1953, Weidenfeld and Nicolson y en 1957 apareció en Estados Unidos en edición de la New American Library. Antes fue editado como «Lev Tolstoy's Historical Scepticism», Oxford Slavonic Papers, 2 (1951), pp. 17-54. Ahora puede encontrarse como capítulo segundo de BERLIN, 1980b. Hay una edición castellana exclusiva de este ensayo, citada en la bibliografía como BERLIN, 1981.

Esta maduración de los valores del individualismo moderno por y a través del lenguaje es una tarea específicamente rusa, más interna y profunda que las reformas ilustradas de Speransky y bastante más humana que el europeísmo de Pedro el Grande. Pero es un proceso moderno que se separa de una mítica «Rusia profunda». Desde Belinsky —piensa Berlin— se hace real la afirmación de V. G. Korolenko, «mi patria no es Rusia, mi patria es la literatura rusa» (citada en Berlin, 1980b, p. 302). Ésta es el territorio en el que puede alcanzarse una identidad auténtica y vital y, a la vez, autónoma. Es el suelo de la modernidad rusa que hizo emerger sobre todo Belinsky[5]: en la carta con la que combatió el conformismo de Gogol frente a la autocracia afirma que la literatura rusa —desde Pushkin— es el único ámbito en el que los valores liberales se hacen valer en Rusia y por ello logra ser independiente frente a militares y burócratas (Berlin, 1980b, pp. 327-329).

La transparencia de este suelo desenmascara a los ídolos. Muestra los límites de las construcciones racionales: mientras más contenido tienen éstas —y así ocurre cuando la razón se ocupa de la vida— más se revelan como fragmentarias y como resultado de nuestra elaboración reflexiva, perdiendo su abstracta pertenencia a razón o naturaleza (Berlin, 1981, p. 139). Si aquellas construcciones alcanzan vigencia, es porque podemos llegar a compartirlas y discutirlas como palabras humanas. El dominio de la palabra también evita el enaltecimiento del genio, aquél que parece crear con la palabra un nuevo orden: aun cuando un individuo pueda poner ante los demás la verdad de lo que ellos mismos son —con la fuerza del Bazharoff de Turgenev—, los otros personajes y el propio lector de la novela retienen, como individuos inmersos en el lenguaje, su capacidad de recibir y discutir cuanto se dice. Con este doble giro, la «idea rusa» pierde el sentido de globalidad y totalidad: se asienta en la fina red del lenguaje en la que los hombres alcanzan su identidad autónoma.

V

Esta idea la comparte Brodsky: «Rusia, al contrario de los países favorecidos con una tradición legislativa o con instituciones democráticas, se halla en una situación en que sólo puede comprenderse a sí misma mediante la literatura» (Brodsky, 1988a, p. 101).

La trayectoria de Brodsky parece una réplica de los análisis de Berlin sobre *Intelligentsia* rusa. El joven Brodsky se relacionaba más con la literatura que con la realidad de la URSS: «Si tomábamos opciones éticas, no estaban basadas tanto

---

5/ Ver el testimonio de Aksakov en BERLIN, 1980b, p. 289.

en la realidad inmediata como en unas normas morales derivadas de la literatura» (Brodsky, 1988b, p. 35), y su aislamiento venía dado porque sólo la literatura contaba: «el noventa por cien de nuestras conversaciones giraban alrededor de las novelas. Había terminado por convertirse en un círculo vicioso, pero no queríamos salir de él» (Brodsky, 1988b, p. 36).

Pero en su madurez Brodsky separa el aspecto totalizador del arte del elemento de verdad radical que éste encierra. Esta distinción atraviesa su ensayo sobre Mandelstam: para éste el arte es la nostalgia de una cultura mundial; pero Brodsky piensa que lo que hay de verdad en esto es el propio Mandelstam, petersburgués, habitante de una ciudad «helenística», en la que la civilización —«la suma total de diferentes culturas animadas por un numerador espiritual común» (Brodsky, 1988b, p. 80)— llega al «extravío de un pórtico griego en la tundra» (*ibid.*); el proyecto universalista de Mandelstam, el clasicismo de su obra está tan vinculada a la lengua rusa que exige la reescritura, no la traducción. Y en esta clave se desarrolla la gran verdad de Mandelstam: su lirismo; éste es «la ética del lenguaje», lo que mejor saca a la luz la complejidad de la interacción humana (Brodsky, 1988b, pp. 77-78).

Unir esta segunda verdad a la idea de la cultura mundial —que Ajmátova derivaba del ideal del clasicismo alemán (Berlin, 1982, p. 362)— es un nexo peligroso, porque supone mantener la figura del artista «engagé» frente a un estado de cosas injusto o frente al autoritarismo. La lógica del Estado es la opuesta a la de la poesía —ésta reestructura el tiempo con la palabra, aquél hace valer la necesidad muda del espacio—, pero, cuando pesa la dispersión moderna, el Estado hace valer su fuerza desde la autosuficiencia de su propia esfera: permanece inmune al discurso del arte simplemente ignorándolo. Si no se es consciente de esta indiferencia, la revuelta del arte se asimila a una weberiana «huida del mundo» (Brodsky, 1988a, p. 61).

La persistencia en Rusia de la idea de una cultura universal combina, para Brodsky, un sentimiento ruso de inferioridad por su heterogeneidad cultural e histórica respecto a Europa (Brodsky, 1988b, p. 71) y una proclividad —heredada de la iglesia ortodoxa (Brodsky, 1988a, pp. 100 y 117)— a aceptar la realidad y el orden existentes. Cuando ambos puntos de vista consideran la importancia de la literatura rusa, el resultado es santificar al escritor, idealizar al personaje y sublimar el alcance de la poesía.

Pero el escritor no es un santo, sino alguien dividido entre un ideal moral y el rigor del lenguaje: un cisma fértil para el arte, cuando el hombre gana la batalla al ángel y mantiene su palabra a la altura de sus convicciones, de las preocupaciones del medio y de su época, «a la altura de su alma» (Brodsky, 1988a, p. 73). El personaje, por su parte, no pide idealización, sino análisis exhaustivo y síntesis justa de sus dimensiones: cuando esto no ocurre, la gracia, como en Dostoievsky, es miserable (Brodsky, 1988a, p. 73).

La poesía, por fin, no extrae su alcance de una firma prestada por muy excelsa que ésta sea, sino, como veíamos en Mandelstam, de un trabajo tan específico e interno sobre la lengua que apenas es transferible a otra: «toda experiencia procedente del reino de Rusia, incluso... descrita con precisión fotográfica, no hace sino rebotar sobre la lengua inglesa sin dejar marca visible en su superficie» (Brodsky, 1988b, p. 38).

El proyecto de una cultura universal confunde el universalismo intensional que logra la gran literatura rusa con un universalismo por extensión. Ésta es la falacia que —según Berlin— opera en el quietismo de Tolstoi y —según Brodsky— en el «hombre santo» de Dostoievsky y en el «*quid pro quo*» que enardeció las esperanzas occidentales del primer cuarto de nuestro siglo. El arte no *consigue* una nueva esfera de significación universal que estimule esperanzas de un nuevo ámbito ontológico, sólo *ofrece* niveles de profundidad para la construcción de mundos individuales y para su intercomunicación.

Para Berlin, Belinsky es alguien que busca con autonomía la verdad y no fija de antemano nivel alguno en el que pueda encontrarse aquello que es relevante para la vida. El pensamiento moderno en sus inicios descubre su propia autonomía y, a la vez, fija conceptualmente los campos de su ejercicio. Con ello, el racionalismo ilustrado y la sistemática idealista vincularon la autonomía del discurso con la vigencia de ciertas mediaciones que aquél establecía pero que se independizaron de él cuando les otorgó un rango ontológico; estas mediaciones iluminaron muchos aspectos de la existencia, pero restringieron el campo de indagación de lo relevante, al excluir de él cuanto no se atuviera a ellas mismas. La conciencia moderna descubre su dispersión al darse cuenta de que aquellas mediaciones se ponen por los hombres y que el nivel de relevancia depende de la esfera de acción elegida. El hallazgo desborda lo epistemológico: es consecuencia del grado de autonomía de la acción de los hombres. Por ello, volver a aquellas mediaciones y a una universalidad extensional es una huida del mundo.

La admiración de Berlin por Belinsky arranca de la claridad con que éste confía a la individualidad la búsqueda de los niveles de relevancia, de la resolución con que le entrega las ideas para que en cada momento articule tentativamente su relación con la realidad (Berlin, 1980b, p. 298), de la convicción con que no descarta *a priori* como significativo ningún nivel de relevancia ni ninguna de sus múltiples interacciones y del empeño con que conduce todo ello hacia un sentido insobornable de verdad (Berlin, 1980b, pp. 299 y 249). Una admiración análoga siente Brodsky por otro oxoniense: W. H. Auden. Esta voluntad de no aceptar coartadas a la hora de buscar un nivel de profundidad es lo que confiere a su poesía la calidad de una visión directa del objeto (Brodsky, 1988a, p. 221), de una «indagación de los fenómenos con el ojo desnudo fuera de todo contexto y sin intermediario» (Brodsky, 1988a, p. 163).

Negativamente, esta visión del arte renuncia a las mediaciones conceptuales, a los «atajos a través de las esferas» (Brodsky, 1988b, p. 109) que se dan en la conceptualización de la historia (Brodsky, 1988a, pp. 23 y 185) —que es la de los intereses del Estado—, de la necesidad natural o lógica —divinización del espacio abstracto (Brodsky, 1991b, pp. 97 y 99)— y de la política —«que no es sino la pureza geométrica que abarca la ley de la jungla» (Brodsky, 1988a, p. 60)—. Incluso los sistemas morales pueden servir de coartada a la reflexión metafísica sobre la profundidad (Brodsky, 1991a, p. 208). El arte abre al individuo un punto de partida radical que esas mediaciones ignoran: «es imposible percibir a nadie con una existencia objetiva o física fuera de la propia piel de uno» (Brodsky, 1988b, p. 218).

Positivamente, el arte sugiere que su quehacer es «refractar antes que reflejar la vida a través del prisma del corazón individual» (Brodsky, 1988a, p. 17). Y es que no suprime aquellas mediaciones, sino que las devuelve a los individuos para que las empleen críticamente desde aquel punto de partida: así, la crítica social ha de situarse en el interior, el de la sociedad, el nuestro y el de nuestra relación con ella, pues «sólo un trabajo interno puede aportarnos imperativos morales» (Brodsky, 1988a, p. 71). Ése es el medio en el que Auden convierte la resistencia al nazismo en «cuestión personal» (Brodsky, 1988a, p. 216), y en el que la crítica es tan honda que llega a detectar la presencia del autoritarismo en nuestra propia cultura (Brodsky, 1988a, pp. 199 y 215).

Esta visión de las cosas es directa pero no espontánea. Directa porque está dispuesta a admitir la hiriente presencia inmediata del objeto, la diversidad de sus dimensiones y a negar las propias ansias simplificadoras de dominar al objeto racionalizándolo o reduciéndolo a hecho. Dice Brodsky, «la calidad de esta visión está determinada por las posibilidades metafísicas del individuo» (Brodsky, 1988a, p. 124). Y esto es lo que hace del arte «una forma alternativa de existencia», enfatizando la palabra «existencia», porque «el proceso creativo no es ni una fuga de la realidad, ni una sublimación de la misma» (Brodsky, 1988a, p. 35) sino, como decíamos del lirismo, una forma radical de verdad.

Esta visión del individuo y aquella exigencia de realidad se hacen posibles *mediante* el lenguaje. Éste da cuenta de la situación de los hombres y les ofrece un material en el que labrar su autonomía. El lenguaje, dice Brodsky, es más antiguo que la historia o la política, que aquellas mediaciones brotadas en su seno, y cuando se quiebran las instituciones de una cultura ésta aún pervive en el presente de la vieja lengua (ver respectivamente Brodsky, 1988a, pp. 185 y 38, 203 s.).

Berlin piensa —como ya sabemos— que sólo llegamos a pensar y a actuar con autonomía en las corrientes del lenguaje. Esto no convierte al lenguaje en fetiche, pues aquél «es consciente por definición y desea conocer el quid de cada nueva situación» (Brodsky, 1988b, p. 112); pero sí veta la reducción del lenguaje a puro instrumento de apropiación, filtrándolo por las mediaciones que recortaban la conciencia de la propia reflexión. Entre el lenguaje-dogma y su empobrecimiento conceptual se abre el paso estrecho del arte: «La poesía parece ser la única capaz de vencer al lenguaje» (Brodsky, 1988a, p. 31).

La poesía acepta la dispersión de los objetos, pero los «provee de un común denominador» hasta el punto de proponer una forma que «se convierte en una norma de locución» (Brodsky, 1988a, p. 14): tal unificación llega a articular la percepción y a incorporarla a la misma «herencia del lenguaje». Pero esto sólo es así si la percepción se separa de la exclusiva senda de la denotación; el arte empieza en el vacío de las certezas cotidianas, cuando es preciso «buscar a tientas» (Brodsky, 1988a, p. 206), porque indaga una solución racional a un problema al que sólo puede acercarse mediante fragmentos. Estas aproximaciones tentativas proponen, a través de elementos sensibles —la rima, el ritmo, el color...—, su vigencia conceptual y la de su conexión mutua que sólo se consolida en la autosubsistencia del poema y remite a la verdad de la voz que las enuncia. Sólo así nuestra estancia en el lenguaje deja de ser acomodaticia o instrumentalizadora. Y sólo entonces la vieja herramienta, el lenguaje, consigue «su fusión con las percepciones» (Brodsky, 1988a, p. 51). Éstas, entonces, «tocan» la esfera conceptual: se han convertido en contenido crítico de la categoría abstracta, ofreciéndole «la corporeidad de la fonética» (Brodsky, 1988a, p. 99). Y ese mismo lenguaje, al despertar, en el oído o con el color, retazos olvidados de la propia identidad, ofrece también nuevas relevancias éticas.

La poesía no es entonces «las mejores palabras en el mejor orden», sino «el lenguaje anulando su propia masa y las leyes de la gravedad; es la lucha del lenguaje hacia... ese principio de donde proviene la Palabra» (Brodsky, 1988a, p. 95): ofrece una renovación del lenguaje que lo es también de nuestra relación con él y que entraña una identidad que no se resigna a lo siempre igual de lo cotidiano. No es un mundo nuevo, sino una nueva capacidad de decir y de reconocernos a nosotros y a nuestro mundo.

La gran literatura rusa es entonces algo más parecido a la oferta de una identidad de individuos autónomos en una cultura como la oriental que a una propuesta de cultura universal. Si puede hallarse en ella universalismo es sólo por su «intensión»: por la profundidad que alcanza; pero su verdadera importancia es su diferencia y nada de esto puede separarse de un trabajo sobre la lengua. «La aparición de la gran prosa rusa de la segunda mitad del siglo XIX... salida de ninguna parte... no fue sino efecto de la poesía rusa del siglo XIX», afirma Brodsky, y añade que «lo mejor de la literatura rusa puede considerarse un eco distante y una elaboración meticulosa de la sutileza psicológica y léxica ofrecida por la poesía rusa del primer cuarto de aquel siglo» (Brodsky, 1988b, p. 89).

Desde este punto de vista, podría generalizarse aquella relación de Mandelstam con su ciudad. Ni el universalismo abstracto ni la voluntad ilustrada de Pedro I perpetúan Petersburgo, sino «el segundo Petersburgo, el que está hecho de versos y de prosa rusa. Esa prosa es leída y releída y los versos se aprenden de memoria... Y es esta memorización lo que asegura el estatus de la ciudad y su lugar en el futuro, mientras exista este lenguaje» (Brodsky, 1988b, p. 62).

VI

Este lento trabajo en el lenguaje es el de un individuo que no coincide con el sujeto ilustrado ni con el genio o el héroe romántico, aunque es el heredero de ambos. El romanticismo fijó, dice Berlin, que son los individuos quienes establecen sus valores y, al mismo tiempo, fortaleció al yo para encarar esa tarea. Los valores centrales de la Ilustración, la autonomía del discurso y de la opción, adquieren carne y sangre en la subjetividad romántica, que puede así resistir las excesivas pretensiones de cualquier movimiento que diga encarnar un ideal en la historia (Berlin, 1990, pp. 200-202). Pero precisamente por ello este individuo se aparta de sus predecesores: sabe que confiar en las mediaciones ilustradas suprime dimensiones de la individualidad y que un ideal puede exigir el sacrificio del individuo mismo.

Este individuo mira con escepticismo los grandes proyectos de vida racional: en ellos ve más deseo de seguridad que inspiración moral (Berlin, 1984, pp. 209-211 y Brodsky, 1991a, pp. 206-207). Lleva esta crítica a su propia intimidad: Berlin rechaza la reducción de la autonomía kantiana a la disciplina del autodominio, que recluye al individuo en su «fortaleza interior» a la que no llegan vientos del deseo. Brodsky ironiza contra el «burgués mental que disfruta de la última comodidad, la de sus convicciones» (Brodsky, 1988a, p. 251). Al criticar la propia intimidad no busca contrapartidas en alguna necesidad exterior: no reposa en la ascética de la necesidad natural, ni se confía a la lógica de algún ideal.

Si este individuo logra separarse de la necesidad es porque ha aprendido a demorarse en el lenguaje. Berlin critica el determinismo porque éste eleva a última ley del acontecer un conjunto de categorías que están puestas por los hombres, sin que podamos explicar *causalmente* esta posición. Esta crítica nos conduce a un nivel del habla muy especial: aquél en que se patentiza que, si alguna vez se demostrara la verdad inconclusa del determinismo, habríamos de modificar profundamente el lenguaje y la comprensión de nosotros mismos en él: en otras palabras: *es un nivel en el que se advierte que el lenguaje dice más que la necesidad, la novela más que la teoría histórica y el fragmento más que el tratado.* En este nivel se descubre un tiempo diferente del de la necesidad: éste sería un trasunto de la linealidad del espacio; aquél es el tiempo del hablante, del que se ejercita en las categorías y no se limita a amoldarse a ellas. Hay una afirmación en Brodsky que apunta a ese nivel y tiempo del hablante: «la canción es tiempo reestructurado, hacia el cual el espacio mudo es inherentemente hostil» (Brodsky, 1988a, p. 216). La proposición «señala, entre necesidad y habla, una tensión interna que llega a nuestro mismo interior, como mostraron las antinomias kantianas. Nuestro individuo aprende a estar en esas antinomias; aprende que su identidad no está en combatir o idealizar la necesidad, sino en adoptar respecto de ella su condición de hablante.

La fe en las formas de la necesidad intentó salvar nuestra identidad de la incertidumbre del acontecer o enaltecer nuestra caducidad sacándonos del ámbito de la antinomia. Berlin y Brodsky prefieren el riesgo de una identidad más amplia. Esta identidad se entrevé en el mismo proceso de la dispersión de la experiencia: el acontecer cotidiano enseña que la acción autónoma, cuyo sentido es inmanente a sí misma, desborda las pretensiones de la necesidad y niega la vigencia de los sistemas cerrados; es ésta una raíz del escepticismo de Berlin y del antiheroísmo de Brodsky. Pero la medida de aquella identidad se descubre en el lenguaje. Si la canción —y el discurso— reestructuran el tiempo, es porque las cesuras y los silencios, los ritmos, la acumulación tentativa de oraciones subordinadas o el atrevimiento de la anáfora son otras tantas formas de interrumpir el tiempo lineal de la necesidad. Con ello no sólo se dice que el habla interrumpe la compulsión del instinto o de la lógica; se está diciendo, además, que la necesidad es sólo uno de nuestros lenguajes: —Montale— dice Brodsky —«nos cuenta que el mundo no se acaba con una explosión ni con un quejido sino con un hombre que habla, hace una pausa y sigue hablando» (Brodsky, 1988a, p. 52)—, y, sobre todo, que conformamos nuestra identidad y nuestro mundo en y desde el lenguaje. La poesía —veíamos— incorpora novedades perceptivas y conceptuales; observemos ahora que lo peculiar de su síntesis hace que en cada sílaba de un verso pueda haber una múltiple carga de significados, y éstos, al ser intentos diversos de comprensión, son cada uno una unidad de tiempo (Brodsky, 1988a, p. 90). En otras palabras: somos en el tiempo, pero nos hacemos en el lenguaje y en su temporalidad. *Nuestra identidad no está, pues, fuera de la antinomia, ni en la prolongación de uno de sus elementos, sino en la lenta decantación a través del lenguaje de cuanto en ella vivimos.*

El tiempo del habla, por tanto, desborda la necesidad, no con la originalidad del héroe sino *poblando el acontecer de fragmentos significativos.* Es un tiempo de los hombres en el mismo interior de la dispersión y de la caducidad. Cuando vivimos de verdad la primera, la enorme cómoda que guardaba los objetos de los padres de Brodsky (Brodsky, 1988b, pp. 169 ss.) es más significativa que una explicación sociológica sistemática; pero esa cómoda con la vajilla china va más allá de la memoria: ésta, pese a su pretensión de conservar el pasado, no llega sino a congelar instantes y a amontonarlos como una biblioteca «en desorden alfabético» (Brodsky, 1988a, p. 37; Brodsky, 1988b, p. 208): es el afecto el que es capaz de organizar el recuerdo y aquél se modela en el lenguaje. Por lo que a la caducidad concierne, el tiempo del habla enseña la dignidad de la finitud: «no es menester clavar la mariposa / en la afilada torre del almirantazgo: sería mutilarla» (Brodsky, 1991b, p. 15), dice Brodsky en el «Poema a la muerte de Bobó», y, en positivo, en «La Mariposa»: «Por eso cuando pasas / por los prados / en busca de alimento, / el aire toma forma / de tu vuelo» (Brodsky, 1991b, p. 41).

Esta segunda perspectiva del tiempo del habla tiene un paralelo en la concepción de Berlin sobre la opción. Cuando el individuo hace valer su libertad frente a cualquier estructuración del valor —aun la que se sedimenta en la formación colectiva de la voluntad— y afirma que ninguna de aquéllas le puede obligar a comportarse inhumanamente, no está sacando el valor fuera del tiempo, sino exigiendo el reconocimiento de su propia capacidad para cortar el tiempo con la opción y para vincular ésta con lo que en su propia contingencia es para él significativo.

El tiempo del habla es, pues, el tiempo de los hombres, en el que los significados, el valor, los diversos aspectos de la identidad no sólo no están dados de antemano, sino surgen en el quehacer mismo de los hombres en el lenguaje. Nuestra capacidad sobre el acontecer no consiste en anclar en los márgenes de éste, sino en transformar el medio y a nosotros mismos mediante la palabra. Es lo que destaca Berlin en Vico, que tiene su correspondiente en Brodsky: «un poeta es considerablemente mayor al acabar un poema que en el momento de comenzarlo» (Brodsky, 1988a, p. 110). Identidad y significado no se establecen como síntesis precipitada que salva lo real incorporándolo a la idea, sino como «encuentros provisionales entre lo real y lo ideal» que, si maduran, «son quizá las únicas medidas sensibles del tiempo» (Brodsky, 1988a, p. 57); o, como dice Berlin, las revoluciones lingüísticas son las verdaderas revoluciones en la historia de la humanidad (Berlin, 1980c, p. 170).

Este lento trabajo en el lenguaje no culmina en el ideal; simplemente articula nuestra duración. Brodsky previene contra aquella culminación tomada como identificación mística; Berlin contra la idea de un futuro que no sea sino un escenario más del presente. Aquél insiste en que la medida de la profundidad de un hombre viene dada por «la duración y la distancia físicas (metafísicas) de sus vagabundeos en el tiempo» (Brodsky, 1988c, p. 110); éste considera sobre todo el alcance creador de las culturas en la misma contingencia de éstas (Berlin, 1980c, pp. 125 ss.). Cuanto los hombres establecen tiene el cuerpo de una determinación autónoma, pero recortada por el aura de la conciencia de la contingencia: «Sólo por la inmensidad que pierde / es el hombre mortal equiparable a Dios» (Brodsky, 1991b, p. 34). La duración encierra entonces una actitud ante el futuro: la mirada escéptica a los aspectos excluyentes de los logros positivos del presente y la atención a lo que puede surgir, a la posibilidad de la diferencia. Y sobre todo la duración asevera la radicalidad del individuo: la palabra y su tiempo se escapan de la generalidad como la opción desborda la ordenación del valor y la novedad de ambas es inseparable de su contingencia.

VII

¿Cuál es la medida del saber de este individuo y cuál la posibilidad de compartir el mundo con los demás? O, si se prefiere, ¿cuál es la posibilidad de elaborar y compartir la forma? La dignidad de la finitud cuestiona las pretensiones de la vieja noción de razón, pero no exime de la racionalidad. Más bien exige de ésta un singular esfuerzo, pues debe tener en cuenta los más diversos aspectos sensibles y emocionales de nuestra experiencia, sin refugiarse en alguna mediación que suavice sus aristas, sin reducirlas a la facticidad o sublimarlas metafísicamente. Al nuevo Dante, dice Brodsky en su poema a la muerte de Bobó, sólo le queda el papel y la palabra (Brodsky, 1991b, p. 17); y cuando, como en el caso de Tsvetaeva, se unen la agudeza analítica y la insobornable decisión por la racionalidad, el saber lleva a un punto de desesperación (Brodsky, 1988c, p. 161).

Todo ello es coherente con la situación antinómica del hablante. Pero, en coherencia con lo que hemos expuesto, el discurso individual no se queda anclado en lo trágico, sino que elaborará la tensión de la antinomia depositando sus resultados no sólo como significados, sino como nueva capacidad de significar que mostrará a la vez aspectos de la individualidad.

Si esto es así, una primera nota de este discurso será la importancia que confiere a lo particular y, en consecuencia, su carácter abductivo. Las categorías no pierden en él su aspecto tentativo ni ocultan lo que del particular se les resiste. Por ello, más que tender a reducir o encerrar en el concepto, buscará la expresión o se ejercitará en el juicio (Berlin, 1980a, p. 198). Y, al ser así un discurso verdaderamente autónomo, pero consciente de su fragilidad, empleará muchos y diversos recursos inteligentes, pero sabiendo la debilidad de los mismos: «Dado un punto de apoyo, / ponía la palanca necesaria; dado un espacio por llenar, / apuntaba las notas de mi caramillo hueco» (Brodsky, 1991b, p. 32).

La desnudez de ese discurso no brota de una actitud subjetiva, de un gusto por la paradoja, sino de la renuncia misma a un saber completo: cuando los aspectos hirientes del objeto no pueden ser enjugados por el concepto ni las colisiones entre ideas transferidas a una ontología general, se advierte que el pensamiento surge precisamente de esas incomodidades del saber. Con ello, éste pierde uno de sus atributos tradicionales: la capacidad *a priori* de englobar cualquier relevancia no prevista o de fijar unas condiciones universales para conocer y discernir. En su lugar brota la importancia del ejercicio de la racionalidad para habérselas con cada nuevo descubrimiento y ello tiene el correlato de una visión plural de las cosas.

Esto tiene una primera consecuencia: este discurso es fragmentario, ideológico, puesto que pone tentativamente las categorías en una situación que nos desborda sin poder contar ya con una idea de fundamento. El fundamento es sólo posible pensarlo en los ámbitos de acción cognoscitiva ya formalizados: las ciencias empíricas o formales; pero en lo que se interesa sobre todo este discurso es en aquellos ámbitos que nos comprometen especialmente —la historia, la política— y en los que surgen los problemas de inadecuación que antes señalamos. En ellos los objetos, más que descansar en un fundamento que nos es exterior, presentan aspectos vinculados a la experiencia subjetiva y exigen, por tanto, conceptos complejos con gran capacidad de alusión que engloben múltiples dimensiones vitales. Berlin es un pensador que valora la filosofía como reflexión que puede organizar la perplejidad del saber, pero se interesa por las «ideas sociales, políticas y artísticas» (Berlin-Jahanbegloo, 1992, p. 24), porque son las que conforman nuevas perspectivas y son verdaderamente formas nuevas: propuestas de conformación de la experiencia que tratan de responder a nuestra perplejidad y referencias a las que vuelve la reflexión cuando se enfrenta a problemas imprevistos.

De todo ello se desprende la importancia del autoconocimiento: un conocimiento de los hombres, no como objetos exteriores, sino desde la misma experiencia interior de ser tales, desde el saber, por ejemplo, qué es tomar una decisión, proceder según reglas, moldear una pasión sin traicionarla o enunciar una hipótesis. Es un conocimiento «comprensivo». La especial relación con el lenguaje hace que la noción de «comprensión» abandone en Berlin los elementos intuitivos de la «*Einfühlung*» herderiana y los componentes platónicos e idealistas con que hace cien años se interpretó la «fantasía» viquiana y se acerque a la reflexión y a la hermenéutica. No es éste un autoconocimiento vacío, sino mediado por símbolos; ni una autorreflexión transparente, sino ejercitada por el individuo en el lenguaje.

Entre aquella calidad de fragmento y la importancia del autoconocimiento se establece la posibilidad de la forma. Ésta se mueve entre la disciplina de la empiria y la libertad de la forma artística. Para Berlin no es posible compartir un mundo entre individuos autónomos sin la disciplina de la empiria. Ésta defiende la autonomía de la racionalidad, al evitar que formas de pensamiento se ontologicen y lleguen a dominar sobre los hombres. La disciplina de la empiria es la consecuencia inevitable de un mundo secular que se atiene con rigor a las exigencias de la crítica del argumento ontológico. Pero la empiria exige una subjetividad amplia no recortada por el afán de la certeza, o por la seguridad de corresponder al objeto o por la compulsión de llegar a supuestos últimos componentes de la realidad (Berlin, 1980a, pp. 138-142); es decir, una subjetividad que no se entregue a las mediaciones, sino que sepa que el concepto le pertenece. El autoconocimiento es para ello decisivo: permite conceptos amplios, que no se agoten en la denotación, que incorporen diversas dimensiones subjetivas. Ellos son los que verdaderamente pueden dar cuenta de la experiencia compleja de la historia o la política, de la acción. Ciertamente su densidad no exime de la validación empírica de sus hallazgos, pero sin ellos los «datos permanecen muertos» (Berlin, 1980c, p. xxv).

En el caso de la forma artística, su rigor es el de una conformación concreta de la sensibilidad, la imaginación y el concepto en una experiencia singular; el equilibrio y la relación de estos elementos sugiere esta experiencia como humana a la subjetividad que la recibe y ésta puede aceptarla, no por su virtuosismo o sus valores pedagógicos —menos aún por reflejar la realidad—, sino por establecer la verdad de una subjetividad que esclarece e ilumina nuestra propia idea de ser hombre[6]. Esta verdad del poema responde, p. e., a su profundidad subjetiva (qué nivel de habla libera) y a la autenticidad con la que se trata al objeto (no se puede, p. e., instrumentalizar la muerte al escribir una elegía, ni trivializar la contingencia con el lenguaje del catastrofismo); a la conexión interna con aspectos sensibles: el ritmo no es ajeno a aquella profundidad y la rima vincula desde la sensibilidad aspectos de la realidad que la conciencia cotidiana mantiene separados; lo decisivo, sin embargo, es la autosubsistencia de la obra que convierte a «todo poema en un códice lingüístico» (Brodsky, 1988a, p. 200) y es tal en la medida en que estimula u ofrece una nueva identidad de hablante.

Desde este punto de vista ambas formas presentan aspectos complementarios, pues mientras la empiria defiende al objeto de ser reducido a hecho y evita que el concepto se convierta en cosa, la forma artística estimula la subjetividad del individuo y precisa las relaciones que puede trazar con su mundo. Ambas formas

---

6/ En 1939 escribía Berlin en un artículo crítico al positivismo lógico: el arte «puede hacer consciente, al lector sensitivo, de nuevas configuraciones en su propia experiencia... literalmente, sugerir o llevar o introducir nuevos hechos (...) una experiencia genuina... que en ciertos aspectos se parece a la experiencia de la vida ordinaria, pero que es mucho más exacta, vívida, detallada e íntima, realizada más "cara a cara" con el objeto» (BERLIN, 1939, p. 527).

recuerdan la pertenencia al lenguaje: la primera, a la situación en el mismo; la segunda, a la libre capacidad de modelar que aquél ofrece. Y ambas mantienen en su luminosidad su contingencia: porque, mientras la empiria defiende la dignidad de la forma —su elevación al lenguaje—, manteniendo que aquélla no puede sojuzgar a nadie capaz de palabra y exige la validación, la forma artística une a esa misma dignidad un carácter no excluyente, no incompatible con otra obra.

De este modo, el ejercicio de la racionalidad camina desde la conciencia de la antinomia al análisis de las distintas formas de expresión y comunicación. Sus hallazgos son discontinuos y distan de ser espectaculares, pero descubre significaciones individualizadas que se ofrecen para ser compartidas en la obra de arte y que exigen ser validadas, aunque en un ámbito de comunicación plural. Esto tiene un potencial crítico ante la seducción de las ideologías como saberes completos y sugiere un aprendizaje para la reflexión de la forma singular. Y encierra una promesa de saber como discusión y comprensión mutua.

Pero el carácter incompleto de este saber tiene también un origen subjetivo que arranca del mismo suelo individual del que parte. Es importante terminar subrayándolo. En un plano filosófico, insiste Berlin, terminado el análisis comprensivo, hermenéutico, de las posiciones de otra subjetividad, ésta, precisamente por serlo, puede responder: me parece correcto su análisis, pero ésas no son mis categorías (Berlin, 1955). Es éste un límite de este saber: arranca de las colisiones entre valores y entre ideas, de la inadecuación de forma y contenido, se sitúa —como hemos visto— en el terreno difícil de la posición tentativa de categorías, estimula aspectos subjetivos y se obliga a la validación, pero su veredicto último es el silencio: una vez que ha extendido los elementos de juicio sobre la mesa, no puede sustituir la capacidad del individuo para organizar la forma (Berlin, 1978, pp. 34-36).

Inversamente, el poeta revela la soledad del individuo que se atreve a hablar de modo creativo. Brodsky señala que la elaboración literaria de Tsvetaeva recurre a un elemento esencial del folklore: el discurso sin destinatario; eso ocurre por la soledad, «por la ausencia de alguien a quien dirigirnos». La propiedad característica de este tipo de discurso es que el hablante es también el oyente. El folklore —la canción de un pastor— es un discurso destinado a uno mismo y el oído presta atención a la voz. Así, por medio de la autoaudición, el lenguaje consigue el autoconocimiento» (Brodsky, 1988a, p. 101).

Para Brodsky éste no es un aspecto coyuntural de la creación. Es más bien la consecuencia última del lugar del hablante, de la radical combinación entre percepción y racionalidad y de la importancia del autoconocimiento. Más que «ver» la referencia, más que quedar enganchado en la mediación conceptual, es preciso el esfuerzo de penetrar en el lenguaje escuchando la propia voz: «Un par de conchas / escuchan los caracoles de su verbo; es decir: / su propia voz. Así ejercita / las cuerdas vocales, en detrimento de la vista. / No hay en el tiempo puro obstáculos que generen el eco» (Brodsky, 1991b, p. 101).

Ni la filosofía ni el arte otorgan consuelo a quien toma en serio ser racional en un mundo fragmentado y disperso. Hay en él una profundización de la individualidad, un ensanchamiento del conocimiento, un acercamiento entre forma y vida y una posibilidad de compartir todo ello. Pero al final hay una verdad que nadie puede evitar: «La soledad enseña la esencia de las cosas / que es también soledad» (Brodsky, 1991b, pp. 89-90).

Bibliografía[7]

BERLIN, I. (1931a): «Alexander Blok» editorial, *Oxford Outlook*, 11, p. 736.

— (1931b): Traducción de Alexander Blok «The Collapse of Humanism», *Oxford Outlook*, 11, pp. 89-112.

— (1939): Reseña de Britton K.: «Communications», *Mind*, 48, pp. 518-527.

— (1953): *El Erizo y la Zorra* prologada por M. Vargas Llosa, traducción de Mario Muchnik de la edición de 1953 (*The Hedgehog and the Fox*, Weidenfeld and Nicolson, London, 1953), Muchnik Editores, Barcelona, 1981.

— (1955): «Philosophy and Beliefs» (Coloquio con Anthony Quinton Stuart Hampshire e Iris Murdoch), *Twentieth Century* 57, pp. 495-521.

— (1978): «An Introduction to Philosophy». Conversación con Brien Magee. En *Men of Ideas. Some Creators of Contemporary Philosophy*, London, BBC, Viking, New York, 1979. Traducción al castellano como «Una Introducción a la Filosofía» en MAGEE, B.: *Los Hombres detrás de las Ideas*, traducción de José A. Robles García, Fondo de Cultura Económica, México, 1982.

— (1979): Introducción a Alexander Herzen, *From the Other Shore & The Russian People and Socialism*, Oxford University Press, Oxford.

— (1980a): *Concepts and Categories: Philosophical Essays*, editado por Henry Hardy con Introducción de Bernard Williams, Oxford University Press, Oxford. Tomo segundo de los *Selected Writings*. Traducción al castellano como *Conceptos y Categorías. Ensayos Filosóficos* por Francisco González Aramburo, Fondo de Cultura Económica, México, 1983.

— (1980b): *Russian Thinkers*. Ed. H. Hardy and A. Kelly con Introducción por A. Kelly, Penguin, Harmondsworth & New York. Tomo primero de los *Selected Writings*.

7/ Siempre que hay traducción castellana, las páginas se refieren a ésta.

Traducción al castellano como *Pensadores Rusos* por Juan José Utrilla, Fondo de Cultura Económica, México, 1980; a ésta se refieren las citas.

— (1980c): *Vico and Herder. Two Studies in the History of Ideas*, Chatto and Windus, London.

— (1982): *Personal Impressions*. Ed. H. Hardy. Introd. N. Annan. Oxford University Press, Oxford. Tomo cuarto de los *Selected Writings*. Traducción al castellano como *Impresiones Personales* por Juan José Utrilla y Audón Coria Méndez, Fondo de Cultura Económica, México, 1984.

— (1984): *Four Essays on Liberty*, Oxford University Press, Oxford & New York. Traducción al castellano como *Cuatro Ensayos sobre la libertad*, por B. Urrutia, J. Bayón y N. Rodríguez Salmones, Alianza Editorial, Madrid, 1988.

— (1990): *The Crooked Timber of Humanity: Chapters in The History of Ideas*. Editado y prologado por H. Hardy, John Murray, London. Traducción al castellano bajo la dirección de Salvador Giner, como *El Fuste Torcido de la Humanidad*, Península, Barcelona, 1992.

BERLIN, I. y JAHANBEGLOO, R. (1992): *Conversations with Isaiah Berlin*, Maxwell Macmillan International, New York.

BRODSKY, J. (1988a): *La Canción del Péndulo*, traducción de E. Riambau, J. G. López Guix y M.-A. Galmarini, Versal, Barcelona.

— (1988b): *Menos que Uno*, traducción de Roser Berdaguer Costa y Esteban Riambau, Versal, Barcelona.

— (1988c): *To Urania: Selected Poems 1965-1985*, Penguin, Harmondsworth.

— (1991a): «Isaiah Berlin at Eighty», en Edna and Avishai Margalit (eds.): *Isaiah Berlin: A Celebration*, The Hogarth Press, London.

— (1991b): *Parte de la Oración y otros Poemas*, traducción por Amaya Lacasa y J. Buenaventura, Versal, Barcelona.

Voces mezcladas. Una reflexión sobre tradición y modernidad

I

Samuel P. Huntington[1], en una discutida tesis, afirma que de las diferencias entre civilizaciones brotarán los conflictos mundiales del futuro como hasta ahora éstos han surgido, sucesivamente, de los desequilibrios económicos y de las divergencias ideológicas. La tesis de Huntington vuelve a plantear dos interrogantes de la sociedad moderna: cuál es el alcance de la generalidad que esta sociedad promueve y cuál su capacidad para modelar identidades individuales.

Son dos preocupaciones recurrentes. Constant planteó ya el primer problema en la esfera del Estado, con su crítica de la generalidad tal como la entendía el republicanismo frente a la que exigía un ámbito de independencia para los individuos[2]; el segundo problema está ya presente en la desconfianza de Tocqueville hacia la capacidad de la democracia para formar ricas identidades individuales. Más tarde, en pleno triunfo del industrialismo y en el entusiasmo del proceso de urbanización que lo acompañaba, se expresaron inquietudes análogas, referidas entonces a la sociedad civil: no sólo se ponía en cuestión la generalidad del libre intercambio y del derecho y la administración racionales, sino que se constataban con desazón los fenómenos de anomia y acribia que parecían surgir en aquellos procesos.

En esos momentos, sin embargo, existía una enorme confianza en que la sociedad moderna, moderada cada vez más por la razón, iba a tener recursos idóneos para resolver sus insuficiencias. Liberales y socialistas —apunta Isaiah Berlin— coincidían en dictaminar que fenómenos como el nacionalismo no eran

---

1/ HUNTINGTON, S. P, 1993.

2/ CONSTANT, 1988. Debe recordarse también su disputa con Kant: ver HOLMES, 1984, pp. 10 ss.

sino reacciones transitorias a la generalidad demasiado dura y abstracta en la que se movía la sociedad moderna y que tales disfunciones desaparecerían con la consolidación racional de la sociedad[3]. Esta seguridad era compartida aun por pensadores conservadores: Ranke atribuía a la racionalidad moderna eficacia para conformar por sí misma identidades individuales sin necesidad de recurrir a sanción religiosa alguna[4].

Popper es un heredero notorio de la confianza en que la razón puede llenar los vacíos de la sociedad moderna. Teniendo una elevada conciencia de las limitaciones objetivas y subjetivas de esta sociedad, proclama, sin embargo, su esperanza casi ilustrada en la «unidad racional del género humano»[5] y, aun cuando revaloriza el papel de la tradición para corregir desviaciones institucionales y evitar la anomia de ciertas identidades, termina manteniendo la necesidad de un discernimiento racional de los contenidos tradicionales, eliminando todo residuo de arcaísmo[6].

Lo inquietante de las tesis de Huntington es poner en cuestión, precisamente, esa confianza al constatar determinados fenómenos. Apunta, por ejemplo, que la formación de las concepciones del mundo, la fijación de las relaciones con la familia, la sociedad y el Estado o la estructuración de los universos de valores se constituyen y maduran en el interior de las civilizaciones históricas, de las culturas, y que esas relaciones básicas difieren de unas civilizaciones a otras[7]. La consecuencia obvia es la debilidad de la generalidad de la sociedad moderna que, en tales condiciones, se asemejaría demasiado a una estructura formal que parece deslizarse sobre anclajes más profundos. Otra observación de Huntington, quizá más grave, es que el debilitamiento de las identidades arcaicas producido por la modernización social y económica suele compensarse con radicalismos religiosos, de modo que las actitudes fundamentalistas son sorprendentemente frecuentes entre jóvenes de formación universitaria y especialización técnica elevada, que tienen una dedicación profesional o de negocios de rango superior al medio[8]. Si la primera observación sugería una preocupante *superficialidad* de la racionalidad moderna para consolidar relaciones vitales básicas, la segunda muestra la persistencia de la identidad tradicional más allá de las condiciones sociales que la generan.

3/ BERLIN, 1983, p. 422.

4/ RANKE, 1984, pp. 218-219.

5/ POPPER, 1962, cap. 10.

6/ POPPER, 1983, pp. 156-173.

7/ HUNTINGTON, 1993, p. 25.

8/ *Ibidem*, p. 26. Hay un interesante paralelismo entre esta afirmación y las observaciones de Arkoun (1984) sobre la persistencia de la comprensión tradicional de la historia entre los estudiosos árabes contemporáneos.

Podría replicarse abundando en los fenómenos análogos que se constataron en sucesivos momentos del proceso de industrialización[9], pero no deben ocultarse al menos dos aspectos diferenciales de nuestro presente. Uno de ellos es el deterioro del carácter unitario del proyecto de modernización. Hasta hace poco más de dos décadas, aun cuando hubiera diferencias profundas a la hora de determinar los contenidos del proyecto, éste mantenía el vigor suficiente para trazar una idea común de espacio y tiempo. Se coincidía en la responsabilidad de vivir un tiempo inaugurado por la racionalidad humana que debía culminar en un estado de cosas donde la libertad y un orden racional de satisfacción de necesidades presidieran la convivencia. Este tiempo común era más fuerte que las discrepancias ideológicas, parecía subtenderlas, y estaba además fortalecido por una concepción espacial que esperaba integrar, en una corriente central de la racionalidad, tanto los modos de vida que la modernización generaba como los universos arcaicos que iba descubriendo. Estas ideas de espacio y tiempo estimularon al pensamiento político y también al artístico —piénsese en la *Zona* de Apollinaire o en los entusiasmos arcaizantes de algunas vanguardias—, y alimentaba la esperanza en la fértil interacción entre centro y periferia[10]. Este diseño de tiempo y espacio hoy se desvanece: aun dentro de Europa empezamos a descubrir, dolorosamente en los Balcanes, que nuestros pasados son demasiado heterogéneos[11] y que los programas de futuro resultaron ser —y van a seguir siendo— demasiado costosos o crueles. La modernización deja de aparecer como proyecto y se ofrece como acumulación de lenguajes diferentes —que exigen un esfuerzo de interpretación que no pierda de vista su mutua heterogeneidad— y como conjunto de valores que, al ser con frecuencia discrepantes, reclaman sobre todo la opción. El arte conceptual, con su humildad antitética a las vanguardias, es un síntoma de tal dispersión de lenguajes y valores que quiebra las expectativas modernas[12].

9/ El populismo de Herzen, la indagación sociológica de Durkheim sobre las formas de solidaridad y la teorización de Gramsci sobre la heterogeneidad de los procesos de formación de los Estados modernos insisten en la importancia de las culturas históricas para mediar el proceso de modernización. Las discusiones sobre las carencias de legitimación de la sociedad moderna parecen abonar el segundo aspecto.

10/ J. F. LYOTARD: *Zona*, en JARAUTA, F. (ed.): *Otra mirada sobre la época*, Valencia Arquitectura, 1995.

11/ La opinión, característica de muchos occidentales, por la que se profesan hombres por naturaleza y franceses, italiano o españoles por accidente, es calificada por L. Dumont de etnocentrista (*El individuo y las culturas* en TODOROV, T. [ed.], *Cruce de culturas y mestizaje cultural*, trad. de A. Desmonts, Júcar, Barcelona, 1988).

12/ Puede verse un ejemplo revelador en la conversación entre Buchloh y Richter: *Catálogo de la Exposición Gerhardt Richter*, Ministerio de Cultura, Madrid, 1994, pp. 29 ss.

Desde tal perspectiva se comprenderá mejor lo que ciertos antropólogos culturales registraban ya al final de los años sesenta. Países que estaban estrenando independencia se sumieron por entonces en crueles enfrentamientos. Estas crisis se entendieron como consecuencia de la política de bloques. Clifford Geertz los relaciona lúcidamente con la mutua oposición de dos motivaciones por otra parte interdependientes: el deseo de esos pueblos de ser reconocidos como agentes responsables y su afán de construir un estado moderno, eficiente y dinámico[13]. La oposición entre esos dos grupos de valores sugiere los límites de las expectativas modernizadoras tanto del viejo imperialismo como de sus opositores: los nuevos pueblos parecen tan reacios a la administración racional colonial como a la autóctona, y exigen formas de dirección y encuadramiento acordes con la propia cultura; el esfuerzo de autogobierno no puede confiarse a una ideología de progreso ni a un populismo arcaizante, sino que exige una reinterpretación de universos simbólicos que den respuestas satisfactorias a las identidades tradicionales, a veces múltiples, y permitan un proceso de transformación que de otro modo resulta aniquilador[14].

Todo ello parece abrir de nuevo el problema de la tradición. Desde la perspectiva de la cultura occidental, parece necesario un proceso reflexivo y crítico sobre la diversidad de valores y lenguajes conscientes de que no vamos a contar con el tranquilo aposentamiento en los mitos que ofreciera la conciencia moderna. Hemos de proceder de manera análoga a la que Geertz advierte en minorías pertenecientes a culturas no occidentales, identificadas con los valores modernos de racionalidad crítica y ética autónoma: atender a las «voces mezcladas» de las tradiciones, demorarnos en esa babel que es el suelo, movedizo pero real, de los valores ilustrados[15]. En el presente trabajo intento, siguiendo algunas ideas de Isaiah Berlin, un acercamiento a la tradición, desde el que examino dos estrategias de su constitución: las de De Maistre y Burke, que han influido en nuestro tiempo y que pueden tener importancia para el problema que nos ocupa.

13/ C. GEERTZ: *La interpretación de las culturas*, trad. Bixio; supervisión C. J. Reynoso, Gedisa, Barcelona, 1996, p. 221.

14/ *Ibid.*, pp. 267 y 268. A la luz de las observaciones de Geertz, trabajos que analizan estas consecuencias destructivas de la modernización (véase, por ejemplo, GHALIOUN, 1984) resultan tan lúcidos como patéticos.

15/ *Ibid.*, p. 284.

II

Es frecuente llevar la oposición entre tradición y modernidad al Renacimiento. El humanismo renacentista combatió la herencia medieval y la depuró en los textos clásicos —jurídicos, religiosos, filosóficos—. La reflexión ilustrada sobre la historia vio este esfuerzo como primer resplandor de la luz de la razón frente al dogma y del valor de la naturaleza frente a la imposición[16]. Pero las cosas son algo más complicadas. El trabajo de los humanistas buscaba, sí, responder a la singularidad radical del presente que vivían, pero lo hacían construyendo un pasado alternativo al cronológico. Calinescu ha señalado que los humanistas más que dejarse admirar por una antigüedad que les sale al paso, toman partido por ella, se comportan como activistas que la buscan para responder a lo nuevo[17]. Se vive un tiempo distinto[18] pero se sabe, parece, dónde encontrar las claves de su interpretación. Las nociones de *æmulatio* e *imitatio* son, para Jauss, índices tanto de aquel activismo humanista como de la seguridad en que la renovación de la vida cuenta con un prototipo en el pasado clásico[19]. Ese es el marco de la confrontación renacentista con la tradición: buscan un texto, quizá *el* texto, como señala Foucault[20], enterrado bajo los despojos acumulados por el pasado inmediato. Ensayan, sin duda, una visión del mundo construida y anclada en significados inmanentes y están urgidos por la *actualidad* del presente, pero las claves las buscan en otra parte, en los textos clásicos de los que esperan, como Berlin afirma, verdades de validez intemporal[21]. El rechazo humanista de la tradición no es simple supresión de lo recibido para liberar un pensamiento autónomo, sino búsqueda de otro pasado con la esperanza de encontrar en él valores que escapan del tiempo y sus incertidumbres.

La conciencia moderna tiene un sentido de la tradición del todo diferente; su tiempo carece de cualquier pasado privilegiado que pueda ofrecer soluciones: los problemas son radicalmente nuevos. El presente es ahora singular; su actualidad carece de precedentes. Stendhal levanta acta de tal diferencia. Tras la Revolución y las guerras napoleónicas ha cambiado la actitud y el interés respecto a las referencias de la antigüedad. Ésta pierde el valor de modelo ejemplar y no sólo en el

---

16/ CONDORCET, 1980, pp. 161-162.

17/ CALINESCU, 1991, p. 32.

18/ Para algunos autores, esto es más importante que la referencia clásica. Así BAJTIN, 1987, p. 56.

19/ JAUSS, 1976, p. 35.

20/ FOUCAULT, 1984, pp. 35-49.

21/ BERLIN, 1980, p. 125.

terreno artístico: la belleza, como las actitudes y valores, extraen su vigencia de ser creación humana en el tiempo; lo *clásico* importa porque en un presente, hoy pasado, tuvo el don de la originalidad y permanece para nosotros como memoria. Los valores de una época pasada dejan de ser ideales y se alinean en el tiempo de la acción y la memoria humanas de donde alguien puede tomarlos de forma autoconsciente. Al presente moderno no «se le opone ningún pasado que lo preceda y que hubiera podido constituir su modelo o su fase previa»[22]. Desde un ángulo diferente, Marx[23] constata también la ruptura con un pasado ideal: la división estamental del trabajo se disuelve al incorporarse las comunidades históricas a la circulación capitalista y transformar las antiguas jerarquías y la idea misma de éstas; mientras, la desmitologización de la naturaleza, al secularizar y racionalizar las relaciones con ésta, acaba con toda memoria ejemplar de la antigüedad, vaciando de contenido distinciones que habían servido hasta entonces para pensar el pasado; por ejemplo, la que establecieron clasicistas y románticos alemanes entre griegos y egipcios[24].

¿Cómo entender esta ruptura de la modernidad con la tradición desde las restricciones que veíamos y aceptábamos al final del anterior epígrafe? Isaiah Berlin propone un modelo de interpretación, fértil en consecuencias. Lo hace desde su perspectiva de historiador de las ideas, apoyándose en los trabajos de Kelley y, sobre todo, desde su propia reflexión sobre la obra de Vico.

Berlin rastrea el proceso en el que las esperanzas humanistas fueron disolviéndose al hilo de sus propias prácticas de indagación, que mostraban cada vez más lo inalcanzable de aquellas expectativas. En el siglo XVII, la indagación historiográfica está impulsada por las monarquías absolutas y el papado. Cada parte busca legitimar su primacía sobre la otra mediante textos decisivos. Pero la investigación llega justamente a una conclusión que niega la posibilidad de este texto presunto y que, al mismo tiempo, termina con las esperanzas humanistas. El estudio de las civilizaciones clásicas revela que éstas no pueden ser modelo del presente. En un primer momento, se comprueba una heterogeneidad tal entre los referentes lingüísticos de ambas épocas que la posibilidad de aplicación de un texto clásico al presente es puramente ilusoria[25]. La historiografía intenta entonces el camino de los *antiquarii* para compensar las deficiencias de los *philologi:* la

---

22/ STENDHAL, *Racine y Shakespeare.* En *Obras Completas,* trad. de Consuelo Berges, Aguilar, Madrid, tomo I, pp. 1111, 1113 y 1127-1129.

23/ MARX, 1970, pp. 82, 274 y 282.

24/ Esta distinción que se estableció en toda una cultura, puede verse en HÖLDERLIN, 1986, pp. 114 y 116.

25/ KELLEY, 1966 y 1970.

erudición de aquéllos —se piensa— podría proporcionar elementos contextuales de referentes lingüísticos tan diversos y suministrar así elementos para un análisis analógico de ambas situaciones. Pero la conclusión de estos intentos es desalentadora: cada época presenta una correspondencia específica entre su formación social, estructura lingüística y ordenación jurídica y ese conjunto es además caduco. Si eso es así, las civilizaciones clásicas dejan de ser pasado referencial: son remotas y ajenas al presente; puede hacerse de ellas historia, pero ésta será *su* historia, comprensible desde la especificidad de cada cultura. Desde entonces, las investigaciones, más que buscar un pasado ideal en el que indagar soluciones a preocupaciones generales, se dirigen al estudio de instituciones a veces de ámbito reducido, y defienden su peculiaridad y derechos frente a las ambiciones de poderes generales consolidados. El trabajo de *philologi y antiquarii* se centra en instituciones o culturas concretas y rechaza ideas generales que intentan dominarlas e ignoran su especificidad[26].

Esto no agota el pensamiento de la época sobre la historia. La filosofía mantuvo un sintomático menosprecio hacia este tipo de investigaciones simbolizado en la cartesiana cocinera de Cicerón. Opta por el pensamiento abstracto frente a una práctica de investigación que les parecía dominada por la anécdota. El pensamiento ilustrado intentó reconstruir el pasado desde dos ideas maestras: la unidad y constancia de la naturaleza y la naturaleza racional de los seres humanos. Desde *L'Histoire des Moeurs* hasta el *Esquisse* condorcetiano se busca una lectura unitaria de la historia, frente a la anécdota, y se impone una selección de relevancias que muestre, aun virtualmente[27], las expectativas que abren esas dos ideas frente a la superstición y a las pretensiones de los poderosos. Por debajo de las diversidades históricas y a pesar de los comportamientos crueles, brutales o absurdos, se traza un pasado de las Luces, vislumbre del ser humano como parte de la naturaleza y ser racional en ella. No estamos ante un pasado ingenuamente ejemplar, sino ante un presente con una alta conciencia de su novedad y de su responsabilidad ante el futuro: los ilustrados se sienten en «el umbral de una época nueva a la vista de un final ideal»[28] y obsesionados por el juicio que del futuro merecerán sus propuestas[29]. Doble inquietud que los lleva a desplazar al pasado los conceptos con los que se comprenden a sí mismos y a seleccionar épocas y culturas afines, ordenándolas de modo que marquen la diacronía de sus

---

26/ BERLIN, 1980, pp. 137-138.
27/ CASSIRER, 1981, pp. 247 ss.
28/ BERLIN, 1991, p. 136.
29/ JAUSS, 1976, p. 42.

posicionamientos. Esto legitima, no con un saber eterno, sino con la fuerza de conceptos, el ámbito de la decisión racional.

El siglo XIX señalará la insuficiencia del procedimiento. La novedad radical de la modernidad hace decir a Marx que los historiadores del XVIII establecen una concepción de individuo humano que pretende ser, como la Naturaleza, eterna, ignorando sin embargo sus raíces históricas. La proyección de aquellos conceptos sobre el pasado crea una figura de hombre que ha sido generada en la historia pero que pretende ser su punto de partida[30]. La novedad de la modernidad tal como la plantea Marx —lo tomo como ejemplo— no tiene en cuenta, sin embargo, que hay toda una elaboración de la modernidad como la que lleva a cabo la escuela histórica alemana y que, como ha señalado Berlin, prolonga en un sentido el trabajo historiográfico anterior: defiende a ciertas culturas de su disolución en la generalidad de la economía y el derecho modernos.

Pero volvamos a la etapa anterior. La erudición historiográfica —con su interés por instituciones y formas sociales concretas— y la historia ilustrada —con su insistencia en construir un pasado inteligible según categorías seculares— pueden entrar en un fértil contacto, piensa Berlin, en la obra de Vico. Cuando éste dice que hay que acercarse a la historia como si no existieran libros, Berlin cree que está planteando dos críticas: denuncia, en primer lugar, la defensa retórica que la historiografía hace de las instituciones, es decir, impugna el «orgullo de las naciones», que cerraba cada vez más la perspectiva de la investigación historiográfica. En segundo lugar, impugna la «vanidad» racionalista[31] por ignorar una consideración reflexiva del acontecer. Quiere retener la especificidad del material erudito de los primeros, pero introducir en él una inteligibilidad que, sin embargo, no se alcanza si se somete el acontecer a conceptos abstractos[32]. La proyección de un concepto abstracto —Vico pone como ejemplo el del contrato— a una época pasada oculta la racionalidad concreta con la que ésta procede. Vico pretende vislumbrar la inteligibilidad de cada época en su lenguaje, monumentos y costumbres, pero inscribiéndolos en —lo que hoy llamaríamos— sus categorías expresivas y prácticas[33]. Cada una estableció sus instituciones, sus formas artísticas, sus valores a partir de prácticas inteligentes específicas que han de rastrearse en los rasgos diferenciales de sus modos de vida; pero esto ni las aísla entre sí ni las separa de nosotros: al ser formas creadas por seres humanos, están abiertas a la

---

30/ MARX, 1970, p. 248.

31/ VICO, 1981, § 330 y 125-129.

32/ [...] las doctrinas deben comenzar cuando comienzan las materias de que tratan. Ibidem, § 314.

33/ Ibidem, § 331.

comprensión de otros agentes humanos capaces de acción y expresión y pueden compartirse o comunicarse sin necesidad de subsunción en conceptos *a priori*[34].

Berlin extrae de aquí dos consecuencias. La primera es que *la actividad racional crece y se desarrolla en y desde el suelo particular de los diversos modos de vida, sin que por ello se haga imposible compartir sus resultados.* La segunda es *el estatuto que adquiere la novedad* en los diversos entornos de la historia humana. El surgimiento de lo nuevo se separa de la causación naturalista y de la teleología y se sitúa, por decirlo así, en un vacío. Vico lo cubre con su noción de Providencia que ni es una causa positiva ni una sacralización del azar, sino una actuación humana —Vico la indaga con el rigor de un empirista— que alcanza una generalidad, una nueva organización de la experiencia. La noción de Providencia entusiasmó, como Ardid de la Razón, a la recepción hegeliana de Vico, pero la lectura de Berlin es diferente: la novedad no puede entenderse más que como un acto inventivo en el tiempo, cuya inteligibilidad es patente para todo aquel que tenga experiencia de ser hombre y sin que tal mediación se entregue a un Espíritu Absoluto. Con intención, Berlin acuña en su ensayo sobre Vico el concepto *fenomenología del espíritu humano*[35], que integra las dos consecuencias expuestas. Si las cosas son tal como se acaban de exponer, *la actividad inventiva, lo nuevo, tiene lugar en una tierra de nadie en la que alguien propone una palabra original que sólo alcanza vigencia porque llega a recibirse y compartirse por otros, no mecánicamente, sino en cuanto son también capaces de acción y expresión.*

La primera de las consecuencias señaladas convierte la actividad racional en inteligible aunque *situada*, la segunda la presenta como *inventiva pero gratuita*. Estos dos elementos son, a mi juicio, componentes decisivos para la reflexión sobre la tradición en la modernidad: nos hace descubrir, en primer lugar, un pasado específico —medio lingüístico, institucional, artístico— en el que llegamos a ser racionales, desde el que ejercitamos la racionalidad y al que podemos transformar con tal ejercicio, pero que es suelo del que no podemos prescindir. Y, en segundo lugar, sugiere el cerco de riesgo e incertidumbre que rodea al ejercicio de la autonomía, porque el origen de cualquier palabra creadora es gratuito. Ambos elementos cohabitan con la autonomía más radical de la razón. En este contexto,

---

34/ *Ibidem*, §§ 145-146.

35/ BERLIN, 1980, p. 64. Desarrollo el concepto en mi *Individuo y racionalidad moderna. Una lectura de Isaiah Berlin*, Secretaría de Publicaciones de la Universidad, Sevilla, 1994, cap. 10. Una discusión crítica del concepto se puede encontrar en D. Ph. Verene: «Vico's Philosophy of Imagination», *Social Research*, 43 (1976), pp. 410-426, a la que responde Berlin en «Comment on Professor Paper», *ibid.*, pp. 426-429. Reimpreso en TAGLIACOZZO Y OTROS (eds.): *Vico and Contemporary Thought*, Macmillan, London, 1980.

la importancia que Marx da al lenguaje[36] parece un síntoma del valor que este lector de Vico otorga al espacio concreto, histórica y socialmente, desde el que llegamos a ejercitar la razón[37]. Desde otro orden de cosas, debe recordarse que la idea de obra de arte como creación radical, tal y como la hemos visto en Stendhal, se carga de desazón y de culpa en Baudelaire —lo que explica en parte su obsesión por De Maistre[38]—.

La tradición así concebida es huésped y adversario de la modernidad: es su línea de sombra que pide reconocimiento para evitar tanto el orgullo irresponsable de la racionalidad abstracta con sus pretensiones simplificadoras, como el regreso arcaizante a la búsqueda, hoy otra vez, de arquetipos subconscientes.

III

El marco teórico diseñado por esas relaciones entre tradición y racionalidad moderna permite desarrollar una reflexión crítica sobre el alcance de la generalidad moderna y sobre su temporalidad. Esta reflexión puede oponerse a las retóricas maniqueas de la modernización y, por consiguiente, entrar críticamente en los universos fundamentalistas en vez de limitarse a desautorizarlos. Puede también abordar el análisis de la modernidad como proceso discursivo en el que se decantan actitudes, se forman valores y se articulan estrategias a través de las cuales se han formado las *diversas culturas modernas,* a las que debe acercarse en su variedad[39]. Con ello, se otorga carne y sangre, concreción y contenido, a lo moderno,

---

36/ MARX, 1972, p. 31.

37/ Así parece indicarlo el texto de la *Ideología Alemana* ya citado, donde se habla de la noción de *comportamiento* como distinta de la del animal y parece envolver una idea de mediación en la relación con la naturaleza que se comparte con otros. Es interesante señalar que una frase escrita en ese contexto por Marx, «Mi relación con mi ambiente es mi conciencia», que parece implicar una dura inmediación, fue posteriormente suprimida por el autor. De todos modos, Marx no parece que leyera a Vico antes de 1862.

38/ Sobre la debatida influencia de J. De Maistre en Baudelaire, ver SARTRE, 1968, pp. 55-60; 84 ss.

39/ Es paradójico que los procesos de modernización se sigan viendo bajo el prisma de la uniformidad. Los trabajos de Gramsci sobre la formación del Estado italiano siguen siendo el análisis de una excepción. Sin embargo, interrogantes parecidos pueden plantearse en otros casos. Este afán de uniformidad se advierte en otras esferas, por ejemplo en el arte, en el que las grandes tipologías se tratan como conceptos y en muchas ocasiones funcionan como pantallas que ocultan la obra. Sin considerar las variadas formas políticas desde las que se accede a la modernización y los distintos modos de modelar identidades modernas el intercambio con las *otras* culturas se hace imposible. No es que se rompa la conversación, sino que no hay condiciones para ella.

siempre tocado fatalmente por la abstracción, porque descubre en su interior diferencias desde las que la comunicación se hace más rica. Una consecuencia de ello, no la menos importante, sería la crítica de los factores de dominación presentes en la generalidad de la sociedad y de la racionalidad modernas: cuando las críticas globales a esta sociedad no parecen posibles y tampoco las propuestas de metas únicas, esta comunicación que parte de la diferencia —de situación y pertenencia cultural, de valores y fines— entre individuos y grupos, sustituye el orgullo utópico —que intentó hacer real lo posible con costes que él mismo ignoraba— por un ejercicio de la prudencia, que lucha por una vida decorosa[40] para la que no hay modelo ideal único.

Este ejercicio de la prudencia está presente en la reflexión de Kant sobre la historia moderna y la revolución. En 1784 diseña una idea de historia hasta cierto punto ajena a las ilusiones ilustradas. Está convencido de la discontinuidad de su época, de su *actualidad,* y de que el rumbo de ese tiempo puede discernirse por la razón[41]; pero esto dependerá más de conductas humanas que de una visión metafísica de la racionalidad[42]; la autonomía racional marca un quiasmo en la historia[43], pero la aproximación a ésta es reflexiva desde dos puntos de vista: se basa en una teleología subjetiva y se reconstruye gracias a una escritura consciente[44]. Con estos supuestos no extraña que, en 1798[45], niegue que el progreso sea un concepto empírico y que la evolución histórica dependa de una *disposición* humana hacia el bien: ni tendencias históricas como leyes naturales, ni construcción histórica como razón triunfante[46]. Lo decisivo de la Revolución es que establece una novedad —el afán humano de autonomía— que perdura como *signo y* que *puede ser reconocido como valor moral*[47]. Aunque en 1784 recurriera al señorío de la razón —Herder lo denuncia como dominación—, al trasladar el acontecer a la reflexión y separarlo de automatismos causales y de ideas objetivistas del valor, previene de las tentaciones autoritarias de la racionalidad moderna y, sobre todo, descubre el *tiempo* de las nuevas transformaciones. Es un tiempo de riesgos, porque las

---

40/ Entiendo el concepto tal como se expone en I. BERLIN, *El fuste torcido de la humanidad,* trad. de Álvarez Flores, Península, Barcelona, 1992, pp. 21-37.

41/ KANT, 1981, p. 58.

42/ *Ibidem*, p. 51. Ver FOUCAULT, 1991, p. 199.

43/ KANT, 1981, p. 57.

44/ VEYNE, 1986, pp. 30-31, nota y KANT, 1981, pp. 57-64.

45/ KANT, 1981, pp. 95 ss.

46/ Aunque la idea de quiasmo y del magisterio de la razón nunca borrará de ésta totalmente un cierto sentido de señorío o dominio. Así leyó, por ejemplo, Herder el «Sexto principio» de *Idea de una historia universal en un sentido cosmopolita*. Ver HELLER, 1982.

47/ KANT, 1981, pp. 105-107.

decisiones no están protegidas por el progreso ni por la naturaleza, y un tiempo que exige una comprensión reflexiva, pues sólo en ella aparece su valor moral. Un tiempo, pues, vinculado a la noción de prudencia, porque no puede cerrar ni su pasado ni su futuro. Es un presente siempre abierto para el que el pasado no se diluye en fatalismo ni en olvido —pervive como situación o como signo— y cuyo futuro es decisión que no cabe entregar a valores ni a tendencias presuntamente objetivas.

IV

1. Este tiempo abierto es, por lo demás, característico de la modernidad, dada la novedad que presenta, aunque frente a él se hayan reiterado los intentos de cierre. Estos conatos no son privativos del pensamiento conservador. Voy a centrarme en él, sin embargo, porque creo que es el que ha generado consideraciones más ricas sobre la tradición que, además, han tenido notable influencia; por pensar que las soluciones que proponen son falsas salidas aunque tentadoras y, sobre todo, porque, pese a su alegato antimoderno, son hijas de este tiempo y algunas de sus consecuencias pasan demasiado inadvertidas.

Me parece que esto puede decirse de Joseph De Maistre en la medida en que percibió con extraña lucidez la novedad de la Revolución: la veía políticamente en precario, pero estaba convencido de que había introducido valores —para él, desorden— morales y culturales que no tenían retorno. Cree vivir, por tanto, tiempos críticos, de renovación: «o se va a formar una nueva religión o el cristianismo será rejuvenecido de un modo extraordinario»[48]. Su solución de futuro es un nuevo Estado de cristiandad, pero basado en la autoridad y el liderazgo. La nueva cultura de la libertad individual exige actuaciones autoritarias: la de líderes iluminados, la de un poder absoluto que se levante «entre dos abismos» —el de la arbitrariedad y el del desorden[49]— o la intervención del ejército —que ha perdido su legitimación como estamento de la nobleza[50], pero se mantiene como instrumento providencial para la defensa de la nación y el mantenimiento del orden[51]—. Cree decisiva la nuda actuación coercitiva del Estado: de ahí su canto a la figura del verdugo,

---

48/ De Maistre, 1990, p. 55.

49/ De Maistre, 1845, p. 172. Maistre pensaba que la monarquía, al lograr la centralización propia del Estado absolutista había debilitado a la nobleza y al tercer estado, arruinando toda posibilidad de consenso y condenándose a un juego recurrente de inactividad y represión (Jean Louis Darcel, 1992, p. 29), de ahí la arbitrariedad. El desorden va incluido en la misma idea rousseauniana de soberanía (De Maistre, 1992).

50/ De Maistre, 1966, p. 170.

51/ De Maistre, 1990, pp. 16 ss.

«horror y nudo de la asociación humana»[52], y la necesidad de castigo, pues «partout oú il n'y a pas sentence, il y a combat»[53].

Su oscuro pronóstico sobre la modernidad brota, en primer lugar, de una peculiar debilidad de la racionalidad moderna. De Maistre fue lector de Vico[54]. Éste habla de la «barbarie de la reflexión»[55], distintivo de las épocas en que la razón formal domina sobre el talento poético, esto es, sobre la capacidad fundacional del lenguaje. Estas épocas valoran la ciencia, el derecho racional, los intercambios igualitarios[56], pero no promueven una política que aúne voluntades; Vico las ve limitadas al cálculo y a la defensa de intereses particulares, y así los antiguos vínculos sociales se disuelven en enfrentamientos entre individuos, por lo que la vida social se descontrola y autodestruye. En clave de este desastre se escribe el primer capítulo de las «Consideraciones sobre Francia»: la Revolución es una ola que nadie puede gobernar y arrastra aun a sus propios dirigentes. La filosofía ilustrada, como la exigua reflexión descrita por Vico, es «potencia esencialmente desorganizadora»[57], pues *se ha limitado a representar el mundo en lugar de ordenarlo.* De Maistre separa al pensador político del político como tal: Montesquieu —es su ejemplo— es a Licurgo, lo que Batteux —crítico al que debemos la noción de «Bellas Artes»— a Homero[58]. Los ilustrados carecen de capacidad para crear y de la voluntad que hace valer la creación: «dos pequeñas cosas faltan a la filosofía para poder crear palabras: la inteligencia que las inventa y el poder que las hace adoptar»[59]. Significar no es aplicar y pensar no es representar; lo esencial, en ambos casos, es la creación y ésta es claramente poder de la voluntad.

La Ilustración no comprende esto porque *tiene una confusa conciencia de la relación del pensamiento con la voluntad.* De Maistre no duda de qué voluntad alienta en el pensamiento ilustrado: éste no es sólo esfuerzo crítico del entendimiento, sino búsqueda del libre ejercicio de la razón, búsqueda de autonomía. Esta idea anima su tediosa crítica a Locke[60]: tras los argumentos escolásticos late la acusación del afán por lograr un conocimiento del que sólo sea responsable el ser humano; toda la obra de Locke, afirma al fin, nace de un espíritu «enemigo de

---

52/ DE MAISTRE, 1966, p. 23.
53/ DE MAISTRE, 1845, p. 164.
54/ BERLIN, 1980, nota 1 a la p. 42. N'GUYEN, 1980.
55/ VICO, 1981, § 1106.
56/ Hay un breve esbozo de ello en las palabras de DE MAISTRE, 1966, pp. 157-158.
57/ DE MAISTRE, 1990, p. 52.
58/ *Ibidem*, p. 65.
59/ DE MAISTRE, 1966, p. 52.
60/ *Ibidem*, pp. 127 ss.

toda autoridad»[61]. En las «Consideraciones», con más dureza, señala el compromiso de los ilustrados con la Revolución: mantenían, dice, que «hay que transigir con cien mil crímenes con tal que seamos libres»[62]; el racionalismo no es una teoría: es práctica y pedagogía contra la autoridad. Pero la Ilustración no es consciente de este impulso de la voluntad. De Maistre critica la confianza ilustrada en el conocimiento como representación —la elevación automática de la evidencia al juicio y de la reiteración de una experiencia psicológica a la predicación— porque tal confianza ignora la fuerza determinativa del concepto (lo que él llama «idea-principio»); así, abandona al conocimiento a la «palabra exterior que niega lo que quiere»[63], es decir, a la palabra que surge mecánicamente de un estado psicológico y prescinde del compromiso y el riesgo de la reflexión[64]: «el pensamiento es el discurso que el talento tiene consigo mismo»[65]. Así, la Ilustración oculta el riesgo de conocer y expresar.

Hay algo más: la ignorancia de los componentes volitivos del saber cierra el camino al autoconocimiento. Éste tiene en cuenta al hombre entero —que conoce, sabe que conoce y se arriesga a conocer[66]— en su medio histórico y cultural concreto, y por eso no se satisface con abstracciones[67]. Quienes confunden el conocimiento con una mera indagación de los conceptos de la conciencia no salen de la abstracción y ésta fracasa no sólo por carecer de densidad ontológica, sino porque suprime las condiciones en las que los hombres piensan y, sobre todo, aquéllas variadas e impredecibles —para bien y para mal— en las que llegan a crear. Por ello contrapone a la noción ilustrada de *hombre*, los *individuos* reales que viven, hablan y se hacen en una cultura. Y por ello, cuando De Maistre dice, respecto a los «límites del conocimiento humano», que «la suma temeridad está en quererlos fijar y que la misma expresión no tiene sentido propio»[68], no está pensando en una inescrutable providencia sino en un concepto de actividad humana que no puede limitarse de antemano a condiciones establecidas *sólo* por el conocimiento.

El concepto ilustrado de causa es, para De Maistre, un síntoma de la escasez reflexiva y exigüidad de supuestos de tal pensamiento. Aquel concepto fracasa porque pretende explicar la causación con relevancias tomadas de antemano

---

61/ *Ibidem*, p. 143.
62/ DE MAISTRE, 1990, p. 10.
63/ DE MAISTRE, 1966, p. 141.
64/ *Ibidem*, pp. 137 y 129.
65/ *Ibidem*, p. 59. Una expresión análoga puede encontrarse en Herder y es elemento decisivo de la teorización de Herder sobre el lenguaje: HERDER, 1982, p. 158.
66/ DE MAISTRE, 1966, p. 228.
67/ DE MAISTRE, 1990, p. 67.
68/ DE MAISTRE, 1966, p. 143.

—de acuerdo a un concepto puro— o con correlaciones separadas del dinamismo de lo real. Así no pueden explicarse las acciones humanas: un valor puro, separado de intereses concretos, no da cuenta de los avatares políticos de las coaliciones regias[69] y no son los resultados empíricamente comprobables los que deciden la suerte de una batalla, sino la opinión que sobre ella tengan los propios contendientes[70]. En ambos casos los supuestos volitivos son decisivos. Por eso aquella noción de causa tampoco puede explicar la novedad en la historia: esclarecerá los nexos de una acción mecánica,[71] pero no de una creación. La racionalidad ilustrada fracasa porque no ve más allá de lo que representan sus conceptos: así convierte al objeto del conocimiento en ídolo —al atribuirle una actividad propia de la que carece[72]— y somete la conciencia del agente humano al fatalismo, porque lo enreda en los lazos de una necesidad natural que se le antoja insuperable: es el engaño de «quien se deja dominar por la fría diosa»[73].

El fracaso de la racionalidad ilustrada, en conclusión, está en limitarse a un conocimiento como representación que olvida que es hechura humana. Olvido que le impide considerar las dimensiones inventivas del conocimiento, los elementos activos de la reflexión y las potencialidades de la voluntad. Lo peor es que tal racionalidad, aislada de las potencialidades humanas, *se incapacita para sondear críticamente el impulso de la voluntad que la anima y para controlar, por tanto, las situaciones que provoca.*

2. A este diagnóstico, sin duda brillante, de la razón ilustrada añade De Maistre una restauración de la *philosophia perennis*. Pero la expone con un interesante dislocamiento. El carácter creador que ha venido atribuyendo al conocimiento se presenta, en los supuestos de esta filosofía, como noción ontológica de verdad y una idea de conocer como participación. El pensamiento ontoteológico ordenaba mediante la analogía esta condición creadora del conocimiento a un tiempo humana y divina. Pero De Maistre sabe que eso no es ya posible. En aquel universo no cabían dudas sobre la centralidad del misterio; la analogía ordenaba en torno

---

69/ *Ibidem*, p. 166.

70/ *Ibidem*, p. 167 Esta opinión es dada por Tolstoi en *Guerra y Paz* y parece que la tomó de De Maistre.

71/ Un «Vaucanson», DE MAISTRE, 1990, p. 7.

72/ DE MAISTRE, 1966, p. 228. Alude a Malebranche; el alcance de la causalidad científica es una preocupación reiterada en la época. Pueden verse los comentarios de Berlin a Hamann (ver BERLIN, 1991, pp. 162-188 y 1993). En sentido no ontológico, sino epistemológico y práctico, se encuentra la discusión en Schiller sobre el espíritu especulativo y profesional, en la sexta de sus «Cartas sobre la educación estética de la humanidad».

73/ DE MAISTRE, 1966, p. 168.

a él los diversos saberes y garantizaba la diacronía y sincronía del sistema; el estatuto de cristiandad trasladaba este orden a una sociedad jerarquizada. Pero a la centralidad del Dios de la revelación *ha sucedido* la centralidad de la conciencia individual y al estatuto de cristiandad el orden del individuo. Es un cambio de mentalidad y no una consecuencia de la débil filosofía ilustrada. Cuando en una de las «Veladas», el Barón ruso defiende el iluminismo como religiosidad en la que el sentimiento llega a conectar con el *ordo redemptionis* y a penetrar en la solidaridad mística de los redimidos, el Conde saboyano —doble de De Maistre en la obra— afirma tajantemente que tal religiosidad prescinde del misterio y tiene el mismo odio a la autoridad que la nueva filosofía[74]. El individuo moderno es quien rompe las articulaciones del universo cristiano. De Maistre mantiene la creatividad del conocer: el *'intellectus agens'*[75] sigue siendo chispa divina, acto del alma inmortal que incorpora el hombre al Ser; pero sabe que esa creación se corrompe con la autonomía del individuo: más que por la nueva filosofía, por las prácticas científicas, sociales y artísticas modernas que consagran tal autonomía.

¿Cómo prevenir esa degradación que introduce la autonomía individual? Sin recurso posible a la analogía, De Maistre resuelve el problema con una brutal alternativa: o se acepta sin más la autoridad de Dios o nos hundiremos en el pozo sin fondo de los violentos instintos de la voluntad. De Maistre revela aquí su temple saturniano pero, sobre todo, diseña un discurso acorde a la novedad de la época. Su crítica a la racionalidad ilustrada adquiere nuevo sentido: le ha revelado el atrevimiento implícito en el conocer; mostrándole la voluntad que la anima, la ha llevado al punto cero de la creación, al espacio donde la invención no tiene la coartada de la representación, y en esa tierra de nadie la enfrenta a la alternativa entre violencia y sumisión.

De Maistre no busca restaurar la fe. Cuando dice que «es necesario subordinar todos nuestros conocimientos a la religión»[76] y que «se estudia orando», no piensa —como pudo hacerlo Hamann— en el valor cognitivo de la fe: pide simplemente sometimiento. La idea de que vivimos en el misterio porque la verdad nos trasciende, pues antes de conocerla estamos ya en ella, la convirtieron los románticos en clave de la reflexión; la idea de una verdad que no podemos dominar, pero sí decir, y que sugiere que al ejercitar la capacidad de juicio u ofrecer una obra de arte estemos cruzando —tal vez tendiendo de modo blasfemo— puentes

---

74/ *Ibidem*, pp. 250-251. Maistre, sin embargo, perteneció en los años inmediatamente anteriores a la Revolución a una secta masónica de corte místico, influida por el esoterismo alemán.

75/ *Ibidem*, p. 142.

76/ *Ibidem*, p. 228.

sobre un abismo que la conciencia no puede precisar, es un valor típicamente moderno. Un valor que oscila entre la gratuidad del arte y su satanismo. Es una raíz del halo de culpa que rodea la incertidumbre de cada creación en el arte y de cada opción en la vida. La noción de reflexión romántica y esta convicción de que el habla auténtica carece de suelo propio marcan sucesivamente la dolorosa liberación de la conciencia moderna respecto a la representación. De Maistre muestra este vacío, pero para romper de inmediato su ambivalencia invocando la absoluta necesidad de sometimiento.

El discurso se cierra con la noción de voluntad: ésta es el mal y el desorden. Esta convicción, que pervive en los autoritarismos modernos, desborda la antigua noción de pecado y la inquietud romántica por el lado oscuro de la conciencia: el mal de la voluntad está en su condición instintiva, que brota a su vez de la más pura animalidad; la voluntad está inmersa en la violencia de la vida:

> En el vasto dominio de la naturaleza viviente reina una violencia manifiesta, una rabia prescrita, que arma a todos los seres *in mutua funera;* desde que salís del reino insensible, os encontráis con el decreto de la muerte violenta escrito sobre las fronteras mismas de la vida[77].

Así se pierde la dialéctica entre finitud e infinitud, gozo y culpa de la creación y se disuelve el nexo entre racionalidad y tradición mediante una nueva palabra que llega a compartirse pese a saberse gratuita. Queda sólo la degeneración de la voluntad, apoyada en un discurso sobre el origen, cuyo único remedio es la práctica del castigo[78] y la conversión del saber a mera aceptación de la autoridad.

Con ello se rompe también el primer nexo señalado entre tradición y racionalidad moderna. La tradición ya no es la corriente profunda en la que se forma el pensamiento autónomo; se convierte en depósito originario en el que yacen fragmentos de una revelación divina primigenia[79]. Pero esos fragmentos no son las *voci mentali* de Vico[80] ni la palabra de Dios en la historia —como pensaba Hamann—. Para De Maistre, la primera y única palabra es el dogma,

---

77/ *Ibidem*, p. 162.

78/ La obsesión por el sufrimiento gratuito como justificación de la maldad de la voluntad llega hasta el sadismo en DE MAISTRE (1966, pp. 78-79). Por lo demás, la guerra es considerada por él como el gran castigo, «el género humano puede ser considerado como un árbol que una mano invisible poda sin cesar y que gana a menudo con esta operación. Verdaderamente, si se toca al tronco o se desmocha la copa, el árbol puede perecer ¿pero quién conoce los límites del árbol humano?» (DE MAISTRE, 1990, p. 33).

79/ «La época de la intuición». DE MAISTRE, 1966, p. 41.

80/ VICO, 1981, § 161-162.

código exclusivo desde el que se puede rastrear, en las diversas culturas, el saber original otorgado a los hombres y perdido por ellos[81]. Tal dogmatismo se extiende a la vigencia de las instituciones históricas. De Maistre las celebra cuando su facticidad desafía toda racionalización: monarquía hereditaria, matrimonio o constitución no escrita[82] son instituciones que persisten por encima de toda razón y que por ser absurdas son signos del misterio. No es el misterio de la Providencia de Vico: aquí no hay atención a lo empírico ni esfuerzo de la imaginación (*fantasía*) para comprender otras formas de acción inteligente; hay sólo un deleite en la paradoja.

Este recrearse en la paradoja no es mera afirmación de lo irracional, sino algo que fortalece psicológicamente la estrategia discursiva de De Maistre. Ésta ha acercado el pensamiento autónomo a la voluntad y enmarcado ésta última en el mal; se despiertan así los ecos de la incertidumbre y de la culpa, como hemos visto; ahora se les ofrece el bálsamo de la seguridad: la persistencia de lo irracional, el deleite en lo paradójico exige el sacrificio del pensamiento autónomo, pero ofrece a cambio la seguridad de lo dado, de lo incomprensible. La eficacia psicológica de este recurso pervive en el culto al sufrimiento de la religiosidad tradicionalista del XIX, en la moral pública de los fascismos y en las posiciones ideológicas y políticas que piden el sacrificio de fines individuales a la grandeza de un ideal inalcanzable.

En este marco se comprende que, para De Maistre, el Estado se aparte de toda deliberación —«hay una verdad tan cierta en su género como una proposición matemática; es la de que ninguna gran institución resulta de una deliberación»[83]— y tenga como única base la dominación, «la soberanía», dice, «se *toma,* jamás se da»[84]; «el pueblo se hace por el soberano, el soberano se hace por el pueblo, uno y otro se hacen para que haya una soberanía»[85]. Tal Estado autoritario se legitima mediante una sublimación como la que acabamos de ver:

> el gobierno es una auténtica religión [con] sus dogmas, sus misterios, sus sacerdotes. Someterlo a la discusión [...] es destruirlo. Sólo le da vida [...] una fe política de la que es un símbolo[86].

81/ De Maistre, 1966, p. 236; comparar con las alusiones a Homero, p. 237 y a Virgilio, pp. 242-243.
82/ *Ibidem*, pp. 200-201; y De Maistre, 1990, p. 73.
83/ De Maistre, 1990, p. 73.
84/ De Maistre, 1966, p. 200. Subrayados de De Maistre.
85/ De Maistre, 1845, p. 165.
86/ Citado por Berlin, 1990, pp. 125-126.

Esta dominación contará con el estadista adecuado:

> [un] hombre revestido de un poder indefinible: habla, se hace obedecer [...] opera por instinto y por impulso más que por razonamiento y no tiene otro instrumento de operar que el de una cierta fuerza moral que pliega las voluntades como el viento doblega las mieses[87].

No es el héroe de Vico ni sus monarcas para épocas de crisis[88]; es el déspota moderno, el dictador, cuya inspiración providencial lo pone por encima de cualquier debate que se legitima con el lenguaje de los hechos, pues «produce obras cuya fuerza y duración asombran a la razón»[89].

De Maistre es un pensador moderno por su visión del presente y por rechazar el consuelo de una vuelta al pasado. Lo es también por su estrategia discursiva: por su empleo de los conceptos, su capacidad para crear las condiciones de recepción del discurso y para cerrarlo. Modernidad sombría, pero modernidad. Su estrategia interviene la relación entre modernidad y tradición: lo demuestra en su crítica de la noción de representación frente a la voluntad y en la idea de que el tiempo de la autonomía es también tiempo de incertidumbre. De ambas nociones se deriva la convicción de la imposibilidad de descansar en concepciones globales de la realidad. Pero todas esas iniciativas no desembocan sino en brutal cierre de su pensamiento: con la reducción de la autonomía racional del individuo a la degradación de la animalidad, el polo de la modernidad queda invalidado y el de la tradición congelado en dogma. La estrategia es eficaz porque libera de la incertidumbre del ejercicio de la racionalidad y de la amenaza de otras formas de tal ejercicio. Tal estrategia fue la de los fascismos: maldad radical del hombre, miedo al debate, gozo del autosacrificio, líder providencial. Nada dice que no pueda alimentar a los fundamentalismos y a la autoafirmación de culturas que sientan amenazadas sus señas de identidad.

De Maistre nos enseña algo más. Su figura es un hito en el siglo XIX francés al señalar la incertidumbre en la que crece la modernidad. Esta incertidumbre es patente en Baudelaire. Su desconfianza en la naturaleza —simple diccionario o almacén que sólo la imaginación puede transfigurar y recrear[90]— combinada con un sentimiento de terror —la naturaleza humana es también aquí

87/ De Maistre, 1990, pp. 63 y 65.
88/ Vico, 1981, § 1104.
89/ De Maistre, 1990, p. 54.
90/ Baudelaire, 1992, pp. 755 y 757.

animalidad[91]—, su crítica al progreso —falsa ilusión de poder superar a la naturaleza[92], que al fin no es sino olvido de la propia capacidad de desear[93]—, su convicción de que no es posible descansar en las grandes visiones románticas o idealistas, sino sólo en la imaginación y la alegoría[94], son ideas típicamente maistreanas. Pero Baudelaire, desde este posicionamiento radical frente a la modernidad ilustrada, proporciona un *lenguaje a la modernidad.* Es un lenguaje, hoy posiblemente agotado, cuyo interés no consiste tanto en haber inspirado varias décadas de la conciencia y el arte del siglo XX, sino en hacer ver que sólo un habla que ofrece nuevas síntesis y se arriesga así a la comunicación puede establecer nuevas relevancias que los universos formales niegan[95]. Quizá pudiera verse el XIX francés como elaboración de una tradición de la modernidad hasta alcanzar una secularización que se interioriza con el *affaire Dreyfus,* con la consolidación de un lenguaje científico (Poincaré), con una pintura autorreflexiva (Cézanne) y con un lenguaje poético que también se sabe creación radicalmente precaria, es decir, poco más que una espuma[96]. Esta elaboración proporciona anclajes propios a la modernidad, aunque desde el punto de vista reflexivo que veíamos más arriba. Tal vez quepa hablar de una *tradición moderna* que sería el mejor mentís a De Maistre y a sus reduccionismos. La figura de Baudelaire, sin embargo, sería hoy sólo un índice: la fugacidad de su tiempo hoy se multiplica y a ella ha de añadirse la diversidad de espacios en las que la inventiva humana se manifiesta. Pero la respuesta al fenómeno del mestizaje ha de ser tan audaz como en otro tiempo lo fue la lenta edificación de la identidad moderna.

91/ Carta a Alphonse Toussenel: «¿Qué es eso del hombre *naturalmente* bueno? ¿Dónde se lo ha conocido? El hombre naturalmente bueno sería un *monstruo,* quiero decir, un *Dios*» (BAUDELAIRE, 1992, p. 919). En los textos del artista moderno puede leerse que la naturaleza es un impulso que «*constriñe*» a vivir y a vivir a cualquier precio, que «*empuja*» al ser humano a «matar a su semejante, a devorarlo, secuestrarlo o torturarlo». Es, concluye, la consejera del crimen (BAUDELAIRE, 1992, pp. 809-810). Todos los subrayados son de Baudelaire.

92/ *Fusées,* XIV, p. 387 de la edición citada.

93/ BAUDELAIRE, 1992, p. 725.

94/ JAUSS, *Las transformaciones de lo moderno,* trad. de Sánchez Ortiz de Urbina, Visor, Madrid, 1995.

95/ Ver el trabajo de F. HARTOG, *El ojo del historiador y la voz de la historia* (en TODOROV [ed.], *Cruce de culturas y mestizaje cultural,* trad. A. Desmonts, Júcar, Barcelona, 1988, pp. 71-90), que examina los sucesivos corsés discursivos en los que se escribe la historia en la Francia del XIX.

96/ MALLARMÉ, *Obra poética,* trad. de Silva Santisteban, ed. Bilingüe, Hiperión, Madrid, 1994, 4ª ed., pp. 26-27.

V

1. Burke, con sus escritos sobre la Revolución, ejerció una poderosa influencia sobre Maistre, que vio en ese trabajo una confirmación de sus ideas. Sin embargo, no pueden ocultarse las diferencias que separan a nuestros dos autores. Burke es un liberal, empirista convencido y lleno de buen sentido. Su percepción de la novedad de la revolución no es tan clara: la ve desde una historia diferente y cree que la situación en Francia está abocada a la emergencia de un dictador militar[97]. Habla desde una cultura liberal, que tiene sin duda interrogantes, pero también clara conciencia de su práctica política. Quizá por eso su discurso no recurra, como el de De Maistre, a extremos y se mueva en el ámbito de la prudencia política. En esta prudencia y aquella experiencia práctica liberal radica su interés. El discurso de Maistre se reencuentra en las dictaduras modernas; el de Burke en el liberalismo, que algunos llamaron de guerra fría[98], como el de Popper o von Hayek, preocupado por aspectos autoritarios de la racionalidad moderna.

Burke también rechaza la representación moderna, al menos en su versión más automática del concepto lockeano de reflexión: «la naturaleza es sabiduría sin reflexión y por encima de ella»[99]. Esta sabiduría tiene ecos del emotivismo de Hutcheson y de la tradición platónica británica. Es una sabiduría exigida por una visión de la realidad análoga a la *natura naturans*, que fluye, crece, se desarrolla y se renueva, por lo que no puede captarse por un entendimiento analítico que pretenda descansar en sus regularidades. Una realidad así requiere —especialmente en lo que concierne a la convivencia humana— una comprensión activa que observa —desde dentro, no como espectador indiferente—, propone y regula. Tal comprensión busca un principio general de interpretación, un «principio director»[100], observa los diversos componentes —algunos en mutua oposición—, reflexiona sobre ellos y modifica puntualmente su equilibrio. Así, «mediante un progreso lento pero sostenido, vigila el efecto de cada paso: el buen o mal éxito del primero nos ilumina para dar el segundo y así de luz en luz, somos guiados con seguridad»[101]. Sin duda hay supuestos metodológicos finalistas, pero —como

---

97/ Utilizo dos ediciones de las *Reflexiones* de Burke, que se citan en la bibliografía. En muchas ocasiones citaré las dos ediciones, como ahora: BURKE, 1984, p. 232 / 1790, p. 318.

98/ DUNN, 1985, cap. 9, pp. 164 ss.

99/ «... nature which is wisdom without reflection and above it». BURKE, 1984, p. 69 / 1790, p. 47.

100/ «presiding principle», «ruling principle». BURKE, 1984, p. 189 / 1790, p. 250.

101/ BURKE, 1984, p. 188 / 1790, p. 249.

también ocurre en Addison— han perdido su valor ontológico y su vigencia es la de un modelo conscientemente prospectivo.

Este conocimiento es una forma de prudencia: prioriza el saber de los riesgos sobre el de nexos o regularidades. Tal prudencia, sin embargo, sabe que los riesgos se suprimen sólo mediante conductas consolidadas que los eviten. Los hitos de seguridad no los ponen dogmas o autoridades ni los fijan conceptos puros o referencias naturalistas: son prácticas sociales, políticas, jurídicas que encauzan el cúmulo de interacciones no previsibles de aquel proceso. La reivindicación burkeana de la herencia[102] defiende un modo de vida acuñado por sucesivas generaciones: «quienes no miren por sus antepasados no mirarán por su posteridad»[103].

Este conjunto de prácticas consolidadas que asegura el funcionamiento del organismo social y garantiza la identidad de sus componentes no lo tiene la Revolución. Ésta se apoya siempre en principios generales, pero esto no evita que Francia esté entregada a una «especulación carente de respaldo de experiencia»[104]. En Burke no hay crítica epistemológica de la noción de causa; critica el proceder revolucionario desde la propia experiencia política de las prácticas liberales: esto le basta para afirmar que lo que en Francia se está haciendo sólo es un experimento, algo «sometido a prueba»[105]. La seguridad de Burke se apoya en una experiencia específica, un conocimiento de las interacciones de la vida política y social, un saber no sólo del objeto sino de las posiciones subjetivas ante el mismo. La *prueba* de la que carece la Revolución y que sí tiene el sistema británico no es *sólo* la que proporciona la observación frente a la que dan los principios abstractos; es la que se logra en la práctica política desplegada en relaciones interindividuales y que llega a precipitar actitudes a través del hábito; todo un proceso que la reflexión persigue tanto en sus aspectos objetivos como subjetivos. Burke critica el proyecto republicano de territorialización y representación por no tener ese respaldo. Gobierno, representantes y administradores precisan una preparación específica porque «han de tratar con hombres y están obligados a estudiar la naturaleza humana», lo que equivale a decir que «han de tratar con ciudadanos y están obligados a estudiar *los efectos de aquellos hábitos que son*

102/ Para Burke, el espíritu que mueve a la Revolución Británica, a la limitación de los derechos del rey y que inspira la codificación del derecho consuetudinario es la idea de una libertad heredada: «vuestros súbditos, dice el Parlamento al rey, han heredado esta libertad, y reclaman sus franquicias no basándose en principios abstractos como 'los Derechos del Hombre', sino como derechos de los ingleses y como patrimonio derivado de sus antepasados» (Burke, 1984, pp. 66-68).

103/ Burke, 1984, p. 69 / 1790, pp. 47-48.

104/ «untried speculation». Burke, 1984, p. 185 / 1790, p. 244.

105/ Burke, 1984, p. 184 / 1790, p. 242.

productos de las circunstancias de la vida civil»[106]. Es una experiencia práctica y reflexiva que, si un sistema de gobierno la olvida, al ignorar modos de vida, creencias y costumbres, su eficacia administrativa será demasiado parecida a la de la dominación colonial[107].

El discurso de Burke se mueve en la que he señalado como primera oposición entre tradición y modernidad: que la racionalidad se ejerce en y sobre los modos de vida tradicionales. En Burke hay un discernimiento racional de la tradición en el que la prudencia coloca los límites de la acción posible y la experiencia práctica su valoración reflexiva. La base tradicional se hace valer porque es la que fija emocional y afectivamente los límites que descubre la primera y las actitudes que advierte la segunda. La emoción es quien fija los objetos de la tradición. Los prerrománticos alemanes reaccionaron ante el despotismo ilustrado idealizando las comunidades naturales; la requisitoria de Burke ante la Revolución invoca los contextos sociales en los que la actividad política es posible, porque son posibles relaciones interactivas, de mutuo reconocimiento. El afán jacobino de construir una sociedad desde cero, la «limpieza de lienzos»[108], no se critica sólo epistemológicamente —como hace Popper—: no se rechaza sólo porque no es posible un ejercicio de la racionalidad que parta de la nada, sino porque hay aspectos de la interacción con la realidad, subjetivamente consolidados, que forman la textura simbólica y emocional de la sociedad y que no pueden ignorarse. De ahí la acusación a la Revolución como sistema «hijo de corazones fríos» que abandona cuanto «suscita afecto a la comunidad»[109]. La importancia dada a estas dimensiones emocionales no transfigura la sociedad —en la que se afirma el peso de la Ley que limita derechos que pudieran reconocerse al «individuo natural»[110]—, sólo descubre un medio que facilita la «combinación y oposición de intereses»[111] porque permite procesarlos por medio de compromisos y no de acuerdos decisorios. La tradición como base emocional de mutuo reconocimiento permite una sociedad liberal plural sin recurso a la democracia. Burke prefiere este liberalismo tradicional y no democrático, porque cree que hace «impracticable para siempre todo ejercicio del poder arbitrario por parte de los pocos o de los muchos»[112].

106/ BURKE, 1984, p. 201 / 1790, p. 273 (subrayado mío).

107/ BURKE, 1984, p. 200.

108/ BURKE, 1790, p. 254. Una metáfora que es frecuente encontrar en los escritos de Popper.

109/ BURKE, 1984, pp. 108-109 / 1790, p. 115.

110/ BURKE, 1984, p. 92.

111/ *Ibidem*, p. 70 / 1790, p. 50.

112/ BURKE, 1984, p. 71 / 1790, p. 51. Una consideración parecida puede leerse en los discursos sobre las colonias americanas.

2. Este emotivismo es característico del pensamiento británico del XVIII. Lo encontramos en Hutcheson y en Hume. Burke le da tanto alcance que lo convierte en la base de su teorización de la sociedad. Burke distingue a la sociedad civil de la asociación natural y de cualquier asociación para fines concretos[113]. La sociedad civil se diferencia de éstas, porque busca la consecución de «toda ciencia y todo arte, toda virtud y toda perfección»[114], y de aquéllas porque no se basa en voluntades aisladas sino en un «juramento inviolable»[115] que mantiene las relaciones básicas entre las cosas. La generalidad de sus fines y el carácter básico de esas relaciones ponen a la sociedad civil por encima de decisiones concretas: una sociedad histórica, como Francia, no puede elegir sin atender antes a los lazos que unen a la sociedad global cuya generalidad escapa al análisis racional[116]; un Estado que ignore que está situado en esta red de relaciones que le es anterior lógica y temporalmente puede ser combatido en virtud de la ley general de la sociedad, que es «anterior a toda deliberación y que no admite discusión ni exige pruebas»[117]. Ni la generalidad de los fines de la sociedad civil ni las relaciones básicas que preserva pueden aprehenderse por la abstracción, sino, respectivamente, por un análisis reflexivo que se esfuerza en la consideración del todo y las partes y por la aceptación de un sentido de pertenencia al todo que es anterior al análisis y a la acción sociales. La sociedad se presenta como un todo articulado que exige más que solidaridad interindividual, una lealtad inicial de los individuos a la corporación y de ésta a la totalidad[118]. Tanto el análisis reflexivo como aquella aceptación inicial de pertenencia a la sociedad indican cuánto hay de emotivismo en la captación burkeana del objeto sociedad civil. Esto se ratifica con el sentimiento religioso que rodea este objeto: las ideas de totalidad social y pertenencia recuerdan y rinden homenaje al «Instituidor, Autor y Protector de la sociedad civil»[119].

Hay que especificar bien esta sanción religiosa. Burke pide veneración y respeto, porque la sociedad es ámbito de realización de fines morales cuyo valor reconocemos, pero que no podemos detectar ni precisar de antemano. La sociedad aparece entonces como totalidad que nos trasciende. No es una trascendencia metafísica, sino que se deriva a la vez de la apertura de la sociedad y de nuestra

---

113/ BURKE, 1984, p. 125.

114/ La diferenciación discursiva llega al énfasis retórico: «a partnership in all Science, a partnership in all art, a partnership in every virtue and in all perfection» (BURKE, 1790, pp. 143-144).

115/ BURKE, 1984, p. 125 / 1790, p. 144.

116/ *Ibid.*

117/ *Ibid.* «... a necessity that is not chosen, but chooses» (edic. 1790).

118/ «corporate fealty» (BURKE, 1984, p. 126 / 1790, p. 144).

119/ BURKE, 1984, p. 126 / 1790, p. 145.

ignorancia. Así, esa trascendencia se traduce en tolerancia, que no es indiferencia ante cualquier creencia, sino convicción de que todas las religiones expresan por diversos caminos[120] el respeto a lo inabarcable de la convivencia humana. Burke incluye en esa veneración a la superstición[121], por considerarla una percepción análoga, aunque en un plano más intuitivo[122].

Desde ahí podemos comprender también la idea de solidaridad, la lealtad burkeana a la sociedad. Si la totalidad social se resiste a toda definición es porque desde antes de empezar a pensar estamos dentro de la sociedad, en ella pensamos y desde su trama y urdimbre, cuyos hilos no podemos conocer plenamente, esperamos ser entendidos. Es el suelo en y desde el que podemos actuar, objetivar aspectos de la realidad, conexiones entre fines, relaciones interactivas o valores, pero sin que lleguemos conocer el todo en su conjunto porque en él vivimos y desde él conocemos.

Este *concepto incognoscible* de sociedad es cierre del discurso burkeano: despliega un terreno cuya existencia e interés puede valorar la tradición y ante el que la racionalidad moderna debe guardar silencio. Pero este cierre es diferente al propuesto por De Maistre. Porque aquí, la totalidad que exige veneración no se asimila a ninguna realidad positiva —el dogma— ni se descalifica radicalmente a alguna capacidad humana —caso de la voluntad—. Se nos invita a dejar el objeto sociedad más allá del pensamiento analítico y objetivador. Por otra parte, lo que en De Maistre se entregaba al verdugo y a la autoridad, aquí se confía al sentido de pertenencia. Se marcan distancias con la sociedad moderna, pero con una noción de prudencia —un negativo de la razón analítica por la peculiaridad del objeto «sociedad»— y una idea de solidaridad —contrapartida, también en negativo, de la voluntad general— que excavan conceptualmente en el escepticismo, algo muy diferente a la sumisión teórica y práctica.

3. Pese a todo, la noción de sociedad es cierre del discurso, porque los conceptos negativos de Burke imponen demasiado pronto silencio a la racionalidad moderna. He señalado que el concepto de totalidad social y la idea de una vida social que precede al concepto están animados por el escepticismo, por la conciencia de que el conocimiento analítico es incompleto y por la convicción de que la relación básica con la realidad es sobre todo emocional y práctica y no se rinde al concepto. Añado, en defensa de Burke, que la noción de globalidad no se vincula necesariamente a un contexto idealista, sino que, en el pensamiento británico, conecta con

---

120/ BURKE, 1984, p. 172 / 1790, p. 222.
121/ BURKE, 1984, p. 180 / 1790, pp. 234-235.
122/ Hay un criterio parecido en ADDISON, 1991.

las nuevas categorías estéticas —iniciadas con Addison en 1712 y desarrolladas por el propio Burke en su juventud[123]— que son reflexivas y no ontológicas. La valoración burkeana del prejuicio y su opción por la jurisprudencia frente a toda declaración de derechos muestran este talante escéptico y reflexivo[124].

Pero en el pensamiento británico, al menos desde Hume, el escepticismo tiene una doble misión crítica: impugna las pretensiones de la racionalidad analítica desde la imaginación, el sentimiento y el hábito, pero también cuestiona desde la racionalidad lo que aquéllos dan por supuesto. Este último aspecto está prácticamente ausente del análisis de Burke, con lo que se interrumpe la fértil relación entre racionalidad y tradición. Sus conceptos negativos son una puerta abierta al futuro, pero Burke no la cruza, sino que permanece en el mundo conocido de su cultura y su pasado. Esto es dramáticamente cierto en su concepción del individuo. Es un aspecto en el que parece advertir el cambio de la modernidad. Intuye que la conducta será impredecible cuando se incorpore al anonimato social abandonando los controles corporativos[125]; teme tal anonimato, cuyos efectos advierte en el proceso revolucionario francés; lo critica y afirma que la igualdad, tomada como algo meramente formal, es demasiado abstracta no sólo para definir derechos, sino para fijar una identidad social[126]; afirma además que tal igualdad, ante la presión de los factores económicos, es «falsa» y «vana»[127]. Pero Burke es incapaz de ofrecer una alternativa. Vuelve casi desesperadamente a la vieja ordenación

---

123/ BURKE, 1987.

124/ Cuando dice que el prejuicio es un depósito de sabiduría que no conviene despreciar —«en vez de denunciar los prejuicios empleamos la sagacidad para descubrir la sabiduría latente que hay en ellos» (BURKE, 1984, p. 117 / 1790, p. 129)— no busca ningún talante peculiar británico, sino un saber reflexivo de contextos. Los prejuicios interesan porque condensan un saber práctico fijado emocionalmente, y así encierran un «motivo que hace actuar a la razón» y «un afecto que le da permanencia» (BURKE, 1984, p. 117/ 1790, p. 130). Lo que se descubre con ellos es el valor de los contextos sociales relevantes, los contextos de relación con la realidad que no se someten al concepto pero que son decisivos para la acción. La limitación de la Declaración de Derechos está precisamente en su ignorancia del contexto y así, pese a ser los derechos tan claros «como rayos de luz que entran en la vida común», sufren la refracción de «la grande y complicada masa de pasiones humanas» (BURKE, 1984, p. 94 / 1790, pp. 90-91) y se quedan en la abstracción. A eso opone la jurisprudencia que es «orgullo del intelecto humano» porque conecta «los principios de la justicia original con la infinita variedad de preocupaciones humanas» (BURKE, 1984, p. 124 / 1790, p. 141: «the collected reason of ages combining the principles of original justice with the infinite variety of human concerns»). La «justicia original» no es aquí una noción esencial, sino que es de hecho un principio regulativo que guía el esclarecimiento de valores y situaciones.

125/ BURKE, 1984, p. 182 / 1790, p. 239.

126/ BURKE, 1984, p. 193 / 1790, pp. 260-261.

127/ BURKE, 1984, p. 72 / 1790, p. 53.

estamental tratando de ofrecer al individuo a la identidad del caballero. La solución es desesperada, porque Burke sabe que «la época de la caballería ha pasado [y] le ha sucedido la de los sofistas, economistas y calculadores»[128] y esto no sólo sugiere un anclaje en el pasado, sino que la buena voluntad *whig* tiene el límite del capitalismo salvaje o, simplemente, el del rigor del mercado. Las tentativas de reivindicación de la autonomía individual que se hacen en la época, incluso desde formas de pensamiento diversas de la modernidad —pensemos en Hamann, por ejemplo— quedan congeladas en Burke, porque no llega a cruzar el umbral que, pese a su carácter negativo, marca en realidad un repliegue a su propia cultura.

* *

La importancia de Burke consiste en haber subrayado los límites de la racionalidad moderna a la hora de ordenar la vida social y política. Destacó esta limitación al declarar el carácter incompleto del conocimiento, pero sobre todo porque vinculó la sociedad liberal a una sabiduría capaz de percibir contextos sociales cuyos nexos tienen carácter práctico y se refuerzan por el afecto. En este sentido, al sugerir que en el análisis de la sociedad los factores subjetivos son tan importantes como los objetivos, estaba poniendo sobre la mesa de la discusión elementos de extraordinaria complejidad y que exigen las mayores dosis de prudencia. La limitación de Burke es, paradójicamente, no llegar a ser consciente de esa complejidad porque carece de una percepción de la novedad que está apareciendo en su época. La incognoscibilidad del objeto sociedad es para él casi una coartada para mantener su confianza en lo ya conocido. Para nosotros, su posición es medida de prudencia, pero su humanitarismo estaba, ya en su tiempo, al borde del ocaso, porque carecía de recursos para enfrentar la brutalidad del capitalismo decimonónico o la frialdad de la administración racional.

No voy a entrar, por tanto, en las consecuencias que pueden tener sus planteamientos para la diversidad actual de culturas. Me limitaré a examinar la recepción de sus ideas por autores como Popper y Hayek y a analizar brevemente las consecuencias de esta recepción para el problema de aquella diversidad. En ambos autores las ideas de Burke ayudan a buscar una alternativa a la filosofía de la planificación y a fortalecer el ámbito de la sociedad civil como inasimilable a cualquier forma de dirigismo. En los dos autores, el concepto de tradición —pese a diferencias mutuas— tendrá una doble función: asegurar un contexto de incardinación del individuo en la sociedad moderna defendiéndolo de anomias y

---

128/ Burke, 1984, p. 107 / 1790, p. 113.

acribias[129] y subrayar la insuficiencia de los conceptos que pretenden determinar de modo completo el conocimiento del acontecer social[130].

Se constatan en ambos autores distanciamientos de la posición burkeana. Popper, con su noción objetivista de verdad, restringe —quizá suprima— los componentes subjetivos del acontecer social[131]. Por otra parte, su talante racionalista, casi ilustrado[132], apenas le permite reconocer valor a lo que está fijado emocionalmente: es un trasfondo *(background)* que sólo podrá ser plenamente compartido cuando se objetiva como 'mundo 3'[133], lo que remite de nuevo a una idea objetivista de verdad. La tradición en Popper es, por una parte, un legado de valores y conductas que en ocasiones se acerca al mito y, por otra, un medio que, como *tradición de la racionalidad occidental,* consolida actitudes de juicio individual y racional[134], una 'tradición racionalista. Es una lectura de interés, pero que no valora los componentes más sutiles de la tradición para formar identidades ni acepta los aspectos más irritantemente diferentes que se advierten entre culturas. En Hayek encontramos una mayor valoración de la subjetividad, sobre todo por su cercanía a la tradición filosófica alemana de la «Verstehen»[135]. Pero aparte de sus reservas ante las ideas burkeanas por haber influido en el irracionalismo del romanticismo alemán[136], quiere separarlas de cualquier viso de solidaridad orgánica que, en una civilización no occidental, no provoca sino un retraso en su modernización[137]. La tradición, entonces, queda reducida en Hayek a: 1) un marco negativo de la acción posible que dice lo que *no* conviene hacer —bastante fiel a lo que sugiere Burke—, 2) un medio —dada la diversidad de preferencias en una sociedad y la imposibilidad de fijarlas de antemano— que proporciona cierta información sobre necesidades a aparatos sociales como el mercado *y* 3) un medio a partir del cual se generan normas consuetudinarias que, con una administración prudénte, podrán convertirse en ley sin riesgo de abusos estatales. Los dos últimos elementos tienen

---

129/ POPPER, 1983, pp. 168, ss. Ver, además POPPER, 1962, cap. 10, e ID., 1984, pp. 164 ss. HAYEK, 1982a, pp. 94 ss. y 1982b, caps. 6 y 7.

130/ HAYEK, 1982a, cap. 4. Ver diversas críticas de teoría social como reduccionismo en POPPER, 1962, cap. 14.

131/ APEL, 1985, tomo II, pp. 215-216.

132/ HABERMAS, 1987, pp. 308-313.

133/ POPPER, 1982. Ver la noción de *Background* en la nota 14, p. 157. Es ilustrativa la intervención de Popper en la discusión que siguió a la presentación de la ponencia del Prof. L. A. Rojo en el Simposio de Burgos. Ver *Ensayos de Filosofía de la Ciencia, en tomo a la obra de Sir Karl R. Popper,* Tecnos, Madrid, 1970, pp. 110-116.

134/ POPPER, 1983, pp. 168 ss.

135/ HAYEK. 1954, *passim.*

136/ HAYEK, 1982a, p. 104, nota 48.

137/ HAYEK, 1982b, pp. 188-189.

graves consecuencias. Como información de necesidades, su idea de tradición está demasiado unida a la conducta y modo de vida occidentales: la tradición como información de necesidades tiene sus fronteras encabalgadas con el mercado, de tal forma que, si tal vez pueda evitar las desviaciones de la planificación, es mucho más seguro que abra paso a la aleatoriedad del mercado, insensible ante necesidades claras hasta la laceración. Por otra parte, como medio de generación de normas, la tradición se relaciona estrechamente con la propuesta de Hayek que confía la actividad legisladora a un consejo de notables cuya justificación democrática es prácticamente imposible[138].

No se puede negar que la lectura que de Burke hacen ambos autores alienta la crítica que ambos dedicaron a las pretensiones de saber completo de las ideologías de la modernidad y a interpretaciones simplistas de la doctrina de la soberanía. Esta labor crítica, sin embargo, es de muy difícil aplicación a los problemas de la diversidad de culturas, precisamente porque nuestros autores permanecen anclados en formas características de la racionalidad y sociedad occidentales. Si hoy Burke puede ofrecer orientación en el *laberinto de las voces mezcladas* —y hay huellas de esa orientación en la reflexión de Berlin— lo será de manera bastante más radical y menos defensiva de la que caracteriza la recepción de Popper o Hayek.

Bibliografía

APEL, K. O. (1985): *La transformación de la filosofía*, 2 tomos, Taurus, Madrid.

ARKOUN, M. (1984): *El lugar y las funciones de la historia en la cultura árabe*; en *Historia y diversidad de las culturas.* No consta traductor. Serbal/UNESCO, Barcelona.

BAUDELAIRE, Ch. (1992): *Oeuvres*, Lafont, Paris, 5ª reimp.

BAJTIN, M. (1987): *La cultura popular en la Edad Media y el Renacimiento*, traducción de Forcat y Conriy, Alianza Editorial, Madrid.

BERLIN, I. (1980): *Vico and Herder. Two Studies in the History of Ideas*, Chatto and Windus, London.

— (1990): *The Crooked Timber of Humanity*, John Murray, London.

— (1991): *Against the Current: Essays in the History of Ideas*, ed. por H. Hardy, introducción de R. Hausheer, Clarendon Press, London. (Versión castellana de Hero Rodríguez Toro. México, Fondo de Cultura Económica, 1983.)

— (1993): *Hamann, the Magus of the North*, ed. H. Hardy, John Murray, London.

138/ HAYEK, 1982b, cap. 10.

Burke, E. (1984): *Textos Políticos*, traducción de Vicente Herrero, Fondo de Cultura Económica, México, 1ª reimp.

— (1790): *Reflections on the Revolution in France and on the Proceedings in certain Societies in London relative to that Event, in a Letter intended to have been sent to a gentleman in Paris*, J. Dodsley, London.

— (1987): *Indagación filosófica sobre el origen de nuestras ideas acerca de lo sublime y de lo bello*, estudio y traducción de Gras Balaguer, Tecnos, Madrid.

Calinescu, M. (1991): *Cinco caras de la modernidad*, traducción de M.T. Rodríguez Beguiristain, Tecnos, Madrid,

Cassirer, E. (1981): *La Filosofía de la Ilustración*, traducción E. Imaz, Fondo de Cultura Económica, México.

Condorcet (1980): *Bosquejo de un cuadro histórico de los progresos del espíritu humano*, ed. de Torres del Moral y Suárez, Editora Nacional, Madrid.

Constant, B. (1988): *De la libertad de los antiguos comparada con la libertad de los modernos* en *Del espíriu de conquista*, traducción de Truyol Wintrich y M. A. López, Tecnos, Madrid.

Darcel, J.-L. (1992): *Introduction* a De Maistre, *De la souveraineté du peuple. Un anticontrat social*, PUF, Paris.

De Maistre, J. (1990): *Consideraciones sobre Francia*, presentación de A. Truyol Serra, traducción de Poch Elfo, Tecnos, Madrid.

— (1966): *Las veladas de S. Petersburgo o coloquios sobre el gobierno temporal de la providencia*. No consta traductor. Espasa-Calpe, Madrid.

— (1845): *Du Pape*, Charpentier, Paris.

— (1992): *De la souveraineté du peuple. Un anticontrat social*, PUF, Paris.

Dunn, J. (1985): *Rethinking Modem Political Theory. Essays 1979-1983*, Cambridge University Press, Cambridge.

Foucault, M. (1984): *Las palabras y las cosas*, traducción de E. C. Frost, Siglo XXI, México.

— (1991): *¿Qué es la Ilustración?* En *Saber y Verdad*, Ed. La Piqueta, Madrid.

Gahlioun B. (1984): *Liberación de la historia;* en *Historia y diversidad de las culturas*. No consta traductor. Serbal/UNESCO, Barcelona.

Habermas, J. (1987): *Teoría y Praxis. Estudios de Filosofía Social*, traducción de S. Mas y C. Moya, revisado por J. Muñoz, Tecnos, Madrid.

Hayek, Fr. A. (1954): *Scientism and Social Sciences,* New York.

— (1982a): *Los Fundamentos de la Libertad*, traducción de José Vicente Torrente, Centro Estudios, Buenos Aires.

— (1982b): *New Studies in Philosophy, Politics, Economics and the History of Ideas*, Routledge and Kegan Paul, London.

HELLER, A. (1982): *Teoría de la Historia*, traducción de Javier Honorato, Fontamara, Barcelona.

HERDER, J. G. (1982): *Obra Selecta*, traducción y edición de P. Ribas, Alfaguara, Madrid.

HÖLDERLIN, F. (1986): *Hiperion. El Eremita en Grecia*, traducción de Jesús Munárriz, Hiperion, Madrid.

HOLMES, S. (1984): *Benjamín Constant and the Making of Modern Liberalism*, Yale University Press, New Haven & London.

HUNTINGTON, S. P. (1993): *The Clash of Civilizations? Foreign Affairs*, Summer, pp. 22-49.

JAUSS, H. R. (1976): *La literatura como provocación*, traducción de Juan Godó Costa, Península, Barcelona.

KANT, I. (1981): *Idea de una historia universal en un sentido cosmopolita y Si el género humano se halla en progreso constante hacia mejor* En *Filosofía de la historia*, traducción de E. Imaz, Fondo de Cultura Económica, Madrid.

KELLEY (1966): «Fides History» en *Traditio*, New York, pp. 347-402.

— (1970): «Legal Humanism and the Sense of History», en *Studies in the Renaissance*, vol. XIII, New York.

MARX, K. (1970): *Contribución a la Crítica de la Economía Política*, traducción de J. Merino, A Corazón, Madrid.

— (1972): *La Ideología Alemana*, traducción W. Roces, Grijalbo, Barcelona.

N'GUYEN, V. (1980): «Maistre, Vico et le retour des Dieux», *Revue des études maistriennes*, 5/6, Paris, pp. 243-257.

POPPER, K. R. (1962): *The Open Society and its Enemies*, Routledge & Kegan Paul, London.

— (1982): *Conocimiento objetivo. Un Enfoque Evolucionista*, traducción de Carlos Solís Santos, Tecnos, Madrid.

— (1983): *Conjeturas y Refutaciones. El desarrollo del Conocimiento Científico*, traducción Grasa Hernández, Paidós Ibérica, Barcelona.

— (1984): *La Miseria del Historicismo*, traducción de Pedro Schwartz, Alianza, Madrid.

RANKE, L. von (1984): *Sobre las épocas de la historia moderna*, Editora Nacional, Madrid, pp. 218-219.

SARTRE, J. P. (1968): *Baudelaire*, prólogo de Michel Leiris, traducción A. Bernárdez, Losada, Buenos Aires (3ª edición).

VEYNE, P. (1986): *Así se escribe la historia*, Alianza Editorial, Madrid.

VICO, G. (1744): *Principios de una Ciencia Nueva* (edición 1744), 4 tomos, traducción M. Fuentes Benot, Aguilar, Buenos Aires, 1981.

Isaiah Berlin, la Ilustración

y el fenómeno romántico

PRÓLOGO A LA EDICIÓN ESPAÑOLA DEL LIBRO DE

ISAIAH BERLIN

EL MAGO DEL NORTE
J. G. HAMANN Y EL ORIGEN DEL IRRACIONALISIMO MODERNO

I

«Soy un admirador de los enciclopedistas, los grandes materialistas liberales del siglo XVIII que llevaron a cabo la tarea de burlarse y minar una gran cantidad de cosas oscurantistas y odiosas en la Europa de la época [...]. Voltaire fue el liberador más grande de los tiempos modernos»[1].

El homenaje de Isaiah Berlin a la Ilustración es inequívoco. Sin embargo, en su reflexión hay una línea crítica al pensamiento ilustrado, particularmente a su confianza en la construcción por la razón humana de un saber *completo*. Una crítica similar podemos encontrar en Popper[2], pero la reflexión de Berlin presenta características propias, nada afines al talante popperiano. Una de ellas, la atención que presta a las fuentes y al desarrollo del Romanticismo; otra, estrechamente vinculada a la anterior, es su preocupación por la diversidad de las culturas. Las dos sugieren otras tantas carencias implícitas en el pensamiento ilustrado: la insuficiente consideración de los mundos individuales y su inadvertencia de la

---

1/ Berlin, 1986, p. 118.
2/ *La sociedad abierta y sus enemigos,* cap. 24.

pluralidad que, por obra de los mismos valores ilustrados, habría de presidir la convivencia en las sociedades modernas.

La Ilustración, dice Berlin en el mismo contexto del elogio que acabamos de citar, fue «demasiado inconsciente o indiferente a la naturaleza compleja de las sociedades modernas»[3]. Su confianza en la razón le hace incurrir en el pecado de los que Montesquieu llamó *grandes simplificadores.* La contrapartida la busca Berlin en pensadores como Vico o en el movimiento *Sturm und Drang.*

En este contexto se sitúa su monografía sobre Hamann. Berlin no disimula el irracionalismo ni el carácter estrictamente reaccionario de Hamann ni pretende encontrar soluciones en su metafísica y ni siquiera intenta ser portavoz de su pensamiento: Berlin quiere ser con su libro un testigo. Testigo de lo que él mismo llama «tropas irregulares de la civilización»[4]. En ellas desde luego están las raíces de quienes, impulsados por el miedo a la autonomía de los seres humanos, animan el pensamiento reaccionario de la Europa decimonónica e influyen en los regímenes fascistas o corporativos del siglo XX. Pero también está la rebeldía de los que, como Hamann, señalan el potencial de exclusión —y, por tanto, de crueldad— que hay en todo monismo, incluido el que se construye sobre bases racionales.

El núcleo central de la obra de Hamann, piensa Berlin, tiene implicaciones libertarias porque combate a la vez las posiciones dogmáticas —del absolutismo y de las Iglesias de la época, sobre todo la romana— y las ilustradas en la medida en que —teórica o prácticamente— se apoyan en un horizonte monista y dan por hecho que puede construirse un saber completo, cuya presunta capacidad para responder a toda pregunta y para resolver todo problema termina por ignorar la misma capacidad individual de interrogar o cuestionar. Hamann señala, pues, que el peligro es doble[5]. Más radicalmente: Hamann sugiere que una de las oposiciones que han animado el pensamiento moderno, la que opone tradición y razón, conservadurismo y progreso, arcaísmo y modernización, puede estar viciada de raíz. Y no porque ambas opciones sean iguales o porque la oposición carezca de sentido —a fin de cuentas, los fundamentalismos, herederos de las posiciones dogmáticas, siguen ofreciendo hoy una triste cosecha de crueldad y sinsentido—, sino porque con demasiada frecuencia tal oposición se ha concebido como enfrentamiento entre dos visiones del mundo completas y antagónicas y ése es un enfoque erróneo.

Si el legado básico de la Ilustración es el ejercicio autónomo de la racionalidad humana, es preciso reconocer que éste puede realizarse por hombres y mujeres

---

3/ BERLIN, 1986, p. 118.
4/ Ver en este volumen el «Prefacio del autor».
5/ Ver en este volumen el cap. 3, p. 79.

desde las más diversas formas de vida, universos de valores y constelaciones de fines. La variedad de estos contextos no debe ignorarse y sería peligrosamente ingenuo pensar que las diferencias que los separan pueden preverse de antemano. Reconocer la autonomía del pensamiento humano, entonces, no es construir una nueva visión global del mundo cuyo centro fuera la razón, sino que es una nueva actitud que reconoce que el ejercicio de la racionalidad, sin duda sometido a la prueba y al contraste, corresponde a cada individuo. Este ejercicio, además, no se realiza en condiciones ideales, sino en contextos históricos, culturales y biográficos concretos e impredecibles. Esto no sólo dista de la pretensión de un saber completo, sino que la contradice.

Hay algo más. El ejercicio individual de la racionalidad no parte de cero. El individuo piensa, desea, elige... desde el lenguaje, y éste tiene algo de gratuito, un resto que la racionalidad no puede desvelar. Pensar es emplear símbolos y los símbolos y su estructura están dados antes que el pensamiento. No se trata de un condicionamiento sociológico ni de una profesión de fe irracionalista, sino de la constatación del carácter antinómico del ejercicio de la racionalidad. Lo realizamos sobre un trasfondo de nuestra experiencia posible, trasfondo del que no podemos prescindir y al que no podemos objetivar: *en* él llegamos a pensar y no cabe reducirlo a objeto porque es el suelo *sobre* el que todo objeto crece.

Son, pues, dos los aguijones que irritan las pretensiones de cualquier saber completo, dos los caminos que muestran los límites del conocimiento o, si se prefiere, su apertura. El ejercicio de la racionalidad parte de bases contingentes y la generalidad que alcanza no tiene el privilegio de excluir todas las demás; en tal ejercicio, además, es decisiva la originalidad de la palabra individual. Es esta apertura la que cabe oponer a las posiciones dogmáticas y la que, en contraste con las exigencias monistas, señala el dinamismo de la racionalidad moderna.

Hamann pudo ver todo esto gracias al valor que, en una perspectiva teológica, atribuyó a los mundos individuales y al lenguaje; desde estas convicciones —animadas posiblemente por un rechazo visceral hacia todo lo francés—, establece una crítica que alimentó una auténtica rebeldía contra la razón para bien y para mal. El camino de Berlin es, sin duda, distinto: su crítica a la Ilustración surge de supuestos ilustrados, como veremos después, y sus conclusiones llevan a una visión radical de las diferencias entre culturas y universos de valores de la sociedad contemporánea. Estas diferencias, piensa Berlin, llegan hasta conflictos irresolubles entre valores y a la inconmensurabilidad entre visiones del mundo, pero no implican enfrentamientos irreconciliables, si aceptamos vías de comunicación interhumana que se apoyan, más que en una genérica tolerancia o en una estructura formal de consenso, en la aceptación del pluralismo y en el ejercicio continuo del reconocimiento *material* de la diferencia.

La monografía sobre Hamann, pues, no es —a diferencia de la que Berlin dedica a De Maistre— una indagación sobre el pensamiento reaccionario, sino que prolonga sus trabajos sobre Vico y sugiere una recepción alternativa del legado de la Ilustración.

II

Para entender la recepción que de la Ilustración hace Berlin, comencemos por preguntar qué entiende por aquella «compleja naturaleza de las sociedades modernas» que ignoró la Ilustración. Uno de sus aspectos es la dificultad que estas sociedades experimentan a la hora de establecer y ordenar las necesidades humanas. Berlin es un liberal que no cree que el mercado por sí solo pueda determinar estas necesidades[6] y desconfía más aún de las virtualidades de la planificación para tal fin: los mecanismos del mercado pueden ignorar necesidades perentorias y las ignoran de hecho; la planificación olvida que hay necesidades individuales que no pueden precisarse y ordenarse de antemano —mediante métodos educativos, por ejemplo— ni preverse de modo que se resuelvan por un sistema de organización social o económica determinado[7]. La planificación más benévola —no ya la que se establece desde el Estado, sino la que se diseña por organismos internacionales de cooperación— tiende a minimizar —si no a suprimir— las necesidades que no se incluyan en sus supuestos o no puedan satisfacerse desde ellos; el resultado puede llegar a ser la desautorización aun de la discusión sobre ciertas necesidades, sentidas, sí, pero que el sistema no parece contemplar[8].

Pero hay que situar el problema en un contexto más amplio, más allá de la determinación de las necesidades, en la diversidad de fines y valores. Berlin no marca fronteras nítidas entre necesidades, fines, propósitos y valores. Su ambigüedad no es casual. No cree que las necesidades sean datos naturales ni que puedan determinarse desde la idea tradicional de naturaleza humana, sino que deben entenderse en el marco más amplio de los *fines de la vida,* y que éstos se definen —por ejemplo, en su ensayo sobre Mill— como «la realización de los propios deseos». No es una cuestión psicológica porque, si estamos tratando de seres humanos, son los deseos de alguien que se caracteriza por «tener capacidad

---

6/ BERLIN, 1992b.

7/ BERLIN, 1988a, pp. 104-105.

8/ *Ibid.*, p. 93. Parecidas consideraciones pueden encontrarse en BERLIN, 1992a, ensayo «La rama doblada», y en «Two Concepts of Nationalism», entrevista con Isaiah Berlin por N. Gardels, *New York Review of Books,* 38, n.º 19, 1991, pp. 19-23.

de elección; por elegir y no por ser elegido»[9]. Detrás de cada necesidad, de cada fin, hay un individuo autónomo. Por otra parte, los fines individuales tampoco pueden discernirse con la noción tradicional de razón: Berlin no cree en un estándar racional desde el que puedan juzgarse los fines individuales ni tampoco en una racionalidad formal que pueda dividirlos en contrarios y conformes a razón[10].

En conclusión: Berlin se separa de todo marco previo desde el que se pudieran calcular y/o determinar necesidades y discernir fines, y se sitúa en los fines vitales de individuos autónomos. ¿Implica esto que la complejidad de la sociedad moderna es la de una imposible suma de individuos heterogéneos y, por principio, incognoscibles? Esto sería una visión casi metafísica de la individualidad. Pero esto no ocurre en Berlin. Fines y mundos individuales aparecen mediados por ciertas relaciones desde las que pueden manifestarse y discutirse.

Una de ellas, de especial importancia para nuestro autor, se vincula a las culturas históricas. Éstas son un medio decisivo para los procesos sociales de individualización y parecen coexistir, sin que nada llegue a sustituirlas, con las formas racionales de la sociedad moderna. Berlin nació en 1909 en Riga (Letonia), en una familia judía de mentalidad moderna que se afincó en el Reino Unido en 1919; fue durante la guerra corresponsal del *Foreign Office* en los Estados Unidos, ocupó la Cátedra Chichele de Teoría Política en Oxford y fue presidente de la *British Academy*. Sin duda estamos ante un británico y él dice sentirse tal por su educación y por su mentalidad empirista. Pero Berlin es también el admirador de un poeta ruso llamado Pasternak, el amigo de Ajmátova y de Brodsky, que se expresa en ruso tan clara y velozmente como en inglés; dice sentirse ruso y que tal vez por ello reconozca el valor de las grandes ideas, como lo hiciera la *Intelligentsia* rusa del XIX. Berlin, por fin, se sabe inmerso en la tradición judía y aunque rechaza, como Weizmann, cualquier afán fundamentalista, no renuncia a esa tercera dimensión de su identidad. Berlin, en suma, es un pensador moderno que conoce por sí mismo el valor de los «infinitos e impalpables hilos»[11] que forman nuestra individualidad a partir de la pertenencia a culturas tradicionales. Está convencido de que el más alto rasgo de la identidad individual moderna, la autonomía, no puede madurar sino en ese entorno de las culturas históricas[12]. Las relaciones formalizadas de la sociedad moderna no han eliminado las virtualidades de las relaciones tradicionales: lengua, historia común, valores característicos de un modo

---

9/ BERLIN, 1988a, pp. 252 y 254.

10/ *Ibid.*, p. 224.

11/ «The Three Strands in my Life», *Jewish Quarterly*, 27 n.ᵒˢ 2-3 (verano-otoño de 1979), p. 7.

12/ BERLIN, 1984a, ver «Einstein e Israel».

de vida. Las culturas mantienen, además, una pauta específica que conecta entre sí dimensiones tales como visión del mundo, relaciones interindividuales, gustos artísticos, prácticas y valores compartidos. La identidad individual moderna sigue mediada por estas pautas que, al ser específicas, generan valores y criterios que no pueden homologarse o hacerse corresponder sin más con los de otra cultura, y que, al moverse en un nivel de mayor profundidad y contenido, se mantienen en tensa coexistencia con las relaciones racionalizadas de la sociedad moderna.

Sin duda, ésta ha multiplicado los vínculos de intercomunicación y la igualdad entre los hombres, pero, si aceptamos el papel que Berlin atribuye a las culturas tradicionales —y a los grupos o corporaciones sociales que han llegado a darse un modo de vida propio—, intercomunicación e igualdad pueden traducirse en un aumento de tensiones entre, por ejemplo, centros dirigentes y periferias y, en general, entre todos los puntos en los que se detecten las diferencias de modos de vida[13]. Las culturas no son un pasado condenado por la historia ni tampoco simples medios de encuadramiento: son base insustituible de identidad individual y, por ello, elementos dinámicos de diferenciación, y por eso también raíces de conflictos que quizá crezcan si se ignoran sus virtualidades por quienes piensan que la modernización puede sin más suprimirlas.

Fines individuales, valores y visiones del mundo no están sólo mediados por las culturas tradicionales. También lo están por las ideologías. En cuanto éstas son universos cerrados, Berlin no les da cuartel, pero no cree en su ocaso. Las ideologías despliegan la visión de la vida que tienen los individuos y condensan la discusión que caracteriza a una sociedad plural. Esto no quiere decir que Berlin les atribuya un valor funcional: les reconoce una importancia sustantiva. Para Berlin, la teoría política no aspira a delinear una sociedad ideal ni se restringe a la consideración funcional de las instituciones; es más bien una reflexión sobre una realidad muy precisa: *que los fines humanos difieren*[14]. Desde ese punto de vista, un modelo de consenso que no quiera condenarse a la esclerosis no puede reposar en su organización formal, sino en su capacidad para mostrar los valores en los que se apoya; al hacerlo evidenciará las múltiples formas en que conciben los valores básicos cuantos participan en él; la univocidad que hasta entonces

---

13/ Esto lleva a Berlin a subrayar la importancia de la conciencia nacional. Así sugiere que las formaciones políticas o económicas supraestatales, siendo beneficiosas, deben partir del mantenimiento de la diversidad de las culturas nacionales (BERLIN, 1992b) e insiste en que toda planificación humanitaria o modernizadora sobre una sociedad «atrasada» estará condenada al fracaso si no tiene en cuenta el afán de quienes reciben esa ayuda por ser reconocidos como diferentes y capaces de autonomía («Two Concepts of Nationalism», Entrevista con Isaiah Berlin por N. Gardels, *New York Review of Books,* 38, n.º 19, 1991, pp. 19-23).

14/ BERLIN, 1983b, pp. 245-246.

se mantenía se quiebra, pero en su lugar se abren posibilidades para discutir la disensión[15]. Las ideologías ofrecen un excelente terreno para esta discusión, y no porque tengan la ventaja funcional del encuadramiento, sino porque generan visiones complejas del mundo que, sostenidas por los individuos, engarzan valores, creencias y criterios. Éstos, así integrados, pierden su abstracta carga doctrinal y ganan en potencial de debate. Concebidas así, las ideologías conforman auténticas redes de relación con la realidad y entre los individuos desde las que se puede hablar y discutir. Desde ese punto de vista, las crisis de las ideologías, que cuestionan algunos de sus supuestos o reinterpretan conceptos, son síntomas de su vitalidad y muestran la sensibilidad de una sociedad ante nuevos fenómenos o exigencias[16].

Culturas, grupos y modos de vida, e ideologías y visiones del mundo conducen, sin riesgos metafísicos, a las diferencias entre mundos y valores individuales. Éstos no pueden reducirse ni predecirse, y a veces entran en conflictos irresolubles[17]. Pero no por oscuras razones de esencia, sino como consecuencia del *ejercicio concreto de la autonomía humana*, que por sí misma no garantiza ninguna identidad final, pero tampoco se enclaustra en conflictos refractarios a la discusión.

La autonomía es, pues, la otra cara de la diversidad de fines. Berlin cree que esta desconcertante unión aparece por vez primera en Maquiavelo[18], que constata la presencia de dos conjuntos de valores antagónicos: el de la solidaridad cristiana, basada en una fe trascendente, y el de los valores de una convivencia secular en el seno de la república. Entre ellos no cabe compromiso, sino sencillamente la opción. Algo que en la sociedad moderna aumenta hasta niveles insospechados: «en nuestra experiencia ordinaria [...] tenemos que elegir entre fines igualmente últimos y pretensiones igualmente absolutas, la realización de algunos de los cuales implica inevitablemente el sacrificio de otros»[19].

La perspicacia de Maquiavelo, su visión clara y sin alarmas de la pluralidad, no la compartió la Ilustración, que mantuvo, con la tradición filosófica de Occidente, una connotación peyorativa de lo múltiple. Puso, sin duda, las bases de la autonomía individual y del conocimiento secular y estimuló formas generales e igualitarias de intercomunicación entre los hombres. Pero esperó que estas formas generales, que ella misma estableciera y desde las que criticó el saber tradicional, podrían unificar, por sí mismas, los fines humanos y sustentar una

---

15/ *Ibid.*, pp. 248-249.

16/ *Ibid.*, p. 280.

17/ BERLIN, 1988a, pp. 104-105.

18/ BERLIN, 1983c, ver el ensayo «La originalidad de Maquiavelo».

19/ BERLIN, 1988a, p. 239.

convivencia humana sin conflicto. Esta confianza fue desmentida por la misma autonomía humana: la propia Ilustración la había impulsado, pero su ejercicio quebraba la misma generalidad ilustrada. Este conflicto interior a la racionalidad moderna anima la reflexión crítica de Berlin sobre la Ilustración —su peculiar dialéctica de la Ilustración— y su búsqueda en las corrientes románticas.

III

Berlin desarrolla esta dialéctica indagando las raíces específicas del monismo ilustrado[20]. Piensa que el saber ilustrado aparece, en primer lugar, como un saber comprensivo, extensionalmente completo, que se apoya en una idea de sistema. Berlin señala, al estudiar a Marx, que el singular sentido empírico de éste contrasta con su afán —heredado de Hegel— por la arquitectura sistemática grandiosa y bien trabada[21]. Ésta no es la inspiración sistemática de los ilustrados. Éstos creen poder alcanzar un saber, concebido a imagen y semejanza de la ciencia —de ahí el peculiar verbo «newtonizar» que se encontrará en el texto—, capaz de generar respuestas positivas a todas las preguntas ya planteadas o que pudieran plantearse en torno a preocupaciones decisivas del ser humano. Adorno separa la *Encyclopédie* de los sistemas filosóficos modernos, por considerar que respondía a la voluntad de fijar un cuerpo discreto de saber —qué sabemos de ciertas cosas— en el que cada dominio del conocimiento poseía un método específico[22]. Berlin cree que el saber ilustrado generaliza los supuestos de la ciencia y que está convencido de que podrá convertir en continuos sus conocimientos, hasta el momento discretos, porque posee los moldes conceptuales y cognoscitivos para dar respuesta a cualquier problema. Si no logra hacerlo en el presente es sólo por deficiencias de la investigación, pero el camino está definido y se trata sólo de recorrerlo. Tal vez no hubiera construcción, pero sí confianza en el sistema.

La clave de esta confianza es el convencimiento, piensa Berlin, de que hay *una estructura última de lo real*, a la que podemos llegar con el *adecuado empleo de la razón*. Este convencimiento es un supuesto menos agónico, aunque quizá más firme, que el que inspira las utopías del siglo XIX[23], porque no sólo implica la

---

20/ Las ideas que se citan a continuación pueden encontrarse en BERLIN, 1983a y en BERLIN, 1979, introducción.

21/ BERLIN, 1973, pp. 27-28, 31, 69 y 159.

22/ Th. W. ADORNO, *Dialéctica negativa*, Taurus, Madrid, 1987, Introducción.

23/ Para completar el paralelismo abierto con Marx, señalaré que, a juicio de Berlin, la piedra angular del edificio monista es, en este caso, la restauración de una noción cercana a la de esencia humana: el hombre es un ser perfectible, enfrentado a la naturaleza en ineludible y perpetua búsqueda de un desarrollo armonioso. BERLIN, 1973, p. 134.

seguridad en desvelar los últimos niveles de lo real, sino la confianza en ciertas características del conocimiento. Éste no es sólo positivo, sino lógicamente unívoco, como consecuencia de la conexión entre razón y razón positiva y estructura última de la realidad, y ello entraña que, obtenida una respuesta a una pregunta o una solución a un problema, todas las demás que pudieran darse resultarán falsas. La confianza sistémica se convierte así en monismo[24] con un potencial excluyente considerable, pues, de acuerdo a esa idea de conocimiento, toda pregunta sobre preocupaciones humanas que no pudiera obtener respuesta positiva y unívoca será una pregunta sin sentido. Se suprime así la variedad de preocupaciones y enfoques de los individuos, supresión tanto más grave cuanto se hace en nombre de la Razón.

Pero esta pretensión, advierte Berlin, la desmiente la práctica cognoscitiva de algunos ilustrados. Por ejemplo, la restauración que de la conceptualización tipológica hace Montesquieu para indagar las formas sociales. Antepone la importancia de prácticas históricas, entendidas, eso sí, empírica y racionalmente, a las exigencias formales del concepto. El universo teórico de Montesquieu parece contradictorio, no ya por esta restauración, sino porque mantiene al mismo tiempo las raíces históricas del derecho y su incondicionalidad racional, sin conciliación conceptual. Berlin no palia esa contradicción, sino que la subraya, viendo en ella un conocimiento empírico producido más por la reflexión que por conceptos positivos y, a la vez, una voluntad de mantener abierta la relación entre las diversas condiciones históricas de la acción humana y su autonomía. Teórica y prácticamente Montesquieu abre la heterogeneidad entre el monismo ilustrado y la autonomía[25].

Berlin piensa que en la atribución ontológica que garantiza la confluencia final entre la estructura de lo real y la razón positiva desempeña un papel decisivo el método científico-racional, su desplazamiento desde su condición de práctica de investigación hasta convertirlo en llave de aquella confluencia. Berlin ve en el método científico un paso decisivo de la autonomía del pensamiento humano por el que se constituye un saber públicamente comprobable, sin mediatización del dogma o la autoridad, pero advierte las fatales consecuencias de aquel desplazamiento. Sugiere que sus raíces están en la peculiar unión de elementos intuitivos y racionales que tiene lugar en la noción de representación de Locke, y que de él pasó a los ilustrados continentales, quienes, anclados en la tradición racionalista, la recibieron con menos preocupaciones críticas que las que tenía su propio

---

24/ BERLIN, 1992a, p. 42.
25/ BERLIN, 1983c, ensayo «Montesquieu».

autor[26]. La confluencia que se da en la representación entre datos sensibles, patentes a la mirada interior (*inner eye*)[27], y certeza racional, proporcionada por la lógica, otorga al conocimiento el privilegio de la correspondencia unívoca con el objeto. Pero a cambio se exige a todo conocimiento que cumpla las condiciones de la representación y es ella entonces —digámoslo así— la que piensa por nosotros[28]. Conocer un objeto es subsumirlo[29] bajo una representación que, a su vez, lo integra en leyes generales. Con ello suprimimos del objeto lo que es más suyo: aquello en lo que puede ser diferente. Y también se borran las diferencias subjetivas, pues sólo diremos que alguien conoce si podemos afirmar que se encuentra en las condiciones precisas para aplicar las exigencias de la representación al margen de las posibles diferencias que brotan de las prácticas cognoscitivas, la imaginación o el cuerpo. Esta simplificación es tanto más grave cuando nuestros férreos conceptos se refieren a la sociedad y la identidad del sujeto. Estamos ante algo parecido a lo que Foucault llama razón disciplinaria[30], que desautoriza todo ejercicio racional que no quepa en el procedimiento que, al parecer, agota lo racional.

La contrafigura de esta pretensión se nos da por Berlin en dos pasos. El primero, Hume: su crítica de la sustancia y de la causalidad equivale a decir que quienes crean que al conocer buscamos una estructura ontológica que corresponda a nuestros conceptos, o no comprende lo que busca o busca un imposible lógico[31]. Pero Hume intenta restaurar este vacío a partir de una concepción naturalista —psicologista— del conocimiento. Es Kant quien corta este intento —segundo paso al que me refería— al situar el problema en un espacio epistemológico, en la crítica de conceptos y categorías[32]. Con ello no sólo se resitúa el método científico, sino el conocimiento humano, y se completa la crítica al argumento ontológico que, impulsada por la práctica empírica de la Ilustración, no se había consumado como se ve en las atribuciones ontológicas antes comentadas.

Kant, además, al insistir en los aspectos activos del pensamiento y con su ética de la autonomía cuestiona al «experto ilustrado», verdadero administrador del método y sancionador del modo correcto de entender, comportarse y

---

26/ BERLIN, 1979, pp. 107 y 113-114.

27/ Sobre la idea de *inner eye*, BERLIN, 1979, Introducción.

28/ Puede compararse esta opinión con el análisis de la representación en K. R. POPPER: *Conocimiento objetivo. Un enfoque evolucionista*, Tecnos, Madrid, 1982, «Epistemología sin sujeto cognoscente», especialmente, pp. 124 ss. y con el que se ofrece en R. RORTY: *La filosofía y el espejo de la naturaleza*, Cátedra, Madrid, 1983, pp. 134 ss.

29/ BERLIN, 1988a, p. 123.

30/ M. FOUCAULT, *Microfísica del poder*, La Piqueta, Madrid, 1979, pp. 150-152.

31/ BERLIN, 1979, p. 255.

32/ *Ibid.*, pp. 24 ss.

vivir. En algunas de las páginas que dedica Berlin al «experto» ilustrado hay ecos —civilizados— del sarcasmo hamanniano hacia la complicidad entre el déspota ilustrado y sus sabios administradores. Berlin opone al «experto» la obra y la figura de Kant, que devuelve la experiencia y la decisión al individuo, aunque al separar al yo empírico del yo racional siempre mantenga en precario, piensa Berlin, este reconocimiento.

Montesquieu, Hume y Kant son tres registros de la dialéctica berliniana de la Ilustración. Hume es punto de referencia del momento ilustrado que abona, frente al dogmatismo, el valor incontestable de lo empírico e impulsa el escepticismo ante las pretensiones de toda construcción racional abstracta y la nitidez racionalista. Montesquieu lleva el pensamiento empírico a un espacio reflexivo, lo que entraña una consideración de la acción humana sin atenazamientos por el naturalismo o por la desnudez lógica del concepto, algo que recibe respaldo teórico en la tercera crítica kantiana[33]. Kant, al que a veces sitúa Berlin fuera de la Ilustración, fija el valor incondicionado del individuo y establece los niveles y alcance de la racionalidad. Berlin advierte una excesiva rigidez en sus categorías y una relación demasiado estrecha aún entre el conocimiento general y el científico, a lo que opondrá una concepción de corte pragmático en la que las categorías se acercan a usos del lenguaje y los dominios del saber se diferencian por razones de interés cognoscitivo. Pero tanto esta crítica como la que dedica a la creencia kantiana en el discernimiento racional de los fines humanos se comprenden mejor desde la recepción de Berlin del Romanticismo[34].

IV

El Romanticismo, en primer lugar, altera profundamente el espacio del conocimiento. Los hombres no están frente a la realidad y separados de ella, instalados en un lugar privilegiado desde el que pueden indagar, discernir, reducir y, quizá, dominar, sino insertos en la realidad, en la naturaleza, la sociedad, naturaleza interior y horizontes simbólicos. Se hallan confrontados directamente a las cosas y

---

33/ Detallar el papel que otorga Berlin a Montesquieu dentro del pensamiento moderno desborda este estudio preliminar. Su consideración reflexiva de la acción humana posiblemente supere la idea de ética racional kantiana. Precisar todo esto exige desarrollar la lectura que hace Berlin de Vico.

34/ Sobre la cercanía entre Kant y las direcciones postilustradas, ver una breve nota introductoria a BERLIN, 1979; en el presente texto puede observarse también en el análisis que hace Berlin de las relaciones entre Kant y Hamann. Sobre la crítica a las categorías kantianas, ver Berlin, 1983b, «El objeto de la filosofía»; sobre las críticas a la ética racionalista, ver la referencia de la nota 10 al presente estudio.

deben interpretarlas no sin esfuerzo, porque no disponen de conceptos eternos, poseídos de antemano para poder etiquetarlas cómodamente. Conocer es, entonces, movilizar toda la experiencia y aún comprometer la propia identidad, porque no es posible discernir racionalmente cuál es nuestra situación en el entorno ni la profundidad de este anclaje. Este conocimiento va a estar más cerca del símbolo y de la imagen que del concepto, porque aquéllos retienen y despliegan la relación directa entre sujeto y objeto y la que guarda el primero con su entorno. Símbolo e imagen conservan el atrevimiento del primer contacto con las cosas y la incertidumbre de nuestro anclaje en el medio: son memoria de la identidad más profunda del cognoscente. Tal conocimiento, finalmente, es creación: no *corresponde* sino *establece*; pero, a la vez, es precario: está vinculado a una situación y a una historia.

En segundo lugar, el Romanticismo constata la excentricidad entre razón y voluntad y toma partido por esta última. Ella es la que mantiene nuestra identidad frente a la naturaleza exterior e interior y frente a cualquier sistema cerrado, sea racional o teológico. Un hombre puede ser trágicamente derrotado por cualquiera de estas instancias que se le oponen. Pero si se pliega, no a las fuerzas de la naturaleza, sino a las exigencias de la necesidad científica —verdadero rostro de la «diosa de ojos fríos»— o a la lógica de los valores establecidos, pierde su entidad moral, pues tales formas racionales no son sino «un velo destinado a ocultar el espectáculo aterrador de la verdadera realidad, que no tiene estructura alguna, sino que es un salvaje remolino [...] del espíritu creador que ningún sistema puede captar»[35]. De este modo, a la figura ilustrada del «experto» se opone la romántica del héroe, creador individual que está por encima de los estándares reconocidos de valor, porque es él quien crea el valor[36].

En tercer lugar y como consecuencia de la autoafirmación de la voluntad y del conocimiento activo y comprometido, surge una nueva visión del arte. Berlin la ve, ante todo, como compromiso con la verdad, no con la que corresponde a la realidad, sino con aquélla que despierta aspectos profundos, concita significados densos, suscita perfiles nuevos de la experiencia y de la propia identidad[37]. El arte, así, puede estimular la originalidad en el individuo y ofrecer a la sociedad nuevas experiencias compartidas[38]: «un poeta —cita Berlin a Herder— es el creador de

---

35/ BERLIN, 1992a, p. 217.

36/ *Ibidem*, pp. 178-179.

37/ Esta noción de verdad en el arte puede verse en el ensayo dedicado a Vissarion Belinsky en BERLIN, 1980a.

38/ Esta noción de arte se desarrolla sobre todo en Berlin, 1983c, ensayo denominado «La *naïveté* de Verdi». Puede verse también en «Tchaikovsky and Eugene Onegin», *Glyndebourne Festival Programme Book*.

un pueblo; le da un mundo para contemplar, le pone su alma en las manos»[39]. El arte, más que preciosismo, diversión, virtuosismo o pedagogía, es propuesta de nuevos significados y el lenguaje abre su dimensión fundacional.

Por fin, el Romanticismo encarece, frente a la uniformidad del cosmopolitismo ilustrado, el valor de la experiencia diferenciada de las culturas históricas. Berlin no tiene nada de nacionalista, pero cree que es en un medio cultural —como antes se describió— donde adquirimos nuestra identidad[40]; el Romanticismo insistió en ello, no sólo al anteponer el símbolo al concepto o con su noción de arte como propuesta de experiencias compartidas, sino con su idea de un conocimiento, a la vez, creador y precario. Desde este punto de vista, no puede haber verdadera expresión si no es desde un suelo tradicional al que, sin embargo, la expresión puede siempre transformar. Esta visión del carácter concreto de la experiencia antepone la densidad de la expresión a la claridad conceptual y la diferencia a la uniformidad.

Berlin sabe que ninguna de estas cuatro ideas germinales se desarrolla sin culpa. Insiste en que de ellas surgieron el irracionalismo y el decisionismo, la autoafirmación autoritaria y la figura del dirigente político que, asimilado al genio, utilizó a los hombres como materiales de su proyecto, los nacionalismos más feroces y los *sujetos colectivos* de la historia a los que se sacrificaron muchos individuos reales. Pero también afirma que tales ideas liberaron un territorio para la autonomía humana como no alcanzó a hacerlo la Ilustración: mostraron que el saber era creación humana y, en cuanto vinculado al lenguaje, práctica humana; señalaron que los hombres, al establecer nuevos significados hablando y nuevas identidades de los hablantes, estaban situados en la naturaleza y en la historia y no instalados en alguna esfera privilegiada y excluyente del conocimiento; iluminaron aspectos empíricos relacionados con la imaginación, la memoria y la acción y, así, nos hicieron comprender que las formas de comportarse y actuar como seres humanos son múltiples.

De todo ello brota una noción de objetividad que abandona los requisitos formales para instalarse en la *comunicación*. Si podemos compartir un mundo cruzado por las más radicales diferencias es porque reconocemos en los otros la común capacidad de hablar, significar y expresar y los diversos ejercicios de la

---

39/ Citado en BERLIN, 1980b, p. 203.

40/ No le interesa, en el caso de Rusia, el planteamiento eslavófilo, sino la manera en la que Pushkin, Herzen y Turgenev señalan la posible incorporación de Rusia a la modernidad, desde sus peculiaridades culturales e históricas. Ver BERLIN, 1980a. Las referencias a Pushkin se encuentran en el ensayo sobre Belinsky.

misma. Sólo negaremos este reconocimiento a las formas de proceder *no humanas,* a propuestas que por su inhumanidad quiebran la comunicación[41].

Positivamente, esta idea de comunicación es especialmente fértil en el terreno del valor. Permite comprender —con el viajero romántico— que los modos de comportarse como seres humanos son múltiples y dispares, pero que esta disparidad señala a una forma de generalidad, modesta pero no restrictiva. Como seres autónomos, compartimos nuestra capacidad para ser diferentes y así podremos reconocer la pluralidad de fines, su no coincidencia, sus mutuos conflictos. En esa perspectiva Berlin propone el modesto ideal de una *vida decorosa* que ajuste con prudencia las diferencias entre los individuos y asegure a cada uno una esfera de libertad, porque, como dijera Herzen —liberal y romántico—, «no hay ni puede haber principio ni valor más alto que los fines individuales y, por tanto, no hay principio en nombre del cual deba permitirse cometer violencia o degradar [...] a los individuos, únicos autores de todos los principios y todos los valores»[42].

V

Permítaseme añadir unas breves palabras sobre el tratamiento que da Berlin a la historia de las ideas. Elige el método —o posee el arte— de no separar ideas de biografía. Aquéllas se articulan y se constituyen en el seno de ésta y el conjunto se nos da a través de una pauta narrativa. No se trata, a mi juicio, de un recurso literario, sino conceptual: las ideas son producto de los hombres que las establecen inventivamente, sí, pero desde el claroscuro de su acción, sus prácticas y las relaciones con su entorno. Esta narración, en ocasiones —como en el caso de Hamann— bastante particularizada, la inscribe en la época: en el mapa de ideas, preocupaciones y problemas en que se mueve el autor estudiado y en el esquema de influencias que de él derivan. En esta conexión, es más importante la relación entre las partes y el todo que los vínculos causales: esto es, tal conexión tiene mucho de narrativo. El método, insisto, es conceptual: Berlin explora las posibilidades de la narración para así ofrecer el acontecer en múltiples dimensiones, mantenerlas abiertas, respetando su heterogeneidad y sugiriendo su originalidad. No rehúye las propuestas de explicación, pero las hipótesis ofrecidas revelan, bajo su sencilla apariencia, una considerable contrastación empírica y una apertura a la discusión. Algo que el lector no debe pasar por alto.

41/ BERLIN, 1983c: «Vico y su concepto del conocimiento».

42/ BERLIN, 1980a, p. 226. Respecto a la *vida decorosa,* ver Berlin, 1992a: «La persecución del ideal».

VI

Unas palabras, por fin, sobre la versión que se presenta. Se han introducido notas del traductor para esclarecer aspectos del texto, indicar las versiones castellanas de algunas de las referencias y, sobre todo, para remitir al lector a ciertas ideas y conceptos básicos en la obra de Berlin. Cuando estas notas amplían las del original, se diferencia su texto mediante corchetes; si se introducen al margen de aquéllas, se diferencian con una numeración específica que va seguida de asterisco.

Se han conservado las nociones de Hamann que cita Berlin en alemán, dándoles una tipografía cursiva. Se mantienen algunas nociones de Berlin citándolas en inglés entre paréntesis y entrecomilladas.

La bibliografía de Hamann se ha ampliado con títulos en italiano o en francés, al no tener conocimiento de obras en español. Debo agradecer sus sugerencias a los profesores Antón Pacheco —Departamento de Estética e Historia de la Filosofía— y Badillo O'Farrell —Departamento de Filosofía del Derecho, Moral y Política— de la Universidad de Sevilla. Se acompaña una bibliografía completa en castellano de Berlin, a la que se añaden sus libros aún no traducidos. A ella se remiten las referencias hechas en esta nota introductoria y en las notas del traductor, salvo que se trate de trabajos cortos y no traducidos cuyas referencias se dan completas. Tal bibliografía no hubiera sido posible sin disponer de los trabajos del profesor Henry Hardy del *Wolfson College,* Oxford.

Bibliografía de Isaiah Berlin

La obra de Isaiah Berlin se compone de una notable cantidad de ensayos, artículos y notas que han sido compilados por el profesor H. Hardy. Esta bibliografía se publicó en castellano, tal como se encontraba en 1979, en la versión de *Contra la corriente*[43]. Reseñamos a continuación los textos de Isaiah Berlin disponibles en castellano, los libros no traducidos y las entrevistas que pueden encontrarse en castellano.

43/ Una bibliografía más completa en castellano puede encontrarse en Juan B. Díaz-Urmeneta: *Individuo* y *racionalidad moderna. Una lectura de Isaiah Berlin,* Universidad de Sevilla, Sevilla, 1994. La componen la bibliografía del profesor Hardy en su estado de compilación de 1992 con otras inclusiones.

A) Textos de Isaiah Berlin traducidos al castellano

1. Karl *Marx*, traducción de R. Bixio de la edición revisada de 1963 de *Karl Marx, his Life and Environments,* Alianza, Madrid, 1973; reedición en 1988. (Citada como Berlin, 1973a).

2. *Pensadores rusos,* traducción de Juan José Utrilla del primer volumen de los *Selected Writings* de Berlin, editados por H. Hardy, prólogo de Aileen Kelly, Fondo de Cultura Económica, México, 1980. Se cita como Berlin, 1980a, y contiene los ensayos siguientes:
   — «Rusia y 1848».
   — «El erizo y el zorro».
   — «Herzen y Bakunin y la libertad individual».
   — «Una década notable»:
      «I. El nacimiento».
      «II. El Romanticismo alemán en San Petersburgo y Moscú».
      «III. Vissarion Belinsky».
      «IV. Alexander Herzen».
   — «El populismo ruso».
   — «Tolstói y la Ilustración».
   — «Padres e hijos».

3. *El erizo y la zorra,* prologada por Mario Vargas Llosa, traducción de Mario Muchnik, Muchnik, Barcelona, 1981[44]. (Se cita como Berlin, 1981a).

4. Introducción a H. G. Schenk, *El espíritu de los románticos europeos,* traducción de J. J. Utrilla, Fondo de Cultura Económica, México, 1983. (Se cita como Berlin, 1983a).

5. *Conceptos y categorías. Un ensayo filosófico,* traducción de Francisco González Aramburo del tomo segundo de los *Selected Writings,* editado por H. Hardy y prologado por Bernard Williams, Fondo de Cultura Económica, México, 1983. (Se cita como Berlin, 1983b). Contiene:
   — «El objeto de la filosofía».
   — «Verificación».
   — «Proposiciones empíricas y aseveraciones hipotéticas».
   — «Traducción lógica».
   — «La Igualdad».
   — «El concepto de historia científica».

44/ Es una versión del ensayo contenido en *Pensadores rusos.*

— «¿Existe aún la teoría política?».

— «De la esperanza y el miedo liberado».

6. *Contra la corriente. Ensayos sobre historia de las ideas,* traducción de Hero Rodríguez Toro del tercer tomo de los *Selected Writings,* editado por H. Hardy y prologado por Roger Hausheer (contiene una bibliografía de Berlin, compilada por H. Hardy, que presenta los ítems localizados hasta 1979), Fondo de Cultura Económica, México, 1983. (Se cita como Berlin, 1983c). Contiene:

— «La contra-ilustración».

— «La originalidad de Maquiavelo».

— «El divorcio entre las ciencias y las humanidades».

— «Vico y su concepto del conocimiento».

— «Montesquieu».

— «Hume y las fuentes del antirracionalismo alemán».

— «Herzen y sus memorias».

— «La vida y opiniones de Moses Hess».

— «Benjamín Disraeli, Karl Marx y la búsqueda de la identidad».

— «La *naïveté* de Verdi».

— «Georges Sorel»[45].

— «Nacionalismo: pasado olvidado y poder presente»[46].

7. *Impresiones personales,* traducción de Juan José Utrilla y Audón Coria Méndez del cuarto tomo de los *Selected Writings,* editado por H. Hardy y prologado por Noel Annan, Fondo de Cultura Económica, México, 1984. (Se cita como Berlin, 1984). Contiene:

— «Winston Churchill en 1940».

— «El presidente Franklin Delano Roosevelt».

— «Chaim Weizmann».

— «L. B. Namier».

— «Félix Frankfurter en Oxford».

— «Richard Pares».

— «Hubert Henderson en All Souls».

— «J. L. Austin y los comienzos de la filosofía en Oxford».

— «John Petrov Plamenatz».

— «Maurice Bowra».

45/ Existe también como prólogo a Sorel, *Reflexiones sobre la violencia,* trad. de María Luisa Balseiro, Alianza, Madrid, 1976.

46/ Existe también como «El nacionalismo: descuido del pasado y poder actual», *Diálogos,* n.º 84, nov.-dic. de 1978.

— «Auberon Herbert».

— «Aldous Huxley».

— «Einstein e Israel».

— «Reuniones con escritores rusos en 1945 y 1956»[47].

8. *Cuatro ensayos sobre la libertad*, traducción de *Four Essays on Liberty*, Alianza, Madrid, 1988. (Se cita como Berlin, 1988a). Contiene:

— «Introducción» (respuesta del autor a las críticas suscitadas por el segundo y tercero de los cuatro ensayos). «Las ideas políticas del siglo XX» (traducción de Belén Urrutia). «La inevitabilidad histórica» (traducción de Julio Bayón).

— «Dos conceptos de libertad» (traducción de Julio Bayón)[48].

— «John Stuart Mill y los fines de la vida» (traducción de Natalia Rodríguez Salmones)[49].

9. *El fuste torcido de la humanidad. Capítulos de Historia de las ideas*, traducción de J. M. Álvarez Flórez del quinto tomo de las *Selected Writings* editado por H. Hardy. La versión castellana aparece con prólogo de Salvador Giner, Península, Barcelona, 1992. (Se cita como Berlin, 1992). Contiene:

— «La persecución del ideal»[50].

— «La decadencia de las ideas utópicas en Occidente».

— «Giambattista Vico y la historia cultural».

— «El supuesto relativismo del pensamiento europeo del siglo XVIII».

— «José de Maistre y los orígenes del fascismo».

— «La unidad europea y sus vicisitudes».

— «La apoteosis de la voluntad romántica: la rebelión contra el mito de un mundo ideal».

— «La rama doblada: Sobre el origen del nacionalismo».

10. *Antología de ensayos*, edición e introducción de Joaquín Abellán. Contiene artículos diversos de los *Selected Writings* y la traducción de «Herder y la Ilustración», que forma parte de *Vico and Herder*, Espasa Calpe, Madrid, 1995.

47/ Hay traducción parcial con el título «Recordando a Pasternak», por Eva Rodríguez Halffter, *Revista de Occidente*, n.º 20, 1983, pp. 5-24.

48/ De este ensayo, en un estado algo diverso a su redacción definitiva, hay una versión de E. L. Suárez, en A. Quinton, *Filosofía política*, Fondo de Cultura Económica, Madrid, 1974, pp. 216-234.

49/ Este ensayo en la misma versión puede encontrarse como prólogo a J. S. MILL: *Sobre la libertad*, Alianza, Madrid, 1984.

50/ Existe también con el título *A la búsqueda del ideal*, sin que conste traductor, en las ediciones de los días 19 y 20 de febrero de 1988 de *Diario 16*, en los dos casos en la p. 4.

B) Libros no traducidos

1. *The Age of Enlightenment. The Eighteenth Century Philosophers* (antología de textos, introducción y comentarios), Houghton Mifflin; Boston, 1956; New American Library, New York, 1956; Oxford University Press, Oxford, 1979. (Se cita como Berlin, 1979).
2. *Vico and Herder. Two Studies in the History of Ideas,* The Hogarth Press, London, 1976; Viking, New York, 1976; Chatto and Windus, London, 1980. (Se cita como Berlin, 1980b).
3. *Washington Despatches 1941-1945: Weekly Political Reports from the British Embassy,* ed. por H. G. Nicholas, nota introd. de Berlin, Weidenfeld and Nicolson, London, 1981, Chicago University Press, Chicago, 1981. (Se cita como Berlin, 1981b).
4. *The Sense of Reality. Studies in Ideas and their History,* ed. por Henry Hardy, Chatto and Windus, London, 1996.

C) Entrevistas

1. «Una introducción a la filosofía», entrevista con B. Magee en B. Magee, *Los hombres detrás de las ideas,* traducción de José A. Robles García, Fondo de Cultura Económica, México, 1982. (Se cita como Berlin, 1982).
2. «Isaiah Berlin: contra la corriente», entrevista con Raymond Carr, traducción de Carlos Dardé, *Revista de Occidente,* n.º 66, noviembre de 1986, pp. 103-139. (Se cita como Berlin, 1986).
3. «Sir Isaiah Berlin», entrevista con A. Alférez, *Diario 16,* 21 de febrero de 1988, pp. 4-5. (Se cita como 1988b).
4. «Este ha sido un siglo terrible», entrevista con Juan Cruz, *Babelia,* n.º 30, 9 de mayo de 1992. (Se cita como 1992b).
5. «Sir Isaiah Berlin. Conversación con Salvador Giner», *Claves,* n.º 22, mayo de 1992, pp. 44-47. (Se cita como 1992c).
6. *Isaiah Berlin en diálogo con Ramin Jahanbegloo,* traducción de Marcelo Cohen del libro-entrevista realizado por Ramin Jahanbegloo, Anaya & Muchnik, Madrid, 1993. (Se cita como Berlin, 1993).

Prefacio del editor

La primera publicación de Isaiah Berlin sobre Hamann apareció en 1956 como un capítulo de su antología de filósofos del siglo XVIII[51]. Desde entonces se había referido a Hamann en alguno de sus ensayos[52], pero no le dedicó ninguna obra con la profundidad que cabía esperar, dada la posición central que, sin duda, ocupa el pensamiento de Hamann en sus estudios de historia de las ideas. Creí que este decepcionante vacío era irremediable, hasta que encontré una serie de borradores fechados en los años sesenta que, en conjunto, constituían claramente el cuerpo central de un estudio, muy detallado, sobre las ideas de Hamann. Berlin había olvidado completamente estos esbozos, de modo que, hasta que los encontré, me aseguraba que no había nada de eso entre sus trabajos. Pero esos escritos existían y este libro está basado en ellos.

51/ *The Age of Enlightenment: The Eighteenth-Century Philosophers*, Boston / New York, 1956; Oxford, 1979, pp. 270-275. [Aparece en la bibliografía como Berlin, 1979 *(N. del T.)*.]

52/ Al menos, brevemente, en *The Counter-Enlightenment* (1973) y *Hume and the Sources of German Anti-Rationalism* (1977), reimpresos ambos en *Against the Current: Essays in the History of Ideas*, London, 1979; New York, 1980. Ver también *Vico and Herder: Two Studies in the History of Ideas*, London / New York, 1976. [Del primero de los libros citados existe traducción castellana recogida en la bibliografía como BERLIN, 1983c; el segundo título aparece en la bibliografía como BERLIN, 1980b *(N. del T.)*.]

Del saber y de la libertad. El argumento de Isaiah Berlin contra el determinismo (I)

I

Llevar la tensión entre la libertad y la razón a una discusión teórica, hasta cuestionar que el determinismo sea la conceptualización adecuada del acontecer, es poner en aprietos a la consciencia moderna. Por ello, el ensayo de Berlin «La inevitabilidad histórica»[1] fue polémico en la filosofía anglosajona y, por ello, merece aún nuestra atención.

El ensayo es resultado de la reflexión de una época que hay que situar, ante todo, en el contexto de dos discusiones teóricas: 1) la validez y el alcance de las proposiciones y de las categorías específicas del conocimiento histórico y 2) si es posible esperar de la historia, como objeto de conocimiento, regularidades o, al menos, modelos para la comprensión del acontecer social. Ambos debates remiten a otros tantos problemas típicos del momento: el de la posibilidad de la *ciencia unificada* y el del alcance de la planificación social.

El planteamiento de Berlin, sin embargo, va más allá, apunta a la relación entre ciencias humanas y libertad. Su pregunta es si las conceptualizaciones con las que la racionalidad moderna aborda la acción humana no dejan de lado el *faktum* de la libertad, si estas tramas conceptuales, especialmente las causales y otras más o menos patentemente teleológicas, no llegan a limitar de antemano las posibilidades objetivas de acción —suprimiendo relevancias o descalificando preferencias o

---

1/ «Historical Inevitability» fue una conferencia impartida por Berlin como Auguste Comte Memorial Trust Lectura y editada por la Oxford University Press. Se reimprimió en diversas colecciones de ensayos y en 1969 la incluyó su autor en *Cuatro Ensayos sobre la Libertad*, en cuyo prólogo respondió a algunas de las críticas que se hicieron al ensayo. En la bibliografía aparece como BERLIN, 1988.

negando viabilidad a ciertos ámbitos de acción—, si no llegan a servir de coartada al desconcierto de la subjetividad ante el ejercicio de la opción.

Desde este punto de vista, el contenido del trabajo llega hasta la tercera antinomia kantiana, abordándola no de un modo escolástico, sino desde la experiencia concreta del modo de vida de nuestra época. Esta dimensión la vio con claridad S. Hampshire, que escribió a propósito del ensayo:

> Confundir la creencia en que los seres humanos *no deben* ser tratados como si fueran objetos naturales con la creencia de que *en realidad no lo son* es una nueva forma de superstición que, como en otro tiempo las supersticiones religiosas, es una obstrucción al progreso[2].

Volveré sobre los planteamientos de Hampshire; sólo quiero destacar de momento su certera visión del alcance de la posición de Berlin, en la que no ve una declaración de intenciones de tipo libertario, sino un cuestionamiento de la comprensión causal de la acción, con lo que —a juicio de Hampshire— Berlin pone en peligro la posibilidad misma de las ciencias humanas y las posibilidades de previsión racional de la acción. Por ello, Hampshire considera que esa noción de libertad reitera un arcaico espiritualismo y parece un sucedáneo de la noción de *alma.*

Estos incómodos interrogantes que brotan del ensayo de Berlin no deben disimularse. La reducción que hace Von Wright de su contenido a la autopredicción[3] —ámbito en el que sí podría defenderse la oposición que diseña Berlin entre acontecer y opción, que queda así fuera de la predicción objetiva— es, además de inexacta[4], un modo de aguar el vino. La crítica de Hampshire es, sin embargo, ejemplar, porque abre un debate en el que se marcan los perfiles de la actualidad que conserva el problema planteado por Berlin.

Para tratar el problema en toda su amplitud, dedicaré esta primera parte del trabajo a situar el ensayo de Berlin en las dos discusiones que sobre la escritura y la virtualidad de la historia para determinar regularidades sociales se mantienen en la época. Una segunda parte del trabajo estudiará las posiciones de Berlin y sus posibles consecuencias para las ciencias humanas.

2/ S. HAMPSHIRE, 1967, p. 291. Énfasis mío.
3/ G. H. VON WRIGHT, 1979, p. 191.
4/ I. Berlin, 1983, pp. 299-303.

II

Es preciso situar este ensayo, escrito en 1954, en la discusión sobre la explicación histórica. Durante la segunda guerra mundial se abre el debate sobre la explicación científica y sus consecuencias para la predicción y la atribución causal. Lo inician Hempel y Oppenheim. El texto del primero, que ha quedado como referencia básica de la discusión, se publica en 1948[5], fecha en la que el debate ha empezado a aplicarse ya a la acción humana y a la historia.

El debate está presidido por la propuesta de la *Ciencia Unificada*. Toda explicación debe contener leyes generales, de modo que lo que se haya de explicar sea consecuencia lógica de esas leyes[6] y de proposiciones empíricas que establezcan la ocurrencia de determinados hechos. Se purifica así la idea de causa de residuos ontológicos y/o mecánicos y se la convierte en noción mediada por leyes generales con contenido empírico y vinculada por nexos lógicos.

Los problemas surgen al extender el modelo de explicación a la historia, algo que, sin embargo, debe poder hacerse, porque el modelo, dice Hempel en 1942, debe convenir «a cualquier rama de la investigación empírica»[7]. Pero el texto histórico presenta resistencia al *explanation sketch*. Se habla entonces de una debilidad de la explicación histórica debida a tres razones. La primera es el uso por parte del historiador de principios o generalidades de imposible contrastación empírica, tales como *misión histórica*[8], *destino* o *sentido históricos*[9]. Esos ejemplos se citan. Una segunda razón es que ciertas fórmulas metodológicas y algunos conceptos de la historia incorporan elementos irreductiblemente subjetivos, con lo que no es posible determinar un objeto riguroso del conocimiento: los ejemplos más ilustres son las nociones de *comprensión* y *tendencia*. El tercer punto débil es el generoso uso que hace la historia de generalidades procedentes de la psicología individual o social y de muy diversas ramas del saber, sin que en su empleo se precise el alcance extensional de estas generalidades ni los nexos lógicos que las vinculan. La explicación científica, por el contrario, exige especificar las condiciones empíricas en las que se puede aplicar una generalidad —dicho toscamente, por qué un conjunto de hechos comprobados puede considerarse *ser el caso* de tal ley mejor que de tal otra— y excluir por procedimientos lógicos la posibilidad de aplicación de otras.

5/ «La Lógica de la Explicación» en C. G. HEMPEL, 1979, pp. 247-293.
6/ *Ibid.*, p. 249.
7/ *Ibid.*, pp. 242, 243 y 248.
8/ C. G. HEMPEL, 1979, p. 236.
9/ *Ibid.*

¿Es posible, pese a todo, incorporar el texto histórico a las exigencias de la explicación? Morton White, en 1943[10], sugiere que no hay una explicación que pueda considerarse específica de la historia: si emplea con amplitud generalidades de otras ciencias, serán éstas quienes sancionen el alcance de la explicación histórica. Hempel no va tan lejos y sólo propone correcciones vinculadas a los tres problemas ya señalados. Cree que hay que prescindir del primer tipo de generalidades; en cuanto a nociones como *comprensión* o *tendencia*, piensa que deben resituarse metodológicamente y precisar su alcance epistemológico: a la noción de *comprensión* sólo debe atribuírsele un papel heurístico[11] y la de *tendencia* puede aplicarse sólo al estudio de instituciones y con una especificación empírica tal que pierda todo contenido intencional. En cuanto a las generalidades tomadas de otras ciencias, dado que no es posible cumplir las exigencias del *explanation sketch* sin quebrar la escritura *normal* de la historia, deben tomarse como *esbozos de explicación y* tratar de perfeccionar su calidad empírica y su alcance lógico. Corregido así el texto histórico, podemos mantenerlo tal como lo conocemos, pero sabiendo que cuanto exceda de los límites propuestos sólo tendrá el rango de *interpretación:* un texto sugerente, sí, pero sin validez objetiva.

Con ello se consagra, más que la *unidad de método,* la unidad *de objeto del saber.* Éste debe ser objetivado de acuerdo al procedimiento de la ciencia natural, separado claramente de la apreciación subjetiva del observador, para ser especificado empíricamente con exactitud e incluido en generalidades lógicamente trabadas. A este objetivismo se añade una *reducción de la explicación al desarrollo causal*: el acontecer histórico debe ser subsumido en leyes generales y explicado en términos de causa.

Popper incluye en el modelo correcciones de interés. Pensaba que él mismo había iniciado la noción de explicación con su crítica a la idea tradicional de causa[12], que separó del principio de regularidad de la naturaleza y del apriorismo kantiano. Convirtió así la atribución causal en una cuestión lógica: era la consecuencia lógica de la conjunción formada por una ley general y proposiciones empíricas cuyo alcance se determinaba también por procedimientos lógicos. Popper establece, así, respecto a la observación, una distancia reflexiva que gana densidad si se tiene en cuenta que para él una ley general no es una verdad eterna sino una hipótesis y que la objetividad de un estado del mundo debe precisarse en términos

---

10/ M. WHITE, 1959.

11/ El trabajo básico para la recepción del concepto de comprensión por la filosofía analítica es T. ABEL, 1948.

12/ K. R. POPPER, 1985b, epígrafe 12.

de semántica tarskiana[13]. La explicación es un trabajo reflexivo que debe tener en cuenta la peculiaridad del objeto y la situación del investigador, cuya relación con el objeto no es abstracta, sino que está mediada por problemas concretos —la *situación-problema*—. De este modo, los objetos del conocimiento logran una mayor especificidad[14], y Popper se la reconoce a la historia: mientras la ciencia busca sobre todo determinar la validez general de sus leyes, la historia se interesa más por el suceso particular que por las leyes generales —bastante triviales— que utiliza[15]. Además, las generalidades de las ciencias humanas son diferentes, pues, al ocuparse de comportamientos humanos, exigen un conocimiento concreto de *situaciones;* habrá que precisarlas lógicamente[16], pero teniendo muy en cuenta que en ellas, 1) hay siempre elementos interactivos que escapan a una clasificación sólo extensional y 2) también hay cuestiones de contenido que una aplicación meramente formal de leyes generales pasaría por alto. Las relevancias de las ciencias humanas implican, pues, una hermenéutica mínima que Popper toma del marginalismo de Menger y de la *Deutung* weberiana. Popper contribuye, pues, al debate con el reconocimiento de la especificidad del objeto de las ciencias humanas y de la historia, y señalando la peculiaridad de su interés cognoscitivo.

Esta contribución queda, sin embargo, restringida por el vigoroso objetivismo que Popper atribuye al conocimiento. En el caso de la lógica de la situación, el afán de objetivación le hace preferir los escenarios institucionales a otros más difícilmente precisables. Es cierto que suaviza esta opción al situar el estudio de la institución en marcos tradicionales[17], con lo que parece insistir en la dimensión subjetiva de los objetos de la historia. Pero al afirmar, inmediatamente, que las tradiciones deben considerarse en contraste con la tradición *racional*, el objetivismo se restaura y llega a una confianza ilustrada rayana en la ingenuidad. Este desvío final hacia la objetivación racionalmente controlada se advierte también en su crítica del concepto de *comprensión*. Podría esperarse que Popper, dado el valor que concede a la reflexión, tomara a la *comprensión* como categoría reflexiva, pero prefiere formalizarla como referencias típicas en las que una cultura establece una *situación-problema*[18]. De este modo, muchos elementos subjetivos se pierden o se trivializan[19]. La opción objetivista de Popper termina por conducirlo

---

13/ K. R. POPPER, 1984, p. 138, n. 28.

14/ K. R. POPPER, 1982b, nota 7 al cap. 25.

15/ *Ibidem*, pp. 126-127.

16/ K. R. POPPER, 1984, epígrafe 31; K. R. POPPER, 1982b, cap. 14.

17/ K. R. POPPER, 1983, pp. 156-173.

18/ K. R. POPPER, 1982a, pp. 147-179.

19/ Es sorprendente que, para desautorizar el alcance de la empatía, afirme que pese a la comprensión que se les supone «ningún historiador del arte podrá ser un Rembrandt...»

a una *noción de objetividad cercana a la de la ciencia.* Popper confía más en su noción tarskiana de verdad objetiva[20] que en el esfuerzo de Menger por profundizar en los aspectos subjetivos de la vida social, porque piensa que el problema no es lograr una percepción cada vez más fina de las relevancias sociales, sino conseguir que los asertos de la sociología se puedan «verificar y corregir por medio de experiencias de tipo *objetivo*»[21]. Al corregir, es decir, falsar esos asertos, avanza el conocimiento y para lograr verdades falsables es decisivo que se presenten en formas conceptuales impecablemente objetivas. Esta seguridad en la dialéctica de la falsabilidad lo lleva a buscar el objetivismo hasta reintegrar con la *unidad de método* mucho de lo que había liberado al criticar la *unidad de objeto* del saber[22]. La consecuencia más importante de esta *unidad de método* es que Popper termina diferenciando, en las ciencias humanas y en la historia, un saber objetivo, homologable al de la ciencia natural por su rigor conceptual y su falsabilidad, y un amplio campo de hipótesis sugerentes pero no falsables que abandona a una historia escrita como *interpretación.* Campo que puede dar ideas e iluminar el acontecer, pero no generar un conocimiento objetivo.

III

Las posiciones de Berlin —en general y en el ensayo que estudiamos— poco tienen en común con las de Hempel, pero se las suele homologar a las de Popper. Sin embargo, hay notables diferencias entre ellas. Berlin piensa que Popper minimiza la diferencia de método entre las ciencias humanas y las naturales[23]. Atribuye, además, gran valor a los elementos subjetivos en la historia y la sociedad, y busca

---

(K. R. POPPER, 1982a, p. 178). La comunicación intersubjetiva, en consecuencia, sólo podrá estar mediada por objetos *reales* o lógicos.

20/ K. R. POPPER, 1985a, pp. 188 ss. y 134 ss.

21/ K. R. POPPER, 1982b, nota 14 al cap. 14; énfasis de Popper. Apel subraya que el objetivismo de Popper lo incapacita para una comprensión de las ciencias sociales (K.-O. APEL, 1985, vol. 2, pp. 215-216). Esto mismo parece verse en la valoración que Popper hace de Weber, de quien dice que «desgraciadamente» no vio que «la causalidad se halla vinculada a leyes universales» (K. R. POPPER, 1982b, nota 7 al cap. 25).

22/ Lanzar hipótesis sobre comportamientos sociales, llega a decir, es análogo a proponerlas sobre electrones (K. R. Popper, 1984, epígrafes 30 y 31); lo DECISIVO es que en ambos casos hay una familiarización del investigador con su objeto y la posibilidad objetiva de que los enunciados sean falsables, para lo que deben ser determinados lógicamente.

23/ I. BERLIN, 1988, p. 114, n. 7. Para completar el cuadro de opiniones sobre el objetivismo de Popper, recordemos el texto de Habermas en el que se dice que su racionalismo convierte a Popper en un ilustrado incapaz de comprender la emergencia de otras culturas o intereses (J. HABERMAS, 1987, pp. 308 ss.).

moldes conceptuales para tenerlos en cuenta: por ejemplo, la noción de *comprensión* que Popper rechaza. La asociación de ambos autores por su creencia en el indeterminismo es un tópico. Berlin dice alguna vez que el argumento popperiano sobre la imposibilidad lógica de la autopredicción no llega a impugnar el determinismo[24] y que sólo muestra los límites del conocimiento. Los caminos de ambos autores no llegan a coincidir.

Mayor distancia aún hay entre Berlin y los defensores ortodoxos de la aplicación del *explanation sketch* a la historia y sus diferencias no son sólo epistemológicas, sino que en ellas hay implicaciones éticas. Un buen ejemplo puede ser la crítica hecha por Nagel al ensayo que estudiamos, que incorporaría más tarde a su Estructura de la Ciencia[25]. Nagel afirma no defender el determinismo sino la explicación causal. El determinismo sería sólo un principio regulador[26] cuya función es gnoseológica: postula que para cualquier «conjunto de acciones humanas» o «cambios sociales» de interés para el historiador existe «algún sistema que es determinista respecto a esos elementos»[27]. En ese marco, Nagel distingue un nivel teórico, propio de la investigación causal, y otro práctico, en el que se desarrolla la acción; los comportamientos se esclarecen en el primero[28], sin que eso implique un debilitamiento práctico de la voluntad, y en el segundo[29] prolonga esos niveles en la distinción entre *conducta y acción*, que pueden estudiarse empíricamente mediante categorías específicas, la de causa para el primer caso y la de motivación para el segundo[30]. Esta distinción, piensa, permitiría, si alguna vez se demostrara ser el determinismo cierto, mantener el lenguaje de la libre opción no sólo con un uso residual —como seguimos diciendo *sale el sol*— sino conservando significaciones éticas que inspiran la motivación.

Berlin replica señalando que la ciencia es más una práctica inteligente que una visión del mundo. En ese sentido, la predicción es una tarea de la ciencia,

---

24/ I. BERLIN, 1983, pp. 299-300. El argumento de Popper puede encontrarse completo en K. R. Popper, 1986 y compendiado en la introducción a K. R. POPPER, 1984.

25/ E. NAGEL, 1981. Ver los tres últimos capítulos de la obra; las páginas 537-543 son una crítica expresa a Berlin. El texto inicial de Nagel es E. NAGEL, 1960.

26/ *Ibidem*, p. 543.

27/ E. NAGEL, 1981, p. 534. Compárese este modo de entender el principio regulativo con lo que mantiene Berlin (ver epígrafe IX, en Ja segunda parte del presente trabajo). El marco que propone Nagel quizá se traduzca en sus análisis de textos históricos que pueden verse en E. NAGEL, 1981, pp. 506-511. Sobre su valoración de la unidad de método, véase *ibidem*, pp. 416 ss.

28/ *Ibidem*, p. 539.

29/ *Ibidem*, p. 541.

30/ *Ibidem*, p. 540.

lo mismo que la cuantificación, y para mantenerla no hay que exigir la hipótesis determinista ni aun como idea regulativa, del mismo modo que la cuantificación tampoco precisa que todo sea cuantificable. Pero la crítica fundamental se dirige a la distinción entre conducta y acción. El problema no está en si se puede mantener y cómo el vigor de la motivación bajo la hipótesis de la determinación de la conducta —sea tal hipótesis regulativa o esté testada—, sino en que si al fin llega a mostrarse esta determinación causal, la moralidad —tal como la entendía Kant— sería aniquilada[31]. No cabe recurrir al testimonio del voluntarismo para mostrar que la motivación se mantiene en un universo que se sabe determinado[32]. El problema está en que el valor ético de la libertad es intrínseco y no utilitario o emotivista[33]. Aquí se muestra el nervio de la argumentación de Berlin, la preocupación que la cruza. Más tarde entraremos en ella. Lo que interesa destacar ahora es la base de su desacuerdo con la unidad de método de las ciencias naturales y humanas. La predicción científica es una característica del interés cognoscitivo de las ciencias; prolongarla a una visión determinista de la acción tiene importantes implicaciones que no es posible ignorar. Estas implicaciones son en primer lugar de tipo metodológico, pero en cuanto suponen una restricción de la acción al reducírsela a objeto, las implicaciones son también ideológicas. Berlin no desautoriza la pretensión de la unidad de método y objeto de la ciencia, pero mantiene que sus consecuencias para la consideración de la acción deben explicitarse, esas implicaciones deben explicitarse.

IV

La *unidad de método* es, en esta época, un veto que bloquea la posibilidad de que historia y ciencias humanas cuenten con conceptos y categorías acordes con la apertura de la subjetividad. Por eso la discusión sufre un fértil giro al desplazarse desde el debate de la explicación histórica al análisis de la *escritura* y del *texto históricos.* Con él se iluminan nuevas dimensiones de nociones y procedimientos antes descartados. Así, Gardiner retoma la noción de *comprensión*[34], la separa de la lectura idealista de Collingwood[35] y de todo psicologismo[36] y la

---

31/ I. BERLIN, 1988, pp. 37 y 17, nota 9.

32/ *Ibidem*, p. 17.

33/ *Ibidem*, pp. 13-14.

34/ P. GARDINER, 1961. El texto apareció en su primera edición en 1952.

35/ *Ibidem*. Para el concepto de *comprensión* en Collingwood en su aspecto más descriptivo, véase R. G. COLLINGWOOD, 1974; de modo más teórico y en donde es fácil ver las influencias de Croce, R. G. COLLINGWOOD, 1984.

36/ P. GARDINER, 1961. Ver su introducción a la parte II de la compilación, p. 268.

define como «*imaginative understanding*»[37]: una operación de la fantasía para penetrar las estructuras simbólicas de otras culturas con la que debe contar toda escritura histórica. Expone que la noción de *interpretación* es más fértil para la inteligencia de la historia que la atribución causal, que por sí sola no da cuenta de lo que es significativo en un estado de cosas; aun la noción de *Volkgeist*, rechazada por Hempel, puede señalar relevancias que escapan a la causalidad objetiva[38].

A esta indagación del texto histórico —que incorpora elementos de las *Geisteswissenschaften*— se unen análisis de inspiración pragmática. Dray mantiene que la explicación histórica no se satisface subsumiendo la información bajo leyes causales, a menudo banales, sino reorganizándola bajo hipótesis[39] que sean iluminadoras. Conceptos ricos, aptos para vincular aspectos muy diversos del acontecer, que precipitan en densos significados son más importantes que las leyes que, al fin, suelen sólo buscarse después de constatar la *importancia* de un evento. La metáfora y la analogía —epistemológicamente controladas— son más fértiles para perfilar lo nuevo que la ley, de ordinario demasiado general y pálida[40]. Merece la pena observar que algunas de estas apreciaciones se aproximan a la tradición historiográfica alemana. Los «conceptos dominantes» o «ideas maestras» que, según Dray, iluminan los hechos traen ecos de Ranke, aunque su fuente explícita sea Walsh[41].

La reflexión de Scriven[42] sobre el texto histórico une aspectos de esas tradiciones. Las propiedades formales que exige la explicación son insuficientes cuando se examinan críticamente desde el interés cognoscitivo propio de la escritura de la historia. Ésta no sólo exige una adecuación formal, sino un análisis de contenido y una indagación reflexiva de las categorías que resulten más ajustadas a la naturaleza del asunto. La relevancia de la explicación, en el caso del texto histórico, tampoco viene dada por una consideración formal del sujeto y el objeto sino por criterios que comparten historiador y lector: sólo en esa relación pueden determinarse las preguntas a las que *inexcusablemente* hay que responder y los aspectos de una situación que *en absoluto* pueden pasarse por alto.

37/ *Ibidem*, p. 132.
38/ *Ibidem*, p. 112; ver nota al pie de esa página.
39/ W. Dray, 1959, pp. 403-404.
40/ *Ibidem*, p. 407.
41/ W. H. Walsh, 1985. El pasaje clásico para la noción de ideas rectoras en Ranke es la introducción a sus conferencias a Maximiliano de Baviera. Hay edición española: *Sobre las épocas de la Historia Moderna*, Editora Nacional, Madrid, 1984.
42/ C. Scriven, 1959.

Berlin buscaba zonas libres para el acontecer humano. Las que proporciona esta discusión no proceden de la consideración ética de la acción, sino simplemente del análisis del texto y la escritura de la historia: del quehacer del historiador. Berlin insistirá, en el ensayo que estudiamos, en esas dimensiones de la tarea del historiador. Lo hará siguiendo las posiciones de Weber en la selección de relevancias. Pero ya en este ensayo se anuncian exigencias más radicales: manteniendo la definición aristotélica de la historia, su preocupación apunta a una escritura de la historia que insista en los aspectos diferenciales de culturas y formas de vida. Para ese tipo de investigación histórica encontrará importantes claves en la obra de Vico y en la de Herder, que relacionará a veces con conceptos diltheyanos. Más tarde entraré en ellos.

De momento baste señalar que el giro que sufre la discusión sobre el alcance de la escritura de la historia, que podríamos calificar como un paso simultáneo hacia la hermenéutica y al pensamiento pragmatista, logra conceptos aptos para la consideración reflexiva de la acción. Aptitud que quizá brote del origen idealista de esas nociones que ahora se han separado de toda pretensión ontológica. En este ámbito se inscribe Berlin, aunque su radicalización en la visión individualizada de culturas y formas de vida plantea un nuevo problema: si este tipo de análisis no termina renunciando a una visión general del acontecer[43] y, si llega a consideraciones de interés, éstas son tan dispersas que no logran ofrecer una visión de la historia. Berlin responderá a esto y ampliará el espacio abierto por el giro pragmático de la discusión.

V

La época conoce otro gran debate: el que mantienen Popper y Hayek sobre la filosofía de la historia y sus relaciones con la teoría social. Su horizonte es político, porque la crítica no apunta sólo a las filosofías de la historia, sino a los modelos de planificación social que inspiran.

La discusión se centró en lo que ambos autores llaman *historicismo*. Historicista es quien desplaza la teoría social a la historia porque cree que en ésta se manifiestan las fuerzas que operan en el desarrollo social[44]; la historia permitiría correlacionar estas fuerzas y llegar a leyes generales o a un modelo teórico del

---

43/ P. GARDINER, 1959, introducción a la segunda parte de su compilación, p. 271. Una discusión ya clásica sobre las dificultades de acceder a la generalidad desde la *comprensión* puede verse en J. HABERMAS, 1982.

44/ K. R. POPPER, 1984, epígrafe 16; F. A. VON HAYEK, 1954, pp. 112-114.

acontecer, con lo que podría definirse el conjunto de la vida social[45]. Este desplazamiento, creen, viene impulsado además por la convicción de que en la historia
es donde puede surgir la *novedad* a la que la ciencia social sólo llega *ex post fes-
tum*. El historicista convierte la historia en ámbito de predicción, piensa Popper,
o —a juicio de Hayek— en escenario de fenómenos que pueden estudiarse en su
génesis y evolución[46].

Las críticas de ambos autores no son coincidentes. Popper rechaza la posibilidad de unas leyes históricas asimilables a las científicas, porque, piensa, la historia
no puede precisar las condiciones iniciales de los fenómenos ni el contenido lógico de las hipótesis[47]. La historia por lo tanto no dispone de leyes. Hayek es más
radical: insiste en el carácter singular de los fenómenos históricos que son, por
eso, difíciles de formalizar: generalizarlos no es sino un confuso intento entre la
inducción y la descripción[48]. Ambas críticas son próximas, pero mientras Hayek
parte de una óptica cercana a las *Ciencias del espíritu*, Popper procede desde lo
que más arriba hemos llamado *unidad de método de la ciencia*.

Ambos niegan que las filosofías de la historia puedan determinar con rigor
sus conceptos. Para Hayek, los fenómenos sociales son específicos de las diversas épocas y culturas; logramos entenderlos gracias a la *comprensión* de las categorías de esas sociedades y así hablamos de salario, trabajo o Estado[49], pero la
determinación no es unívoca y el alcance de tales conceptos deberá precisarse
en cada civilización, cultura o época. La debilidad teórica del *historicismo* está
en generalizar indebidamente sus objetos al inscribirlos en una racionalidad abstracta, separada de los procesos reales. Hayek cree en la deriva histórica de la
racionalidad, pero como un proceso, inseparable del hábito[50] y el acuerdo[51], que
es además «orgánico, lento, semiinconsciente»[52]. La crítica de Popper se dirige,
más que a la generalización indebida de los conceptos, a la imprecisión de las
llamadas «leyes históricas». Éstas ocultan su inestable contenido empírico y su
incapacidad para determinar situaciones iniciales bajo la distinción entre *esencia*

45/ K. R. POPPER, 1984, epígrafes 24 y 25.

46/ F. A. VON HAYEK, 1954, p. 117.

47/ K. R. POPPER, 1984, epígrafes 27 y 28. Para la idea de contenido empírico y lógico de
las hipótesis, ver K. R. POPPER, 1983, pp. 459-477. De modo menos técnico puede hallarse en
K. R. POPPER, 1985a, epígrafe 7.

48/ F. A. VON HAYEK, 1954, pp. 121-125.

49/ *Ibidem*, p. 152.

50/ F. A. VON HAYEK, 1982a, p. 91.

51/ *Ibidem*, p. 93.

52/ *Ibidem*, p. 86.

y apariencia[53]. Con ella, los fenómenos históricos remiten a una dimensión más profunda que, para Popper, es siempre indeterminada. Esa estructura del objeto permite al *historicismo* prescindir de ciertas relevancias empíricas y proponer, sin control crítico, nuevas condiciones iniciales cuando las hipótesis fracasan. La distinción entre esencia y apariencia sería entonces un inmunizador de la crítica[54]. ¿Por qué puede mantenerla el *historicismo?* Porque mantiene una noción abstracta del conocimiento, separada de la pregunta y del problema, y que conserva la ilusoria pretensión de que el saber es completo[55]. Se reitera así la sospecha sobre los universales del saber histórico, pero desde otro punto de vista. Popper, coherentemente con sus planteamientos, no aceptará el recurso a la *comprensión* y su visión del acontecer no está tan cargada de escepticismo como en el caso de Hayek. Los análisis del acontecer pueden y deben hacerse, pero en marcos institucionales y tradicionales que sitúen la acción en correlatos concretos. Popper cree que es posible un reformismo político, pero sus propuestas deben hacerse desde tales tramas institucionales y con un control cuasi-científico de la hipótesis, de manera que éstas puedan ser evaluadas en su alcance de acuerdo al método de conjetura y refutación.

Se advierten, pues, las diferencias entre ambos autores. La heterogeneidad entre los objetos del saber histórico acerca a Hayek al escepticismo y lo lleva a emplear modos de interpretación que Popper cuestionaría. Éste, por su parte, mantiene una posición intervencionista en la sociedad, lo que supone que es posible captar ciertas líneas del acontecer. A la oscura deriva de la racionalidad que defiende Hayek, Popper puede oponer una idea de progreso institucional[56].

Popper, desde luego, negará que pueda atribuirse a la historia un fin o una dirección, menos aún una meta o un sentido. Pero si el conocimiento permite cierta intervención en el acontecer, el comportamiento racional, al ser sobre todo una opción ética[57], abre una *posibilidad de consenso*, si bien limitada a evitar ciertas carencias de nuestra sociedad —pobreza, discriminación racial, paro, enfermedades— por medio de una *tecnología social fragmentaria*. El acuerdo posible se centra, pues, en combatir males, es un acuerdo sobre lo negativo, como lo es el conocimiento en Popper. Algo que está también presente en su propuesta de

---

53/ K. R. POPPER, 1982b, pp. 91-92.

54/ K. R. POPPER, 1983, pp. 375 ss.

55/ *Ibidem*, p. 137.

56/ Sobre las nociones popperianas «tecnología fragmentaria» y «progreso institucional», en un plano básico y claro, ver K. R. POPPER, 1984. Uno de los textos más sugerentes sobre la idea de progreso se encuentra, sin embargo, en K. R. POPPER, 1982a, pp. 138 ss.

57/ K. R. POPPER, 1982b, cap. 24, epígrafe II.

tecnología social fragmentaria, que, por ser tal, ha de estar controlada por las alternativas de conjetura y refutación. Estas limitaciones no impiden que en Popper haya una idea autorreflexiva de la historia: es posible una intervención consensuada racionalmente sobre el acontecer[58], que oriente la cooperación interhumana y la comunicación en torno a valores —o contravalores— generales.

La posición de Hayek es mucho más escéptica. Un consenso sobre fines, aun negativos, es una ilusión, porque el juicio subjetivo y la preferencia individual son los impredecibles protagonistas del acontecer e intentar formalizarlos es engañarse. En los años 70, cuando Hayek inicia una verdadera cruzada contra el keynesianismo, señala que, si las leyes del mantenimiento de la demanda son falsables, no son por ello científicas. Son inadecuadas porque no prevén que los agentes sociales manipularán en su beneficio los escenarios que proponen esas leyes y negarán *de facto* su alcance. Popper confía en una acción moderada por la racionalidad, Hayek piensa que los factores subjetivos son ingobernables y que no cabe más que inscribirlos con firmeza en los dispositivos liberales, el imperio de la Ley y el mercado. Aquél garantiza la iniciativa del individuo, la igualdad interindividual y la previsibilidad de las conductas; éste ofrece la única información fiable sobre preferencias y necesidades[59]. Por lo demás, pone bajo sospecha aun a los organismos de representación democrática[60] y opta, frente a ellos, por colegios legislativos de notables, cerrando así su ciclo contra los fantasmas de la planificación.

VI

El destino de este debate es paradójico, porque parece conducir a limitaciones tanto de la planificación como del liberalismo que proponen. En efecto: el debate es una potente crítica para las lecturas mitológicas de Marx, tan frecuentes en la época, y baña de incertidumbre conceptos tales como fases de desarrollo social o tendencias históricas, pero, al faltar en ambos autores una comprensión adecuada de la dialéctica y percibir el socialismo con la estrechez de una doctrina, muchas de sus críticas pierden profundidad. Por otra parte, la crítica que hace Hayek de determinados conceptos generales termina por conducirlo a un cuasi-empirismo en el terreno teórico y a postular, en la práctica política, procedimientos antidemocráticos. Popper, por su parte, confía en procedimientos racionales para determinar ciertas formas del acontecer y para fijar formas de consenso, pero su objetivismo hace que las propuestas prácticas no estén exentas de una

---

58/ Para el concepto de unidad racional del género humano, *ibidem*, cap. 10.
59/ F A. von Hayek, 1982b, caps. 9 y 12.
60/ *Ibidem*, caps. 6 y 10.

cierta tecnocracia, mientras que el consenso deba descansar sobre un optimismo ilustrado que no esté libre de ingenuidad. En la columna del haber, no obstante, hay que anotar el carácter reflexivo de los conceptos que pueden determinar el acontecer y de las propuestas que puedan alcanzar el consenso.

Suele asociarse a Berlin con los protagonistas de esta discusión. Su posición, sin embargo, es algo diferente. Comparte el rechazo a las filosofías de la historia con pretensiones de saber completo: son, dice, nuevas ontologías porque sustancializan sus categorías, sólo que tal acusación es difícil hacerla a Marx, cuyo tratamiento de la historia es más empírico que doctrinario. Para Berlin, la obra de Marx tiene las limitaciones de las construcciones racionalistas que creen poder establecer de antemano unos ámbitos relevantes de la acción —en lo que a procedimientos y fines se refiere— frente a otros que no lo son. Berlin piensa que los fines individuales difieren radicalmente e incluso se oponen y que en los procedimientos puede haber similar variedad. Esta crítica a Marx puede dirigirse igualmente a las propuestas popperianas, tanto en lo que a la planificación fragmentaria se refiere como en lo que toca a las posibilidades de consenso. Berlin, en ambos casos, guarda un prudente escepticismo, afirmando sólo que lo decisivo es defender ámbitos de opción individual. Pese a ello, no se entrega a la desnuda lógica de los reguladores de la acción en los que confía Hayek: ni el mercado ni la pureza del procedimiento llegan a garantizar formas de convivencia que no hieran intereses o fines individuales o valores que un grupo establezca como decisivos. Lo verdaderamente importante es reconocer el pluralismo, aun en su capacidad de suscitar conflictos insolubles, y defender desde ahí una vida decorosa para la mayoría, con canales de intercomunicación que eviten la violencia. Las formas de consenso racional quizá no logren garantizar el pluralismo, los mecanismos de mercado no avalan esta intercomunicación en torno a esa unión que propone Berlin entre criterios aristotélicos y utilitarios.

Estas concepciones de Berlin tienen una importante consecuencia: la historia no es desde luego un desarrollo determinable racionalmente, pero tampoco una lenta deriva práctica de la acción racional o un desarrollo lineal de instituciones; la historia es un despliegue de diferentes culturas cuyos puntos de referencias cognoscitivos y valorativos son muy diversos, casi cabría decir inconmensurables. Este despliegue heterogéneo puede ser, sin embargo, comprendido por quien logre penetrar en esos diferentes mundos. Tal comprensión convierte el estudio de la historia en un ejercicio de reflexión que, al esforzarse en captar la diferencia, se convierte en la mejor escuela de pluralismo.

Al situar a Berlin en estas dos discusiones, obtenemos valiosos elementos para entrar en el análisis de su ensayo sobre el determinismo. La acción humana está cargada de una incertidumbre que no se rinde a regularidades de tipo científico objetivo; tales regularidades empobrecen el alcance y el significado de la acción. Uno y otro tampoco se esclarecen desde conceptos teleológicos. Esta irreductibilidad a conceptos determinados no acaba, sin embargo, con la escritura de la historia ni la priva de sentido. Es cierto que el texto histórico no puede considerarse como un encadenamiento de causas a efectos ni puede constituir el escenario de una Razón triunfante. El texto histórico desgrana significados de la acción humana y propone formas integradas de experiencia, y no lo hace para una erudición vacía sino para lectores que se preguntan por el sentido de ciertos acontecimientos que juzgan importantes. Situado en este pliegue reflexivo, el texto histórico, más que dar una razón monológica del acontecer, despliega una enorme dispersión de fines y significados de la acción: es una fenomenología de la diferencia.

Esta amplia consideración de la historia nos permitirá entrar con mayor claridad en el argumento de Berlin sobre el determinismo que abordaremos a continuación.

Bibliografía

ABEL, T. (1948): «The Operation called 'Verstehen'», *American Journal of Sociology*, 53 (1948), pp. 211 ss.

APEL, K.-O. (1985): *La Transformación de la Filosofía*, traducción de A. Cortina, J. Chamorro y J. Conill, Taurus, Madrid.

BERLIN, I. (1983): *Conceptos y Categorías*, traducción de E. González Aramburo, Fondo de Cultura Económica, México.

— (1988): *Cuatro Ensayos sobre la Libertad*, traducción (de la edición de 1969 de *Four essays on Liberty)* de B. Urrulia, J. Bayón y N. Rodríguez Salmones, Alianza, Madrid.

— (1990): *The Magus of the North. J. G. Hamann and the Origin of the Modern irrationalism*, H. Hardy ed., John Murray, London.

COLLINGWOOD, R. G. (1974): *Autobiografía*, traducción de J. Hernández Campos, Fondo Cultura Económica, México.

— (1984): *Idea de la Historia*, traducción de E. O'Gorman y J. Hernández Campos, Fondo Cultura Económica, México.

DRAY, W. (1959): «'Explaining What' in History», en P. Gardiner, 1959, pp. 403-408.

GARDINER, P. (1959): *Theories of History*, The Free Press, London.

— (1961): *The Nature of Historical Explanation*, Oxford University Press, Oxford.

HABERMAS, J. (1982): *Conocimiento e Interés*, traducción de M. Jiménez, J. F. Ivars y L. Martín Santos, revisado por J. Vidal Beneyto, Taurus, Madrid.

— (1987): *Teoría y Praxis. Estudios de Filosofía Social*, traducción de S. Mas y C. Moya, revisado por J. Muñoz, Tecnos, Madrid.

HAMPSHIRE, S. (1967): «Philosophy and Madness», *Listener,* 87 (1967), pp. 289-292.

HAYEK, Fr. A. von (1982a): *Los Fundamentos de la Libertad,* traducción de J. V. Torrente, Centro Estudios, Buenos Aires.

— (1982b): *New Studies in Philosophy, Politics, Economics and the History of Ideas,* Routledge and Kegan Paul, London.

— (1954): *Scientism and Social Sciences,* Rowlands, New York.

HEMPEL, C. G. (1979): *La explicación científica. Estudios sobre la filosofía de la ciencia,* traducción de M. Frassineti, N. Méguez, I. Ruiz Aused y C. S. Seibert, Paidós, Buenos Aires.

NAGEL, E. (1960): «Determinism in History», *Philosophy and Phaenomenological Research,* 20 (1960), pp. 311-317.

— (1981): *La Estructura de la Ciencia. Problemas de la Lógica de la Investigación Científica,* traducción de N. Míguez, revisado por G. Klimovsky, Paidós Ibérica, Barcelona.

POPPER, K. R. (1982a): *Conocimiento Objetivo,* traducción de C. Solís Santos, Tecnos, Madrid.

— (1982b): *La Sociedad Abierta y sus Enemigos,* traducción de C. Loedel, Paidós Ibérica, Barcelona.

— (1983): *Conjeturas y Refutaciones. El desarrollo del Conocimiento Científico,* traducción de M. Grasa, Paidós, Barcelona.

— (1984): *La Miseria del Historicismo,* traducción de P. Schwartz, Alianza, Madrid.

— (1985a): *Búsqueda sin término. Una Autobiografía Intelectual,* traducción de G. Trevijano, Tecnos, Madrid.

— (1985b): *La lógica de la Investigación Científica,* traducción de V. Sánchez Zabala, Tecnos, Madrid.

— (1986): *El Universo Abierto. Un Argumento en favor del indeterminismo. Post Scriptum a la Lógica de la Investigación Científica,* vol. III, traducción de N. Sansigre Vidal, Tecnos, Madrid.

SCRIVEN, C. (1959): «Explanation and Interpretation in History», en P. Gardiner, 1959, pp. 408-427.

VON WRIGHT, G. H. (1979): *Explicación y comprensión,* traducción de I. Vega Reñón, Alianza, Madrid.

WALSH, W. H. (1985): *Introducción a la filosofía de la historia,* traducción de E. Torner, Siglo XXI, México.

WHITE, M. (1959): «Historical Explanation», en P. Gardiner, 1959, pp. 357-373.

— (1956): Review on «Historical Inevitability», *Perspectives USA,* 16 (1956), pp. 19-26.

Del saber y de la libertad. El argumento de Isaiah Berlin contra el determinismo (II)

En el cruce de los debates sobre la historia que hemos estudiado —el primero en torno a la explicación histórica y a las peculiaridades del texto histórico, el segundo acerca del alcance de las leyes generales en la historia—, el ensayo de Berlin *Historical Inevitability* destaca sobre todo por presentar una tesis fuerte: una lectura determinista de la acción humana y del acontecer histórico es inadecuada. La tesis se opone tanto a la unidad de método y objeto que buscan los defensores de la *Ciencia unificada,* como a las filosofías de la historia que confían en encontrar leyes del desarrollo histórico o fórmulas para un desenvolvimiento unitario del acontecer: provoca las críticas de Nagel y las de Carr. El alcance de la tesis alerta también a otros pensadores, que advierten en ella un debilitamiento de la objetividad de las ciencias humanas; por eso es necesario considerar una segunda tesis que se plantea en el ensayo, tan importante como la primera, y que es una noción de objetividad basada en la comunicación[1].

De la primera de esas tesis, Berlin afirma que no es una refutación del determinismo, sino que sólo señala que si el determinismo «alguna vez se convierte en una creencia aceptada por muchos y entra a formar parte de la estructura del pensamiento y la conducta de la gente, ciertos conceptos, palabras y creencias,

---

1/ Las opiniones de Carr pueden verse en E. H. CARR, 1984, pp. 59, 61, 69 n., 103, 123-127, 133, 139, 158 y 172-174. La obra de Carr surge de unas conferencias celebradas en 1961. En cuanto a la discusión sobre la objetividad, además de los trabajos de S. Hampshire, Nagel y P. GARDINER, 1977, así como en WHITE, 1956, pueden verse otros citados en la Introducción a I. Berlin, 1988 y en mi *Individuo y racionalidad moderna. Una lectura de Isaiah Berlin,* Universidad de Sevilla, Sevilla, 1994.

profundamente inmersas en el lenguaje y pensamiento de los hombres, dejarían de ser operantes o habría que cambiar drásticamente su uso y su significado»[2]. Tales conceptos y creencias son los que diseñan el ámbito de la opción, la imputación de responsabilidad, las alternativas de acción.

Antes de examinar la argumentación, permítaseme señalar que el planteamiento de Berlin desborda los debates que analizamos en la primera parte de este trabajo. *Su propuesta es desprender a la acción humana de cualquier trama que le sea exterior y hacerle recuperar el momento de indeterminación propio de la opción o, al menos, la apertura ante alternativas diversas.*

El problema tiene evidentes raíces morales, pero Berlin lo sitúa en una perspectiva crítica, epistemológica, para señalar que el pensamiento occidental moderno sobrevaloró de tal modo el conocimiento que minimizó el papel de la voluntad humana.

Berlin piensa que el nacimiento de la ciencia moderna debilitó la confianza en las antiguas visiones ontológicas y teológicas, pero que su alcance crítico se vio mermado, porque las leyes científicas se tomaron como un nuevo *saber completo* que prometía un esclarecimiento pleno de la realidad[3]. La ciencia ofrecía «un grupo de principios universales e inalterables» que podían organizar todos los aspectos de la vida y la realidad, y garantizar una existencia ordenada: «sólo por apartarse de aquellos principios los hombres caían en el delito, el vicio y la miseria»[4] Lo que la capacidad racional autónoma descubría fraguaba en moldes demasiado viejos, los de la filosofía tradicional de Occidente, que atribuía a la realidad una estructura última que la búsqueda racional podía encontrar. La creencia ilustrada en la existencia de «una estructura de las cosas, una *rerum natura*», que llegaría a descubrir la razón con tal que siguiera el método —el camino— adecuado[5], convertía a la naturaleza en nuevo libro sagrado administrado por los detentadores del nuevo saber, los expertos ilustrados, que gozaban de una autoridad próxima a la que pidiera Platón para el Rey-Filósofo y las iglesias para sus sacerdotes.

Berlin analiza en distintas ocasiones este *desplazamiento* de la racionalidad ilustrada hacia una nueva ontología y piensa que su elemento decisivo es la confianza puesta en el conocimiento. En un texto recientemente editado[6], Berlin subraya que la comunidad ilustrada fue mucho más heterogénea en sus opiniones

---

2/ I. BERLIN, 1988, pp. 11 y 29.
3/ I. BERLIN, 1990, p. 214.
4/ I. BERLIN, 1983c, p. 62.
5/ I. BERLIN, 1983b, p. 11.
6/ I. BERLIN, 1993, pp. 26-30.

de lo que suele creerse; pese a ello, añade, todos estaban de acuerdo en el poder del conocimiento, en que «reality is knowable, and that knowledge and only knowledge liberates, and absolute knowledge liberates absolutely»[7]. Es la misma convicción que alimentara la corriente central del pensamiento Occidental, y que llega a anular con su «Virtue is knowledge» los dispersos destellos de cuantos hicieron del saber un atrevimiento[8].

Estas esperanzas puestas en el conocimiento llegan a desnaturalizar la acción al hundir en el *olvido* que su ámbito lo cruzan siempre las alternativas y, en mayor o menor grado, la incertidumbre. Explicar una acción —lo sabe el historiador y lo hace el novelista— exige dar cuenta de alternativas, indagar cuáles se descartan y por qué; qué valores, preferencias o fines se contemplaron, bajo qué fuerzas se actuó; con qué consecuencias y cuáles de éstas se previeron; qué riesgos se afrontaron, etc. Poco de esto se advierte por el intelectualismo para quien «explicar las cosas es subsumirlas en fórmulas generales y representarlas como ejemplos de leyes que valen para un número infinito de casos, de tal manera que con el conocimiento de todas las leyes pertinentes y un suficiente número de hechos también pertinentes será posible decir no sólo lo que sucede, sino también por qué»[9].

Esta simplificación causalista tiene su homólogo en las posiciones teleológicas, para las que explicar una acción es «descubrir su finalidad»[10], y en las de inspiración organicista que tratarán de buscar «su función»[11]. El conocimiento se convierte entonces en supuesta omnisciencia que sirve de pantalla teórica y/o de coartada práctica a la acción y se hace «falsa conciencia» o «mala fe», porque el problema de la acción se *desplaza* —en el sentido fuerte y estricto de Freud—, de modo que sus componentes subjetivos —con su riesgo e incertidumbre— se transfieren a una zona templada, ordenada por tramas racionalizables, en la que la tutela del conocimiento disuelve el malestar de la opción, el aguijón del deseo o el desconcierto ante valores en conflicto.

He dicho que la crítica de Berlin es epistemológica, porque su planteamiento quiere mostrar cuanto en este desplazamiento, en esta *racionalización* de la acción, quebranta la crítica más elemental. Algunos análisis de este tipo otorgan a

---

7/ I. BERLIN, 1988, p. 147.

8/ Merece la pena recordar aquí lo que Kant dice de la Ilustración como autonomía del propio juicio; basta recordar I. KANT, 1981b, *passim*. A propósito de la máxima *Sapere Aude*, hay un interesante estudio de Ginzburg (C. GINZBURG, 1994, pp. 94-116) en el que, a través de emblemas, se sugiere una evolución de la autonomía del conocimiento y el atrevimiento del saber.

9/ I. BERLIN, 1988, p. 123.

10/ *Ibid.*, p. 119.

11/ *Ibid.*, p. 122.

una categoría del pensamiento rango de realidad; la categoría, entonces, no organiza los componentes empíricos del acontecer, sino que los oculta. Otras veces, la red categorial se aplica, no al esclarecimiento de una situación, sino a recortar de ella los riesgos, aunque así también se la despoje de su complejidad y riqueza. Berlin define el primero de esos caminos con palabras de Hamann: se pretende estar hablando de cosas, cuando en realidad lo estamos haciendo sobre conceptos o palabras[12]; cree que el segundo es característico de ciertas filosofías, tentadas por la omnisciencia, que se sitúan a la vez dentro y fuera de las categorías. Ambos procedimientos son formas, dice, de *reificación*[13], una hechura del pensamiento se ha convertido en algo presuntamente real y, así, lo que hubiera podido esclarecer las cosas sirve para ocultarlas y para encubrir la capacidad humana de idear y expresar. Cuando se trata del análisis de la acción o del acontecer, ambas consecuencias se recubren y refuerzan[14] y la queja del objeto frente al concepto que lo deforma es la de Belinsky contra Hegel: «si llegara a lo más alto de la escala del desarrollo humano, aún habría de pedir a Hegel que me explicara todas las víctimas de la vida y de la historia»[15].

La desfiguración del conocimiento tiene evidentes consecuencias éticas: la rendición de la opción, su entrega a una generalidad que le es exterior y ajena. Berlin se mantiene en un terreno teórico porque quiere plantear un debate de ideas: cuando aparecen conflictos radicales entre valores o se advierte que los costes de ciertas opciones pueden ser graves para los individuos o emergen pretensiones de autonomía en culturas hasta el momento ignoradas, no es lícito hacer desaparecer el filo de estos problemas bajo las determinaciones —causales o teleológicas— de *un* pensamiento que se refugia en generalidades, y olvidar *la propia* capacidad de pensar y posicionarse. Berlin quiere zarandear esta paz del pensamiento en la que ve la trampa de la ideología[16].

12/ El aforismo de Hamann se aplica en I. Berlin, 1988, pp. 107-108, a Comte.

13/ I. Berlin, 1993, pp. 83-84.

14/ Berlin evita exponer su idea de reificación en moldes dialécticos, recurre a Diderot, Rousseau o Vico, sobre todo (I. Berlin, 1980, pp. 61 y 67). Sin embargo, su análisis guarda afinidades con Adorno: ambos coinciden en negar al concepto su inocencia. Berlin fue amigo de Adorno, compartían una gran afición en común, la música. Pese a ello confiesa a Jahanbegloo no haber entendido nunca sus escritos.

15/ I. Berlin, 1979, p. 323.

16/ En I. Berlin, 1988, pp. 98 ss. se analizan algunas cuestiones que son características de la época a juicio de Berlin. En ellas, en la planificación o el colonialismo, Berlin señala una precedencia de planteamientos doctrinarios sobre los análisis empíricos. El problema no es exclusivo, sin embargo, de las posiciones no conservadoras: en I. Berlin, 1988, p. 109, se dice que el conservadurismo y el liberalismo de la época son muy miopes ante las protestas anticolonialistas.

La crítica de Berlin, sin embargo, plantea un problema: si las formas particulares del acontecer y los caminos individuales de acción impugnan las generalidades como *malas* racionalizaciones, ¿es posible alguna esfera de objetividad para su consideración o deberán permanecer una y otro en un insuperable subjetivismo o en un mosaico de interpretaciones relativas?[17]. A esto responde la segunda tesis de Berlin: la historia sugiere una idea de objetividad que brota de la comunicación. Esta comunicación no se apoya, como en Popper, en la identidad racional, sino en la posibilidad de reconocer en las diferentes formas de establecer el objeto y en los distintos modos de organizar la vida la misma capacidad categorial humana. Examinaré sucesivamente ambas tesis.

VIII

El argumento de Berlin contra el determinismo no intenta probar su falsedad, sino la inconsistencia lógica entre un mundo pensado exclusivamente en conceptos deterministas y las estructuras lingüísticas y categoriales con las que hablamos —y pensamos— al atribuir responsabilidad o eximir de ella, dilucidar alternativas de acción o enfrentar una opción. Estas estructuras ahorman el trabajo del historiador, del juez y el novelista, y la relación entre médico y enfermo; están en el lenguaje y la reflexión como el espacio, el tiempo o los números[18]. La inconsistencia entre ambas estructuras no implica un juicio sobre la naturaleza determinista o no de las cosas —por eso Berlin dice que él no prueba la falsedad del determinismo—, sino que ciertos ámbitos de la experiencia, si han de mantener el sentido que les damos, escapan a la conceptualización del determinismo.

Esta diversidad de ámbitos de experiencia no la advierte Nagel, para quien la unidad de objeto del saber implica que el lenguaje debe ser siempre *descriptivo* de estados del mundo[19]. Esta reducción de las posibilidades del lenguaje es una exigencia del *criterio de significado,* una restricción que ya Berlin criticó en 1939, argumentando que un lenguaje así concebido era inservible para la historia. La razón central era, sin embargo, de más calado y venía a decir que lo que no advierten los defensores del criterio de significado es que los enunciados son antes inteligibles que verificables[20] y desde la inteligibilidad habrá que atribuir sentido no sólo a la oración con datos empíricos observables, sino a toda la que

17/ R. Gardiner, 1977 y F. Momigliano, 1976.

18/ I. Berlin, 1988, pp. 137 y 139.

19/ Nagel pone algunos ejemplos de lo que para él significa el concepto idiográfico que atribuye a la historia. El análisis de estos ejemplos apenas permite separar su uso de la descripción.

20/ I. Berlin, 1983a, p. 69.

exprese algo que puedo concebir lógicamente como existente. Y ello quiere decir: 1) algo de lo que puedo tener experiencia no sólo observacional sino por la memoria, la imaginación o «cualquier forma de familiarización con el objeto» y 2) expresado de modo categorialmente coherente, es decir, no sólo con corrección sintáctica, sino que *promete sólo lo que puede realizar*: habla de una experiencia y lo hace con un lenguaje que se limita a tal experiencia y a lo que en ella es comunicable[21].

Con esto, Berlin está proponiendo que el conocimiento es más construcción coherente que correspondencia con la realidad y que la experiencia brota de múltiples relaciones con el objeto, sin recortes ni exclusivismo. El trabajo de la experiencia no se reduce a una suma o sucesión de descripciones, sino que, si alcanza valor cognoscitivo, es porque expresa con coherencia esas múltiples relaciones de modo que los demás puedan compartirla. Esta articulación se hace mediante estructuras categoriales, que son las que inspiran la sintaxis lógica y son por tanto anteriores a ésta. Conocer, pues, es, antes que atenerse a reglas lógicas y a la observación, una actividad que modela la experiencia, la ilumina desde ángulos muy diversos y propone sus resultados a seres que tienen la misma capacidad de indagación y expresión inteligentes.

No hay renuncia al empirismo: mantiene la necesidad de verificación y de crítica conceptual, pero situándolas en un marco más amplio que desborda al observador ideal del fenomenalismo y también al sujeto del entendimiento kantiano. En efecto, la articulación de la experiencia que se propone modifica la noción tradicional de categorías que no pueden considerarse surcos eternos del pensamiento —si reconocemos que nuestro conocimiento es histórico— ni tampoco catálogos cerrados y excluyentes —porque el conocimiento es inventivo—. Pensadores como Marx. Freud o Einstein destacan sobre todo porque *sus* nuevas categorías no sólo esclarecen el objeto de su investigación, sino que se extienden de un campo a otro de la experiencia arrojando nueva luz sobre ellos. Esta misma consideración separa a las categorías del estereotipo que las convierte en moldes objetivos en los que la experiencia se condensa y las acerca a una red que, aunque no puede cambiarse caprichosamente, el sujeto emplea tentativamente para organizar la experiencia. En otras palabras, las categorías se aproximan al lenguaje[22]: detienen el flujo de la experiencia y *nombran*, pero también conectan, como la metáfora, campos hasta entonces separados.

21/ *Ibid.*, p. 70.

22/ Esta correlación puede verse sobre todo en I. BERLIN, 1980 y también en I. BERLIN, 1993, Appendix.

Al acercar así las categorías a los *usos de lenguaje*, la articulación de la experiencia posible se separa más aún de la descripción y adquiere rasgos del lenguaje *realizativo* de Austin[23]. El conocimiento se convierte en *propuesta* de experiencia inteligible gracias a un uso *adecuado y reconocible* de categorías. Berlin lo dice en un trabajo de 1950: las palabras no significan por «circunscribir trozos de realidad» sino porque tienen un uso reconocido: «sus usuarios saben cómo emplearlas y en qué circunstancias, para comunicar lo que deben comunicar»[24]. Obsérvese, por último, que los *usos de lenguaje* no son un catálogo de formas, sino condensaciones posibles de la experiencia que no pueden determinarse *a priori*.

Un conocimiento así es, desde el primer momento, reflexivo porque no pueden establecerse de antemano articulaciones privilegiadas de la experiencia ni datos que se consideren terminantes o últimos. En un nivel general, para examinar la validez de una oración habrá que examinar qué categorías se aplican, desde qué relación con el objeto y con qué rango de coherencia. En los análisis de acción, esto tiene concreciones especiales: en primer lugar, las peculiaridades de la acción serían ignoradas por un modelo lógico abstracto[25]; la reflexión exigirá, además, poner en juego categorías que parecen englobar tanto al sujeto como al objeto: precisar, por ejemplo, las condiciones en las que puede hablarse de autoría, diferenciarlas de aquéllas en las que habría causa mayor o accidente y ambas, a su vez, de la imprudencia o la temeridad; sólo ese discernimiento puede separar lo que pudo ocurrir y no ocurrió de lo que no pudo ocurrir en ningún caso[26]. No es un recurso a la psicología. Es más bien la habilidad de quien consigue concitar muchos saberes y datos de modo que los hace confluir para dar cuenta de una acción. Es, si se quiere, capacidad de juicio. Los análisis de acción sólo en última instancia describen. La descripción es el final de un largo proceso de indagación de características tan complejas como las que acabamos de explicar. Del establecimiento de los hechos por un juez o del veredicto de un analista político no esperamos ni la fidelidad del cronista ni la eficacia predictiva de un agente de ventas, sino una propuesta que ilumine los cursos de acción porque logra unir muchos niveles de significado, resaltar valores y motivaciones, diseñar un denso mapa de las opciones posibles.

Este trabajo reflexivo se desliza, casi insensiblemente, a una pragmática. Análisis como al que me acabo de referir no existen en abstracto, sino que tienen un lugar en relaciones cognoscitivas bastante precisas. Al principio del epígrafe me

---

23/ J. L. AUSTIN, 1982, Conferencia IV.

24/ I. BERLIN, 1983a, p. 144.

25/ I. BERLIN, 1988, p. 139.

26/ *Ibid.*, p. 136.

referí a algunas figuras profesionales cuyo ejercicio exige un tipo de conocimiento bastante más rico que el que pudiera tener el observador de Laplace. Esta confluencia de reflexión y pragmática subtiende los conceptos weberianos llamados «posibilidad objetiva» y «causación adecuada», ejemplos de explicaciones del acontecer que tienen en cuenta la complejidad de los procesos de acción. Weber los acuñó a partir de los trabajos de Von Kries[27], un fisiólogo atento a nexos interactivos, para aplicarlos a la historia y el derecho, porque estos dominios del saber piden más que la exclusión puramente lógica de alternativas o la subsunción bajo leyes formales o la identificación extensional de los datos, la conexión reflexiva que sabe *valorar* relevancias, idear *tentativamente* hipótesis en las que confluyan saberes muy distintos y atender a la especificidad del objeto que se estudia y que, en este caso, se mueve en un ámbito abierto.

El proceso descrito compendia la argumentación de Berlin que consiste en establecer que la acción, como objeto del conocimiento, es un objeto abierto y en subrayar las categorías y relaciones cognoscitivas —reflexivas y pragmáticas— bajo las que puede entenderse. El fenomenalismo no aceptará estas consideraciones; tampoco quienes piensen que conocer es llegar a una realidad última que un lenguaje adecuado podrá tematizar. Las filosofías de corte trascendental reconocerán que estamos ante un objeto que se separa de la noción trascendental de naturaleza —porque las categorías que lo organizan anclan en la reflexión y no en las determinaciones del entendimiento, y los saberes que lo esclarecen trabajan desde perspectivas cuya pragmática no es asimilable a la de la objetividad científica—, pero podrán aceptar la legitimidad del procedimiento. Berlin, que se mueve en un cierto trascendentalismo, la establece porque cree que conocer es no sólo organizar la experiencia categorial y lingüísticamente, sino aceptar sin recortes nuestras relaciones con el objeto. Su opción, en este sentido, tiene mucho que ver con el rango que otorga a la apertura de la acción. Examinaré de inmediato su alcance epistemológico. Los análisis no trascendentales conservan, para Berlin, la esperanza en *algún* lenguaje privilegiado. No traicionamos a Berlin si decimos, con Nietzsche, que tal lenguaje sería el de una nueva divinidad o el de los *Hinterwelter*, un lenguaje que escapa del mundo y del que si alguien espera algo es porque ya no se atreve ni siquiera a querer.

27/ M. Weber, 1982, pp. 152, 154 y 170.

IX

Examinemos las críticas hechas desde planteamientos trascendentales. El aspecto decisivo del problema, como acabamos de ver, radica en *qué clase de objeto* es el de las ciencias humanas y *qué relaciones* mantenemos con él. Conocemos la opción de Berlin, pero, como dijimos al inicio del artículo, excluir de antemano el objeto *acción* de la idea trascendental de naturaleza podría ser un modo de evasión. Hampshire[28] cree que las ciencias humanas pueden abordar su objeto tanto desde una perspectiva conceptual como reflexiva; tomar una u otra alternativa es una opción metodológica y no exige el supuesto de la libertad. Éste, en el argumento de Berlin, sería un elemento no justificado, un intruso metafísico que hace del razonamiento una *metábasis eis állo génos* al desplazar sin motivo un objeto de la ciencia fuera de su ámbito.

Hampshire pone el ejemplo de un psicótico, al que podemos considerar como alguien que se ha retirado de la comunicación directa —de «un mundo prosaico, público y literal»— a la indirecta —a «un lenguaje metafórico, privado, poético»—. Podríamos concebir su terapia como un proceso en el que el paciente llegara a reconocer «la posibilidad de intercambio con el mundo y se sienta preparado para ello»[29]. Ahora bien, esto puede hacerse mediante una comprensión inmediata de la experiencia del paciente —es decir, reflexivamente— o bien indagando las causas ocultas de la enfermedad, lo que exige *conceptos* de elaboración de síntomas. Las dos vías son posibles. Hay que hacer una opción que Hampshire llama, con intención, *tecnológica*, pues no implica más que aplicar el método más adecuado según la situación y los conocimientos científicos disponibles.

El objeto de las ciencias humanas tiene doble condición y Hampshire cree que podría abordarse con una formulación lógica adecuada, como la del contrafáctico enunciado en subjuntivo[30]. Permitiría unir oraciones determinísticas —regularidades objetivas de la ciencia— con un conocimiento reflexivo que dejara abierta las condiciones de su aplicación a situaciones concretas. Ambos conocimientos se complementan e iluminan. Se fija así la «*doble visión*» de las ciencias humanas, sin perder ninguna de sus dimensiones. Hampshire hace además una interesante observación: quien trata de aclarar con tales razonamientos sus propios cursos de acción pasa de la primera a la tercera persona, es decir, comienza indagando

---

28/ Ver S. HAMPSHIRE, 1949, 1967, 1979. Ver también la discusión mantenida por Hampshire en PEARS, D. F.: *Freedom and the Will*, Hogarth Press, London, 1965, pp. 80-104.

29/ S. HAMPSHIRE, 1967, p. 290.

30/ S. HAMPSHIRE, 1979.

reflexivamente y termina descubriendo regularidades[31], *realiza una objetivación*, que se produce mediante una retroalimentación que dispone de relevancias objetivas y las administra *reflexivamente*. Hampshire reconoce que quizá esto no sea posible sin la libertad, pero eso no implica que ésta se tenga que incluir como elemento del razonamiento. Explicar la acción, concluye, exige las dos dimensiones; es una característica del conocimiento humano —dice con intención— *de la que desconocemos* su correlato neurofisiológico[32].

La réplica de Berlin[33] parece expresar sólo cautela ante los componentes instrumentales del conocimiento científico: el problema es, dice, que la *opción tecnológica* sea realmente tal, una decisión metodológica y no simple aplicación metódica del conocimiento disponible sin reserva reflexiva alguna; en tal caso sería una intervención puramente instrumental, lo que no impediría que fuera, bajo ciertos puntos de vista, exitosa. Berlin cree que hay que prevenir esa posibilidad. La crítica al determinismo no es intrusismo metafísico, sino determinación teórica de que los seres humanos no son cosas. La réplica parece defensiva y moralista[34]. Para valorarla hay que situarla en su contexto que, me parece, no es otro que el de la tercera antinomia kantiana. Hampshire cree que las proposiciones de las ciencias humanas incluyen un conocimiento objetivo y contrastable, obtenido a partir de su *doble visión* y que no encierra, por tanto, un nexo conceptual con la libertad; cree que es posible diferenciar esas proposiciones de las que se refieren a la libertad y decisión del sujeto. En éstas no hay doble visión: la autopredicción —frases como «sé que haré x»— carece de valor informativo y sólo expresa la presencia de un yo que decide. En otras palabras: hay criterios formales para discernir si hablamos de una *acción como objeto* o como *decisión*. En el primer caso, será un objeto, peculiar, sí, pero que, al no incluir la libertad como componente objetivo, no escapa a regularidades propias de la ciencia.

Berlin, por su parte, mantiene[35] que los problemas de acción escapan a los criterios formales porque en ellos hay siempre aspectos —valores, fines, preferencias— vinculados a la libertad. El análisis tiene que ser, entonces, empírico, pues un discernimiento formal no tendría en cuenta el alcance de tales aspectos. Desde su perspectiva, una confianza como la de Hampshire en la diferenciación formal equivale a confundir el ámbito del objeto. No es que no podamos indagar

---

31/ *Ibid.*, p. 67.
32/ *Ibid.*, p. 79.
33/ I. Berlin, 1988, pp. 24 ss.
34/ Además del artículo que estudiamos, hay que tener en cuenta I. Berlin, 1981 y en I. Berlin, 1983a, «De la esperanza y el miedo liberados», pp. 281-318.
35/ I. Berlin, 1988, p. 138, nn. 10 y 11.

la acción o la historia, sino que no podemos descansar, a esos efectos, en regularidades o en series causales. Eso sería tomar el determinismo, un principio regulativo para la investigación de la naturaleza, como componente constitutivo de todo acontecer mundano[36]. La *metábasis eis állo génos* iría aquí justo en sentido contrario al de Hampshire.

Pero, ¿por qué este posicionamiento de Berlin? Sus raíces están más cerca de Hume que de Kant. En «El erizo y la zorra»[37], Berlin contrasta al Tolstoi obsesionado —como el erizo de Arquíloco— por una sola idea, la del determinismo en la historia, con el Tolstoi novelista, sensible a lo diverso, que capta —como la zorra del poeta griego— la variedad de los mundos individuales; desarrolla en el ensayo la idea de *marco de la experiencia*. Los seres humanos no están primariamente *ante* su objeto, sino *inmersos en múltiples relaciones con su entorno* que son anteriores a toda objetivación. Llegamos a conocer *desde* esta inmersión práctica en la que se anudan múltiples y sutiles relaciones[38] que forman, dice Berlin, la textura de la vida humana[39]. Este haz de relaciones, que encierra aspectos subjetivos y objetivos sin diferenciación posible, es el marco general de la experiencia. El pensamiento, la acción inteligente brotan y se sitúan en él. Este conjunto de relaciones básicas no podemos llegar a objetivarlo porque en él es donde adquieren sentido nuestras categorías y estructuras básicas de lenguaje; no podemos observarlo porque, en algún sentido, forma parte de nosotros mismos[40]. Sin embargo, desde ese marco es desde donde constituimos objetos y emitimos juicios decisivos[41], aunque sin poder calificar esta actividad de racional: esta palabra —y su antónimo— adquieren sentido dentro de tal marco.

Aceptar esta relación no implica renunciar a la ciencia ni al pensamiento crítico, sino reconocer que son actividades posteriores a aquella relación inobjetivable, y que su ejercicio, por tanto, exige ir acompañado de un cierto «sentido de la realidad»[42] que las sitúe en el conjunto de la existencia. No hay renuncia a la autonomía del pensamiento ni a su libre capacidad de invención, pero, si se advierte

---

36/ Esta es la fascinación del determinismo que Berlin relaciona con el *ideal trascendental* kantiano (I. KANT: *Crítica de la razón Pura*, Dialéctica Trascendental, Libro II, Secc. III, caps. I y II).

37/ I. BERLIN, 1981.

38/ Berlin alude con frecuencia a los impalpables hilos que vinculan la comunidad humana. La metáfora de Burke la asocia normalmente, salvo quizá en un pasaje de su monografía de Marx, donde la aplica a la sociedad civil, a la formación de la identidad humana.

39/ I. BERLIN, 1981, pp. 130-131.

40/ *Ibid.*, p. 132.

41/ *Ibid.*, p. 136.

42/ *Ibid.*, p. 135.

que ambas nacen en un medio que no podemos controlar, hay que admitir que toda creación tiene un envés de gratuidad y toda determinación la sombra de la contingencia. Berlin tiene, pues, también su *doble visión*. Pero no es la dialéctica entre reflexión y conceptualización, sino que ambas se oponen a una relación pre-rreflexiva del sujeto con su mundo de la que ambos surgen. Esta doble visión no camina hacia la objetivación, sino, como la metacrítica, vuelve insistentemente el rostro hacia la situación en la que objeto y sujeto se enfrentan y diferencian. No resuelve, por tanto, la antinomia, sino que se sitúa en ella, porque no quiere que la reificación de un lenguaje —lo veíamos al fin del epígrafe anterior— ni la preci-pitación de un concepto recorte las posibilidades de experiencia y de existencia.

Desde esta doble dimensión, la reserva ante los aspectos instrumentales del conocimiento recibe su base teórica: toda positividad aplicada al ser humano tie-ne el riesgo de ignorar —otros dirían, *olvidar*— aspectos humanos previos a la objetualización. La reflexión cobra un valor distinto: es, más que un recurso cog-noscitivo para la conceptualización, un trabajo que rastrea las múltiples relacio-nes que forman nuestras vidas, sus innumerables hilos, como decía Burke, y que no se detiene en la limpidez de sus resultados, sino que incorpora la diversidad de situaciones en las que se mueve. En este planteamiento cobra nuevo sentido cuanto dijimos antes sobre el valor de la capacidad de juicio y de la pragmática: no apuntan a una *mejor* conceptualización, sino a hacer presente este trasfondo de la experiencia.

Mantener la tensión de la antinomia no es fácil. Para Berlin, la tentación del pensamiento moderno, común a ilustrados y reaccionarios, ha sido suprimirla, cerrar su indeterminación y establecer alguna forma última de identidad. Cree que en esto coincide Voltaire con De Maistre[43]. Quizá uno de los pensadores que se mantienen sobre aquel difícil suelo sea Hume. Leyendo a Berlin se hace patente el sentido de la confesión de Hume de estar ante «un sistema filosófico mons-truoso producto de dos principios contrapuestos»[44]. Hume mantuvo sin duda dos dimensiones opuestas de la experiencia, las dos funciones que podrían llamarse trascendentales de la imaginación[45]: una de ellas, pese a ser mitológica, mantiene la continuidad del mundo y es por ello ámbito de la acción, por lo que para Hume es la que nos abre a la realidad; la otra es el espacio de la inteligencia crítica. Deleuze llama a la primera «constituyente» y a la segunda, espacio de objetos,

---

43/ Este paralelo puede verse en I. BERLIN, 1990, pp. 158-160. Es quizá interesante señalar que el paralelo de Berlin tiene, entre otros, el fundamento de la frialdad de ambos pensadores. Hume, por el contrario, no desdeñaba la pasión.

44/ D. HUME, 1984-1985, p. 215.

45/ G. DELEUZE, 1980, p. 85; F. DUQUE, 1984, p. 35.

«constituida». La analogía con la propuesta de Berlin es evidente. Duque piensa que Hume mantiene esa contradicción como medida contra cualquier dogmatismo. Berlin, desde su posición, puede rechazar la hipóstasis de los lenguajes privilegiados y la exclusividad de conceptos racionales[46] para comprender tal acontecer. La indagación de la acción y de la historia no se contenta con principios formales y recurre a análisis empíricos, porque es la manera de no ceder ni al dogmatismo de las esencias ni al de los hechos.

Este planteamiento, precisamente por sus raíces humeanas, tiene dos consecuencias. La primera es que la libertad y el saber no son coextensivos. La aspiración moderna a desmitificar, a iluminar con el conocimiento los rincones de la subjetividad y el curso de la naturaleza, quizá nos libere de angustias, miedos y de falsas esperanzas. Pero no acrecienta necesariamente la libertad, porque el proceso de racionalización quizá suprima, dice Berlin, *mi* identidad de artista[47]. Berlin coloca la libertad en el amplio marco de relaciones previo a la conceptualización. Algunos han visto aquí una influencia más de Hume: devolver la racionalidad a la cercanía de la pasión[48]. A mi juicio no es sino un paso radical de la crítica de Berlin a la modernidad: combatir el *desplazamiento* racionalista subrayando la importancia de la opción. La segunda consecuencia es el escepticismo. Desde la concepción berliniana de la experiencia la objetividad del conocimiento parece suspenderse.

X

En Berlin hay ciertamente un moderado escepticismo, quizá otra influencia de Hume. Lo hemos visto rechazar la pretensión de un saber completo, pero también cuestiona el ideal galileano de la ciencia[49] y observa que una objetividad de las leyes naturales tal como la propone el falsacionismo popperiano prescinde de muchos aspectos de las cosas. Las leyes naturales no son más que el resultado de nuestra capacidad para modelar categorialmente el acontecer natural[50]. Modelar en un sentido débil: inscribimos en modelos lógico-matemáticos aspectos del acontecer natural para establecer entre ellos correlaciones. No hay aquí, sin embargo, relativismo, porque las hipótesis científicas se proponen con una pretensión de validez intersubjetiva, esto es, en un lenguaje público, organizado por conceptos y

46/ I. BERLIN, 1988, n. 8, pp. 119-120.
47/ I. BERLIN, 1983a, pp. 285 y 312-318.
48/ S. HAMPSHIRE, 1991.
49/ I. BERLIN, 1979, pp. 190 y 238.
50/ I. BERLIN, 1937.

categorías —que no son producto de determinaciones psicológicas o sociales[51]— que permiten compartir un mundo bajo ciertos intereses cognoscitivos.

La ciencia sería, pues, un ejercicio de la racionalidad, cuya objetividad se caracteriza por un interés cognoscitivo que es, básicamente, la predicción[52] y por conceptos y prácticas de observación cuyo alcance se define mediante un metalenguaje formal o por el consenso entre especialistas. Una ciencia se consolida como dominio autónomo de investigación[53] cuando alcanza métodos y criterios precisos para determinar sus relevancias, evaluar sus pruebas y organizar sus argumentaciones, y fija así con claridad qué preguntas puede responder y cuáles no[54]. Son condiciones de inspiración pragmática y reflexiva y entrañan dos consecuencias: a) que cada ciencia excluye de sí conceptos y categorías que puedan distorsionar su objeto y b) que ha de refinar las especificaciones bajo las que un objeto puede acceder a su ámbito[55].

Esta noción de objetividad respeta la idea de coherencia categorial y el papel atribuido a las determinaciones dentro del marco general de la experiencia. No cabe hablar de escepticismo; sí de la necesidad de un *feed-back* reflexivo: si una ciencia, en el curso de su investigación, tropieza con fenómenos que desbordan sus conceptos, deberá buscar un ámbito más general de reflexión para resolver el problema planteado.

¿Cuál es la objetividad de la historia y de las ciencias humanas? Lo primero que ha de destacarse es que su interés cognoscitivo es diferente: buscan sobre todo establecer niveles de profundidad o densidad para comprender la acción y el acontecer. Esto plantea hondas diferencias entre sus procedimientos y el de la ciencia. No pueden aspirar, como ésta, a una especificación formal cada vez más fina porque esto le impediría disponer de objetos ricos y densos[56]: el texto histórico parece, al contrario que el de la ciencia, una «amalgama, un rico cocimiento compuesto de elementos en apariencia dispares»[57]. Tampoco puede la

---

51/ La idea de Berlin de relativismo pueden verse sobre todo en I. BERLIN, 1988, pp. 154-155 y nota 17; I. BERLIN, 1990, pp. 78-84. Que la crítica adecuada al relativismo es sólo posible desde la generalidad, es una idea cara a Adorno: así, en la introducción a la *Dialéctica Negativa*.

52/ I. BERLIN, 1983a, p. 74.

53/ *Ibid.*, pp. 33 y 242; I. BERLIN, 1982, p. 29; J. L. AUSTIN, 1975, p. 215

54/ I. BERLIN, 1988, p. 157; I. BERLIN, 1983a, pp. 29, 32 y 248-249; I. BERLIN, 1982, pp. 24-25. A principios de los sesenta, Berlin sustituye la idea de este lenguaje formal por la de que conceptos y prácticas se acepten «por la gran mayoría de especialistas» y su aptitud «para incorporarse en un libro de texto» (I. BERLIN, 1983a, p. 240).

55/ I. BERLIN, 1988, p. 157; I. BERLIN, 1983a, p. 198.

56/ I. BERLIN, 1983a, pp. 204-206.

57/ *Ibid.*, p. 220.

historia excluir determinadas categorías o conceptos e incluso parece no contar con algunos que les sean exclusivamente propios. Cualquier exclusividad puede pagarse con la incapacidad para dar cuenta de lo que realmente nos interesa del acontecer[58]. Su proceder consiste más bien en entretejer diversos «conceptos y proposiciones generales, a primera vista independientes lógicamente» para hacer que «vengan al caso de una situación dada de la mejor manera posible». Su trabajo se centra en lo que más arriba llamamos capacidad de juicio. Esto da razón de las generalizaciones blandas de la historia, a las que me he referido en diversas ocasiones, y sobre todo de un procedimiento por el que a los nítidos conceptos científicos, el historiador y el analista político oponen otros «mucho más ricos en contenido y menos simples y perfilados en su estructura lógica»[59]. Finalmente, la carencia de principios formales se manifiesta en la selección de relevancias que reposa en la valoración, en la *importancia que, según nuestra creencia,* atribuimos a ciertos elementos del acontecer[60].

El quehacer de la historia y de ciertas ciencias humanas[61] queda así precisado con claridad. El problema es la objetividad que pueda lograr. La objetividad de la ciencia, aunque modesta, se satisfacía por precisar formalmente un ámbito de generalidad, dado por un lenguaje apropiado. La historia carece de un marco formal y reposa en el lenguaje común y en valoraciones. Es necesario seguir otra vía para lograr un nivel de generalidad y que no se reduzca a una reflexión, rica, sí, pero recluida en cada época, cada cultura, cada historiador[62].

Si el texto histórico puede ofrecer algo parecido a un mundo compartido, lo consigue por la capacidad de juicio. El acuerdo o desacuerdo que mantengamos con él no podremos precisarlo mediante un algoritmo[63], sino por la reflexión. Es lo que más arriba dijimos del dictamen de un juez y ahora podemos extenderlo al texto histórico y quizá también al informe explicativo de la elaboración

---

58/ I. BERLIN, 1988, p. 157.

59/ *Ibid.*, p. 161.

60/ *Ibid.*, pp. 161-162.

61/ No está claro cuál de ellas. Berlin en ocasiones considera que la economía y la psicología han logrado su autonomía y a veces las hace acompañar por la sociología. En otras ocasiones la primera y la última son excluidas, mientras que su desconfianza del mercado y de la planificación no dejan muy en claro bajo qué concepto la economía es una ciencia. De todas formas, merece la pena recordar aquí que la ciencia, en los momentos en que algunos de sus descubrimientos parecen cuestionar sus fundamentos, tal vez su paradigma, debe, en criterio de Berlin, volver a la filosofía (I. BERLIN, 1982).

62/ Recuérdese lo dicho más arriba sobre Gardiner y la generalidad de la Historia.

63/ A este respecto es interesante la discusión sobre el experimento crucial (K. R. POPPER, 1983, pp. 291 ss.) y las observaciones sobre el algoritmo en R. RORTY, 1983.

de cuestionarios de indagación social: examinamos si las relevancias elegidas son banales o importantes, si los elementos de prueba se han ponderado según los métodos que por sí mismos parecían exigir, cuál es el tratamiento de los hechos, cuál la coherencia entre criterios de interpretación, cuáles los nexos entre pruebas y conclusión[64]. Estos criterios no reposan en una base metodológica formal, sino que brotan en la relación que guardamos con el texto que se propone y con el saber de nuestra época. El punto de apoyo de tales criterios es que garanticen un mundo en común: no un paisaje ante los ojos —en el caso de la historia— ni —por lo que al cuestionario se refiere— un proyecto articulado por una sola idea, sino un territorio en el que se puedan compartir actitudes y puntos de vista diversos y amplios[65]. La virtud de tales criterios no es tanto decidir si algo es verdadero o falso cuanto activar la discusión, porque generan campos de oposición significativa —lo plausible y lo inverosímil, lo riguroso y lo gratuito—, que es donde al fin el discernimiento de lo objetivo —frente a *subjetivo*— puede tener sentido[66].

El enfoque debe ya resultarnos familiar: la capacidad de juicio puede compartirse por razones pragmáticas y reflexivas, pero su punto de apoyo es la referencia a lo que ya conocemos como marco general de nuestra experiencia. La cuestión, ahora, es saber cómo podremos acercarnos al cúmulo de relaciones no conceptualizables de otra época o de otra cultura, a los que forman el trasfondo de la experiencia, el *mundo*, de quienes sustentan valores o modos de vida diferentes y que son nuestros interlocutores tanto en torno al texto histórico, como en la indagación sociológica o el análisis político. Para Berlin esto es posible gracias a una «*capacidad de comprender* los hábitos de pensamiento y de acción encarnados en las actitudes y en los comportamientos humanos»[67], es decir a la *comprensión*.

Berlin toma este concepto, como hizo Gardiner, de la tradición filosófica alemana, separándolo también del psicologismo del primer Dilthey y de las referencias hegelianas de Collingwood. Pero lo conecta fuertemente al lenguaje gracias a su lectura de Herder y Vico: la idea de *comprensión* reposa en nuestra experiencia de hablantes. Cuando asimila la *Verstehen* a la *fantasía* de Vico y a la *Einfühlung* herderiana[68], lo que hace es profundizar en su propia noción de *usos de lenguaje*. Estos no se limitan a la objetivación del mundo, sino que ofrecen plataformas para la comunicación, porque engarzan relaciones diversas y diferenciadas entre sujeto y objeto. Ciertos usos del lenguaje escapan al concepto, como es el caso del

---

64/ I. BERLIN, 1988, p. 166.
65/ *Ibid.*, p. 163.
66/ *Ibid.*, p. 172.
67/ I. BERLIN, 1983a, p. 215.
68/ I. BERLIN, 1980, pp. 107 y 186-187.

arte, que no ofrece un mundo nuevo, sino una nueva mirada, es decir, una nueva vía para compartir el mundo[69]. La *Verstehen* no conduce entonces a *otros* mundos, sino a *otras* formas de experiencia, distintas de la nuestra, pero en las que podemos reconocer un ejercicio *como el nuestro* para relacionarse con el mundo. Lleva, en palabras de Berlin, a «una pauta de actividad» que no podemos «explicitar en su totalidad (y menos aún organizar en un sistema)», pero sí «entender, recordar o imaginar» sobre el supuesto de nuestro modo de organizar nuestro mundo[70]. La *comprensión* es, como vimos en Gardiner, una peculiar actividad de la imaginación, pero, si logra entrar en otras culturas o épocas, es porque explora no otros objetos, sino *otras* formas de ser autor y agente, otras formas de establecer y usar el lenguaje, otras formas de relacionarse con el entorno; porque nos acerca a otros *marcos generales de experiencia.*

Para este acercamiento, Berlin toma otro concepto de Dilthey, la *Wirkungszusammenhang*[71], que traduce como la organización general de la experiencia de una cultura, de una época o de una visión del mundo, tomada no en el terreno de las determinaciones objetivas acabadas, sino en el de las relaciones previas, el de las expectativas de una sociedad, no sólo las que están vinculadas al interés o a la norma, sino sobre todo las que están unidas a fines posibles, identidades tentativas, al mito, a la simbología. Para subrayar este carácter abierto, Dilthey usa un término kantiano, la *apprehensio*[72].

La comprensión y esta caracterización del marco de la experiencia son la base de la objetividad de la historia y de las ciencias humanas a las que nos hemos referido. Aún podríamos preguntar si es plausible este acercamiento. Berlin piensa que lo es gracias a una característica exclusiva del objeto del acontecer humano que ya señalara Vico[73]. El objeto natural nos será siempre externo, no así el acontecer humano, con el que siempre guardamos una relación interna porque en él somos autores y actores: de la danza y el rito, del ceremonial y la norma no sólo conocemos el qué y el cómo, sino el porqué. Los conocemos, por así decir, desde dentro. Este contacto directo con el objeto es el que permite lanzar hipótesis sin recurrir a concepto e interpretar con osadía. Porque lo hacemos desde el mismo «contexto en el que pensamos y actuamos, desde el que esperamos que se nos

---

69/ Ante las propuestas del arte sólo cabe el *reconocimiento* de una estructuración *diferente* de la experiencia que, sin embargo, puede iluminar decisivamente la nuestra (I. BERLIN, 1939, p. 527).

70/ I. BERLIN, 1983a, p. 216.

71/ *Ibid.*, p. 233. Para una precisión eficaz del concepto, W. DILTHEY, 1978, p. 72, nota.

72/ *Auffassung.* I. KANT, 1981a, introducción, epígrafe VIII; W. DILTHEY, 1978, p. 29,

73/ G. B. VICO, 1973-1981, epígrafe 331.

comprenda y responda»[74] y sin el que no es concebible la textura de la vida humana. Si tratáramos de cuestionar tal contexto analíticamente de manera global, ni aun el pensamiento sería posible[75]. La objetividad del discurso histórico reposa así en la comunicación, pero no mediada por el concepto, sino por la experiencia de vivir humanamente.

Aún queda una pregunta: si esta idea de objetividad como comunicación no conduce al fin a un mero relativismo tanto sobre las distintas escrituras de la historia como respecto a las diversas formas de vidas. Berlin es terminante: hay textos, propuestas de acción o formas de vida ante los que la comunicación se rompe, porque apenas podemos reconocer en ellos una experiencia que merezca la calificación de humana. La comunicación se rompe ante la historia de los vencedores tanto como ante las de los vencidos: ni la dominación ni el resentimiento son humanos —aunque Berlin diría que el segundo caso siempre promueve la solidaridad ante el dolor—. La comunicación se rompe también ante la violencia y ante cualquier motivo que fuerce a alguien a proceder inhumanamente. Ante tales conductas no es lícita la tolerancia. Ante las demás ésta será posiblemente insuficiente porque, en su variedad, exigen algo más: el pluralismo.

74/ I. BERLIN, 1983a, p. 216.

75/ *Ibid.*, p. 196. Esta apreciación podría compararse con las de SELLARS, 1963, p. 170 y J. KRISTEVA, 1981, tomo I, p. 112.

Bibliografía

ADORNO, Th. W. (1984): *Dialéctica negativa,* traducción de J. M. Ripalda, revisado por J. Aguirre, Taurus, Madrid.

AUSTIN, J. L. (1975): *Ensayos filosóficos,* traducción de A. García Suárez, Revista de Occidente, Madrid.

— (1982): *Cómo hacer cosas con palabras. Palabras acciones,* traducción de G. R. Carrió y E. A. Rabossi, Paidós, Barcelona.

BERLIN, I. (1937): «Induction and Hypothesis», *Proceedings of the Aristotelian Society,* vol. sup. 16, pp. 63-102.

— (1939): «Review on Britton K. *Communication*», *Mind,* 48, pp. 518-577.

— (1979a): *Pensadores rusos,* traducción de J. J. Utrilla, Fondo de Cultura Económica, México.

— (1979b): *The Age of Enlightenment,* Oxford University Press, Oxford.

— (1980): *Vico and Herder. Two Studies in the History of Ideas,* Chatto & Windus, London.

— (1981): *El erizo y la zorra. Ensayo sobre la visión histórica de Tolstoi,* traducción de M. Muchnik, Muchnik, Barcelona.

— (1982): «Una introducción a la filosofía». Entrevista en B. Magee (ed.): *Los hombres detrás de las ideas,* traducción de J. A. Robles García, Fondo de Cultura Económica, México.

— (1983a): *Conceptos y categorías,* traducción de F. G. Aramburo, Fondo de Cultura Económica, México.

— (1983b): «Introducción» a H. G. Schenk: *El espíritu de los románticos europeos,* traducción de J. J. Utrilla, Fondo de Cultura Económica, México.

— (1983c): *Contra la corriente,* traducción de H. Rodríguez Toro, Fondo de Cultura Económica, México.

— (1988): *Cuatro ensayos sobre la libertad,* traducción de B. Urania, J. Bayón y N. Rodríguez Salmones, Alianza, Madrid.

— (1990): *The Crooked Timber of Humanity,* ed. Henry Hardy, John Murray, London.

— (1993): *The Magus of the North. J. G. Hamann and the Origin of the Modern Irrationalism,* ed. H. Hardy, John Murray, London.

CARR, E. H. (1984): *¿Qué es la historia?,* traducción de J. Romero Maura, Ariel, Barcelona.

DELEUZE, G. (1980): *Empirisme et subjectivité. Essai sur la nature humaine selon Hume,* PUF, Paris.

DILTHEY, W. (1978): *El mundo histórico,* en *Obras Completas,* tomo VII, traducción de E. Imaz, Fondo de Cultura Económica, México.

DUQUE, F. (1984): «Estudio preliminar» a D. Hume 1984-1985.

GARDINER, P. (1961): *The Nature of the Historical Explanation,* Oxford University Press, Oxford.

— (1977): «Review on Berlin, I.: *Vico and Herder. Two Studies in the History of Ideas*», *History and Theory*, 16, pp. 45-51.

GINZBURG, C. (1994): *Mitos, emblemas, indicios. Morfología e historia*, traducción de C. Cattropi, Gedisa, Barcelona.

HAMPSHIRE, S. (1949): «Subjunctive Conditionals», *Analysis*, 9, pp. 9-14.

— (1967): «Philosophy and Madness», *Listener*, 87, pp. 289-292.

— (1979): «Freedom and Explanation or Seeing Double», en A. Ryan (ed.), *The Idea of Freedom*, Oxford University Press, Oxford.

— (1991): «Nationalism», en E. y A. Margalit (eds.), *Isaiah Berlin. A Celebration*, The Hogarth Press, London.

HUME, D. (1984-1985): *Tratado sobre la naturaleza humana*, traducción de F. Duque, Orbis-Editora Nacional, 3 vols., Barcelona.

KANT, I. (1981a): *Crítica del juicio*, traducción de M. García Morente, Espasa Calpe, Madrid.

— (1981b): «Qué es la Ilustración» en *Filosofía de la historia*, traducción de E. Imaz, Fondo de Cultura Económica, Madrid.

KRISTEVA, J. (1981): *Semiótica*, traducción de I. Martín Arancibia, Fundamentos, Madrid.

MOMIGLIANO, A. (1976): «On the Pioneer Trail», *New York Review of Books*, 11 de noviembre, pp. 33-38.

POPPER, K. R. (1983): *Conjeturas y refutaciones. El desarrollo del conocimiento científico*, traducción de I. Grasa, Paidós, Barcelona.

RORTY, R. (1983): *La filosofía y el espejo de la naturaleza*, traducción de J. Fernández Zulaica, Cátedra, Madrid.

SELLARS, W. (1963): *Science, Perception and Reality*, The Humanities Press, New York.

VICO, G. B. (1973-81): *Principios de una ciencia nueva*, 4 vols., traducción de M. Fuentes Benot, Aguilar, Buenos Aires.

WEBER, M. (1982): «Estudios críticos sobre la lógica de la ciencia de la cultura», en *Ensayos sobre metodología sociológica*, traducción de J. L. Etcheverry, Amorrortu, Buenos Aires.

— (1985): «Roscher y Knies y los problemas lógicos de la escuela histórica», en *El problema de la irracionalidad en las ciencias sociales*, traducción de L. Simón y J. M. García Blanco, Tecnos, Madrid.

WHITE, M. (1986): Review on «Historical Inevitability», *Perspectives USA*, 16, pp. 19-26.

Los límites de la Ilustración: una aproximación al concepto de experiencia en Isaiah Berlin

I

Del Mayor Galloway, el tenaz militar inglés de *El tercer hombre,* puede decirse con justicia que es un hombre de *experiencia:* conoce los entresijos de la Viena ocupada, acude a diversas fuentes de información que analiza con cuidado, sabe cómo hay que comportarse con las otras fuerzas aliadas, cuál es la forma de convencer a unos y cómo persuadir a otros para asegurar un principio de orden no exento de humanitarismo.

Pero Galloway no monopoliza las posibilidades del término *experiencia.* Harry Lime también *la* posee. Su experiencia se articula en los circuitos ocultos de la ciudad y se alimenta por una voluntad que, como sombra de la del genio romántico, crea su propio orden. Éste es sin duda tan frío como brutal, lo que sin embargo no impide que Lime arriesgue sus proyectos y su vida por el amor de una mujer. Lime, por otra parte, carece de una información sistemática, pero posee un talento de situación que le permite reconocer cuándo una partida está parcialmente perdida —arriba, en la noria del Prater— o irremisiblemente acabada, en las alcantarillas de la ciudad.

Todavía cabe evocar en el filme una tercera *experiencia,* la de Anna, una inolvidable Alida Valli. No posee amplia información ni un talento de situación excepcional, pero cuenta con una especial sensibilidad para detectar determinados síntomas del acontecer y es literalmente insobornable a propuestas que otros considerarían razonables. Cree verdaderas las informaciones de Galloway sobre las míseras hazañas de Lime, pero nunca aceptará que lo traten como a una pieza de caza.

Descubrimos así tres dimensiones de la *experiencia* que apuntan a tres significados del término. Experiencia es una capacidad para afrontar problemas, esclarecerlos y llegar a soluciones cuya objetividad es públicamente aceptable. Es también saber comportarse en ámbitos fronterizos, donde las referencias no son estables, lo que exige capacidad de interpretación y receptividad que han de ser tanto mayores cuanto más distintas sean las situaciones que quieran abordarse. Finalmente, *experiencia* es también finura para detectar y valorar ciertos aspectos de la vida y de las cosas de acuerdo a un mundo personal. El primer significado parece reposar sobre una idea maestra: la de orden; el segundo se vincula a una voluntad que une o proyecta a su arbitrio significados y valores dispersos; destaca en el tercero la densidad de un mundo propio que da a quien lo posee sensibilidad para la anticipación e inesperado empeño en esclarecer las cosas.

Solemos ignorar las diferencias que hay entre estas tres direcciones de la *experiencia*. La herencia de la epistemología nos hace preocuparnos especialmente de la primera idea a expensas de las otras dos. Pero, aunque la humanidad de Galloway pueda seducir al espectador y convenza de hecho a Hollie Martins, el ingenuo escritor de novelas baratas, la mujer resistirá su estrategia aun a expensas de renunciar a su futuro, mientras que la silueta de Lime aguardando arriesgadamente bajo la ventana de su amante pone una sombra de desazón sobre el modo de proceder de Galloway.

A la exigencia de restituir un orden razonable se oponen la desconcertante humanidad de Lime y, sobre todo, la integridad —o la tozudez— de la constelación que abre el amor. Tal vez el alcance del segundo de nuestros significados se limite a cuestionar la pretensión de totalidad del primero, pero, en cualquier caso, parece decisivo lo que sugiere la *experiencia* de la mujer: la determinación de un objeto, ajustada y correcta de acuerdo a una visión de orden, puede llevar consigo pérdidas irreparables.

No hay en Berlin visos de agustinismo tan caro a Graham Greene, autor de nuestra historia vienesa, y nunca justificará la crueldad bajo las facciones del genio romántico, pero el conflicto que acabo de señalar entre esos tipos de experiencia se advierte con claridad en su obra. Un conflicto que se sitúa en la oposición de las *determinaciones nítidas de la racionalidad ilustrada a las relevancias que constituyen los mundos individuales.*

II

Berlin expone con claridad esta idea en su monografía sobre Hamann (Berlin, 1993). No le interesa la obra del *Mago del Norte* por su contenido teológico ni por su inspiración mística, sino por la naturaleza y el alcance de su crítica a la Ilustración. Hamann no opone a la Ilustración principios metafísicos ni el peso de la tradición religiosa, sino *una concepción distinta de la experiencia.* La Ilustración llevó la experiencia humana a un terreno público y contrastable. Lo hizo a través de una idea de representación que unos fundamentaron en procesos psicológicos y otros en la identidad racional del sujeto o al menos en la creencia de la determinación racional de su actividad. Hamann opone a ambas propuestas otra noción de experiencia: la que alcanzan los individuos concretos en su medio que les permite construir un mundo propio y compartirlo.

Frente a las claves que para la organización de la experiencia ofrece el sujeto racional y a las que brindan los procesos asociacionistas, Hamann busca la experiencia en la cotidianeidad,

> en los hechos mismos, percibidos empírica, no intuitivamente, en la observación directa de los hombres y de su comportamiento y en la introspección directa de sus propias pasiones, sentimientos, pensamientos y modos de vida (Berlin, 1993, p. 23 [77]).

Éste es un trabajo que no puede hacerse valiéndose en exclusiva de un concepto general de racionalidad humana que fácilmente descarta comportamientos a primera vista caprichosos o teñidos por la emoción, o aparentemente dictados por tradiciones inmemoriales o por oscuras lealtades de grupo. La psicología ilustrada, por su parte, quizá tuviera en cuenta estos comportamientos, pero los considera como un efecto natural: algo que *ocurre* a los seres humanos y *no* algo de lo que son autores. El mensaje de Hamann consiste en que hay que prescindir de esos *procesadores* de la experiencia y recorrer pacientemente las diversas formas de lenguaje, las articulaciones de acción, las condensaciones simbólicas con las que los hombres organizan su vida, viendo en todas ellas la actividad de seres inteligentes capaces de actuar y elegir. Las acciones, pasiones, sentimientos e ideas de los seres humanos no son fenómenos que puedan explicarse a partir de una noción general de naturaleza humana ni tampoco datos que primero se catalogan para ordenarlos después en dos grandes divisiones: unos que se deben a la Razón y otros que no son sino producto de torpes apetitos o lamentables inercias. Son, por el contrario, *signos* que debemos esforzarnos en leer dentro del texto que construye cada vida humana.

Berlin subraya que este acercamiento que propone Hamann a la idea de hombre es *empírico*, pero *no intuitivo*. Hamann, al optar por esta aproximación directa al ser humano, se comporta como un nominalista. Pero su nominalismo es sobre todo metodológico: al preservar los componentes de la experiencia de la compulsión del concepto formal y mantenerlos en su dispersión, no los considera meros hechos ni los sanciona desde una posición emotivista. Los toma como *signos*, es decir, como fenómenos singulares en los que hay que penetrar desde una hipótesis de *sentido*. Sugiere así una *empiria comprensiva* que no se apoya en la psicología, sino en las estructuras de sentido que pueden advertirse en los lenguajes naturales, en las articulaciones simbólicas y en los modos de vida de las diversas culturas y en las estructuraciones de fines y valores de los individuos. Es una indagación empírica de la experiencia posible de los individuos y de la de otras culturas que, al exigir penetrar en los contenidos que las hacen diferentes sin privarlas por eso de humanidad, cuestiona la limpidez de la conceptualización ilustrada.

Berlin ve así en la obra de Hamann un índice que señala a los pies de la Ilustración una línea de sombra. No invita al ilustrado a levantar la mirada hacia los universos platónicos, sino a descubrir, bajo sus conceptos y bajo la fuerza determinante que poseen, un potencial de vida y significación que unos y otra ignoran. Pues los conceptos racionales son,

> en el mejor de los casos, ficciones útiles y en el peor [...] formas de evadir el enfrentamiento con la realidad misma (Berlin, 1993, p. 23 [78]).

Si consideramos desde este punto de vista los tres significados de experiencia que señalamos en *El tercer hombre*, concluiremos que el tercero y, bajo ciertas condiciones, el segundo se oponen al primero. Hacen valer frente a él sus contenidos que éste insiste en disolver en su generalidad formal: Galloway, al final del filme, quiere resolver el problema de Anna, pero ésta tiene que *dejarse ayudar.* Nos interesa la dialéctica que opone entre sí esos significados de experiencia. Su desarrollo señala la noción de experiencia en Berlin.

III

Prescindir de esa dialéctica afirmando de manera terminante la autoridad del concepto frente a las dispersas relevancias de las experiencias individuales ocasiona problemas éticos o comunicativos, pero también estrictamente gnoseológicos. El reconocimiento diferencial de las experiencias individuales no se exige sólo por una difusa solidaridad interhumana o por la necesidad de mejorar la comprensión mutua, sino que ignorar tales diferencias es un error lógico.

Éste es, para Berlin, el núcleo central de la obra de Hamann. Su crítica incesante a los que él llamaba *fariseos y saduceos,* es decir, a los dogmáticos y a los ilustrados de su tiempo, encierra una acusación común a ambos: unos y otros pasan por alto la experiencia contenida en los mundos individuales. Berlin, sin compartir esta simetría, ve en tal acusación la dimensión más oscura del destino de la modernidad ilustrada. Berlin no tiene dudas sobre el alcance de la obra de la Ilustración: gracias al carácter público y crítico de la experiencia que instituye acabó con la superstición y el oscurantismo y estableció la autonomía de pensamiento y acción de los seres humanos (Berlin, 1986, p. 118). Esta gloria de la Ilustración, sin embargo, tiene su sombra: la tentación constante de la racionalidad moderna de combatir el dogma colocándose a sí misma y a la limpidez de sus conceptos formales de *modo antagónico* frente a los diversos universos tradicionales. Al proceder así, la racionalidad moderna desautoriza, con la fuerza de su lógica, tales universos tachándolos de *irracionales*, pero, a cambio, disuelve sus contenidos, los pierde, dispersa la rica acumulación de experiencia humana que hay en ellos, sencillamente *la suprime*.

Cuando la argumentación de quienes abogan por la autonomía de la razón y la voluntad humanas se queda sólo en hacer valer la fuerza del concepto y no entra reflexivamente en la variedad de los contenidos de las experiencias de hombres y mujeres concretos, tal discurso reposa sobre un error. Algunos lo calificarán como *negación abstracta*, otros hablarán de un empleo *no reflexivo* del concepto; Berlin[1] dirá que un concepto es una creación humana y no puede emplearse para ocultar otras formas también humanas de creación. Sea como sea, el error es patente, porque hacemos al concepto inmune a la presión de los contenidos. Error además con consecuencias prácticas: inspira fácilmente actuaciones represivas de las que da rudo testimonio la época moderna (Berlin, 1993, p. 24 [79]).

Se entenderá mejor esta opinión de Berlin acudiendo a su ensayo sobre Maquiavelo (Berlin, 1981, pp. (25-79) [85-143]). Allí dice que la aportación decisiva del florentino fue desplegar las bases del pluralismo. Maquiavelo no fue el paladín de un crudo pragmatismo frente a una visión normativa de la acción política; su mérito consiste en haber colocado frente a los ideales medievales de la *Civitas Dei* los valores de la república secular y en mostrar que unos y otros son entre sí incompatibles. Ambas visiones son perfectamente humanas y legítimas pero incompatibles, y ante ellas sólo cabe la opción. Berlin extrae una interesante consecuencia de este análisis: es ilusorio —peligrosamente ilusorio— considerar que ciertas instituciones políticas se derivan de la naturaleza del hombre, de la estructura de la realidad de las cosas o de cualquier otro principio con dignidad ontológica. No hay instituciones sagradas —como pretendieran legitimistas, integristas

---

1/ El concepto de *reificación* se usa con frecuencia por Berlin, quien lo entiende de un modo curiosamente cercano a Feuerbach. Puede verse, por ejemplo, un desarrollo de la idea que se introduce en la segunda edición de su monografía sobre Marx y que, en la traducción española, aparece en las pp. 139 ss. Una presentación escueta del concepto puede verse en una breve pero sustanciosa recensión de Croce (BERLIN, 1952). De modo más elaborado y original se encuentra en BERLIN, 1993, p. 83 [164].

y fundamentalistas— o que expresen las esencias de un pueblo —como declaran los nacionalismos— o que sean la concreción de las leyes históricas —como creyó la ortodoxia del socialismo real—. La posición de Maquiavelo desautoriza estas creencias y también su consecuencia más temible: pensar que

> la ruina de estas instituciones puede dañar fatalmente la estructura indispensable de todos los demás valores. Ésta es una doctrina en cuyos términos tanto católicos como protestantes, conservadores y comunistas han defendido enormidades que hielan la sangre de los hombres comunes (Berlin, 1981, p. 63 [128]).

La luz que sobre tales sombras arroja Maquiavelo establece que no hay concepciones generales o visiones del mundo que puedan llegar a monopolizar las posibilidades de lo humano. Las formas de vivir humanamente son, por el contrario, múltiples, aunque, eso sí, alternativas. Ante ellas, por tanto, se exige la opción y, por consiguiente, el reconocimiento de la pluralidad; lo que no es legítimo es la exclusión de posibilidades.

Cuando la racionalidad moderna se coloca de modo antagónico a la diversidad de las experiencias de civilizaciones históricas o de los individuos, se sitúa en una peligrosa vecindad a la exclusión. Esta conclusión tal vez no sea clara en el ensayo sobre Maquiavelo, pero inspira el que dedica Berlin a Montesquieu (Berlin, 1981, pp. 130-161 [199-233]). Lo que resulta decisivo en el Barón de la Bréde es que permanece conscientemente en un terreno contradictorio desde el que defiende a ultranza los valores liberales y a la vez reconoce con extraordinaria delicadeza la importancia de los modos de vida históricos, «los intereses que dependen de tiempo y lugar en una situación concreta» (Berlin, 1981, p. 157 [228]).

> Esta oposición frente a la imposición de cualquier ortodoxia, *sin importar lo que estuviera en juego, sin importar cuán elevada y profundamente venerados pudieran ser los ideales de la ortodoxia*, distingue a Montesquieu de teólogos y ateos, de los radicales de su tiempo así como de los autoritarios de su época (Berlin, 1981, p. 159 [230], énfasis míos).

En el terreno político, la conclusión de este posicionamiento es que los principios racionales no eximen del análisis de *contenido* de los valores en presencia —es decir, algo muy cercano a lo que el profesor Gray llama *liberalismo agonístico* (Gray, 1996, pp. 181 ss.)—; pero esa valoración de Montesquieu tiene también consecuencias para la noción de experiencia: el procesamiento *conceptual de la experiencia* no dispensa del análisis de sus *contenidos*. El ejercicio de la racionalidad consistirá entonces en suspender el juicio, evitar las precipitaciones que llevan a una brillante identidad —cuya claridad quizá no esté libre de ciertas dosis de voluntad de poder— y hacer trabajar el concepto frente a un objeto que le opone resistencia. Éste es el primer paso de la dialéctica entre los diversos tipos de experiencia.

IV

En el Kunsthistorisches Museum de Viena hay un cuadro de Giorgione que se conoce como *Los tres filósofos*. Los tres personajes se agrupan en la mitad derecha del cuadro cuya otra mitad tiene como único protagonista la naturaleza. El cuadro tal vez no sea más que una adoración de los magos que no llegó a terminarse[2], pero la crítica también lo ha interpretado como la representación de tres momentos de la filosofía. De las tres figuras, la del centro, con su atuendo oriental, parece caracterizar la filosofía antigua, como lo hacía la *Crónica Ilustrada* o como Signorelli representa a Empédocles en la Capilla de San Bricio. La mirada del personaje de Giorgione concentrada parece indiferente a la naturaleza. Junto a él, un anciano de larga barba y extraña túnica —entre el monje y el mago— sujeta un pergamino en el que hay dibujos de cuerpos celestes: la tradición lo ha convertido en el representante de la filosofía medieval, aunque quizá quepa ver en él al astrólogo e incluso al matemático más atento al *número* que a la enigmática complejidad del ser natural[3]. Finalmente, el filósofo que está más a la izquierda tiene la mirada fija en la naturaleza y parece tratar de entenderla mediante figuras que, sin prescindir desde luego de la medida, evidencian su valor visual, porque el joven las traza sobre el papel. Es el talante de la sabiduría renacentista, que no se arredra ante la diversidad del ser natural y no teme demorarse en ella, pues, aun cuando carezca de conceptos para su determinación, ve en su enigmática diferencia una singular familiaridad.

Atribuyo a Berlin la actitud del joven filósofo. La suspensión de la aplicación del concepto que acabamos de examinar le permite demorar la mirada en las múltiples formas de comportarse humanamente, examinarlas en su variedad y captar

---

2/ Ver, por ejemplo, KLAUNER, F.: *Jahrbuch der Kunsthistorisches Sammlungen in Wien*, 1955.

3/ Ver al respecto CHASTEL, 1991, pp. 216-224 y 257-258. La insuficiencia de una comprensión puramente formal de la naturaleza es un lugar común en Bruno. Ficino solía diferenciar la esfera de la *ratio*, afecta a la forma, de la de la intuición de la *mens* (1994, II, 3). La diferenciación que supone una nueva valoración del ser natural arranca posiblemente de NICOLÁS DE CUSA (1972).

tentativamente la inteligibilidad diferencial que encierran. Desde esa óptica, la *extensión* de la experiencia posible se amplía hasta límites insospechados.

Tal amplitud, sin embargo, no obedece a razones psicológicas, sino que es de índole conceptual. La *extensión* de la noción de experiencia se relaciona estrechamente con problemas y preguntas que por ser inquietantes orientan el pensamiento. La noción de experiencia científica en Kant ha de comprenderse, como Popper ha señalado, desde los interrogantes que plantea la física de Newton (Popper, 1983, pp. 234-238); su experiencia *moral* es, así lo sugiere Berlin (Berlin, 1969, p. 153n [224]), coextensiva con los problemas que suscita una convivencia en la que el único límite para la libertad individual es la libertad de los demás; y su analítica de lo bello siempre me ha parecido estrechamente relacionada con la pujanza de una obra de arte que hunde sus raíces en la imaginación y el sentimiento[4] y abandona otros parámetros más objetivos del arte.

Berlin no es ajeno a la herencia kantiana, pero los problemas a los que ha de responder no pueden, como acabamos de ver, confiarse al rigor de la forma conceptual. La vitalidad del legado kantiano, sin embargo, se advierte en las posibilidades que demuestra para hacer frente a nuevas situaciones. La obra de Hertz, la de Cassirer y la de Weber son otros tantos testimonios de estas posibilidades. En la última década del siglo XIX y en las dos primeras del XX, la deflexión de estos tres pensadores responde a las preguntas de una época para la que el problema del conocimiento ha abandonado la perspectiva ilustrada y se interesa, sobre todo, por la capacidad modeladora y heurística de nuestros conceptos[5] y la adecuación de los mismos a ámbitos determinados por un interés cognoscitivo[6] preciso: en tales casos el horizonte de la *cosa-en-sí* se pierde y la pregunta por el saber se dirige expresamente al estatuto de las ciencias[7]. En lo que a la ética concierne, ninguno de ellos va a poner en duda su carácter incondicionado, pero Weber será especialmente sensible a la nueva situación surgida de la consolidación de un Estado dotado de administración racional y de una sociedad en la que la diversificación de intereses parece exigir un difícil equilibrio entre la convicción y la responsabilidad. Estos cambios de perspectiva no implican necesariamente un abandono de preocupaciones estrictamente metafísicas, pero

---

4/ Me limito a recordar dos referencias obligadas al respecto: los artículos de Addison en *The Spectator*, a lo largo de 1712 (ADDISON, 1991) y los textos de Diderot (especialmente, DIDEROT, 1988, pp. 54-55) sobre la pintura, escritos en 1766.

5/ Ver la introducción a CASSIRER, 1971. Es patente la influencia de Hertz.

6/ Este registro tiene particular importancia en la obra de Weber, como puede verse en WEBER, 1982.

7/ Este giro se formula por Hertz y puede verse en síntesis en CASSIRER, 1971.

éstas se establecen en lo que podríamos llamar un nuevo nivel de profundidad: algo que —sólo podemos indicarlo en esta somera exposición— se sugiere con propuestas como la de Max Weber sobre la necesidad de un *arte íntimo* (Weber, 1972, p. 113).

En Berlin hay también una transformación de perspectivas. Su espacio decisivo viene dado por la necesidad de salvaguardar la experiencia individualizada, sea ésta la de culturas históricas, grupos sociales con intereses específicos o, sencillamente, individuos. En esta idea central de Berlin pesa sin duda la comprobación de los excesos de la planificación social, pero reducir su visión a este problema sería simplificar las cosas. Porque la cuestión de fondo es la imposibilidad de concordar sin daño tales experiencias particulares con los modos por los que puede formarse una voluntad colectiva —fórmulas de consenso— o con los procesadores aleatorios de la información —el mercado, por ejemplo—. Ni el consenso con pretensiones de fundamentación racional ni las fórmulas aleatorias —unidas a la formalidad de la Ley— garantizan que los mundos particulares sean salvaguardados del perjuicio. Ésta es la preocupación central del pensamiento de Berlin. Por ello se esforzará, como el joven filósofo de Giorgione, en una incansable observación de las experiencias humanas, manteniéndolas en su singularidad, y nos recordará al mismo tiempo que la línea que separa, en el ideal social o político, las necesarias reformas de la imposición de sacrificios que terminan por violentar a los individuos es extraordinariamente delgada (Berlin, 1981b, p. 193 [363]; 1990, p. 16). El problema va más allá de los ámbitos éticos o políticos y llega hasta la ciencia en la medida en que ésta puede prestar legitimación a diversas tecnologías sociales, objetualizando a los seres humanos, o ser utilizada para nutrir ideologías fatalistas o tecnocráticas.

La ampliación, por tanto, de la extensión de la experiencia abierta por la demora ante el concepto formal y el giro hacia las experiencias específicas es enorme y no puede separarse de dolorosas realidades de nuestro tiempo. Tal amplitud, sin embargo, no es la de un museo de curiosidades etnográficas ni borra los logros del pensamiento moderno. Si se abre el abanico de la experiencia posible es para buscar formas de intercomunicación entre ellas y para precisar el alcance de la racionalidad moderna. Recorreremos esos pasos. El primero de ellos será examinar el papel de la ciencia en esta dialéctica de la experiencia.

V

Berlin utiliza en diferentes ocasiones para precisar el dominio de la ciencia la sugerente metáfora de J. L. Austin (1975, p. 215) que comparaba los diversos dominios científicos con «planetas tibios y bien regulados» que se desprenden del «sol inicial, seminal y tumultuoso de la filosofía» y «progresan regularmente hasta un distante estado final»[8].

Ni en Austin ni en Berlin ha de entenderse el término «filosofía» como una disciplina, sino que designa tanto el legado histórico del saber como un conjunto de problemas y preguntas sin solución o respuesta clara —o al menos unánime—, pero que articulan campos de reflexión y discusión. Las ciencias son dominios «tibios y bien regulados» porque se apartan de este territorio animado, pero algo caótico, al poder precisar *formal y empíricamente sus objetos de investigación*. De este modo, por ejemplo, la astronomía ya no tendrá que esclarecer, como pretendía el Renacimiento, qué misteriosos poderes rigen el universo, ni la biología cargar con el problema del *origen* de la vida. Establecen por el contrario las condiciones de su observación —lo que elimina cuestiones tales como las del origen— y las estructuras conceptuales bajo las que consideran sus objetos. Sus problemas, por consiguiente, serán aquéllos para los que cuentan con una estructura formal adecuada y unos recursos empíricos precisos y desterrarán de sí esas otras cuestiones que evocan un pasado vinculado a preocupaciones más generales del saber. Las preguntas que se hacen las ciencias y a las que responden tendrán, por tanto, una característica precisa: en su enunciado mismo encierran indicaciones claras de los medios, formales o empíricos, y de las técnicas por las que puede conseguirse su respuesta (Berlin, 1980c, pp. 4-5 [33]).

Poseer un objeto preciso de investigación equivale entonces a tener un lenguaje que pueda determinarlo, un lenguaje propio. Para Berlin (Berlin, 1980c, p. 146 [242]; 1969, pp. 89 [157], 96 [164] y 98 [166]) esto significa que las diferentes ciencias *a)* poseen normas para determinar qué es un hecho y para definir qué es una evidencia, *b)* acuñan una terminología precisa para sus propósitos y *c)* tienen métodos para razonar y establecer conclusiones. Finalmente, aquellas normas y términos y estos métodos son estables y están sancionados por la aceptación de la mayoría de los que son especialistas en ellas. Desde ese punto de vista, la ciencia no ha de establecer correspondencias con la realidad: su estructura conceptual no *refleja* la realidad ni busca corresponder con ella, sino que es más bien una trama simbólica desde la que podemos orientarnos inteligentemente en ciertos territorios. Por otra parte, esta posibilidad de orientación reposa más en un conjunto de prácticas racionales compartidas que en una visión sustantiva o esencial de las cosas.

8/ Las alusiones de Berlin al texto de Austin pueden verse en Berlin, 1982, p. 29; 1980c, pp. 4 y 146 [32 y 242]; es fácil encontrar alusiones al texto en diversos pasajes de «Historical Inevitability» en Berlin, 1969, pp. 41-118 [106-186].

Si todo ello es así, las ciencias definen un sugerente territorio de la experiencia. Por un lado, establecen un *dominio del saber empírico* desterrando supersticiones y mitologías: al precisar públicamente el alcance de determinados problemas y proponer soluciones para ellos, los separan de deseos o temores ancestrales. Por otro, *se separan a sí mismas de las ilusiones de un saber completo,* porque el mismo ejercicio de la racionalidad científica supone un esclarecimiento de sus límites. Si tomamos en serio la metáfora de Austin, al considerar que la ciencia está edificada sobre un terreno definido por un lenguaje determinado, hemos también de admitir que la independización de cada ciencia se hace «dejando siempre detrás un núcleo de cuestiones irresueltas que permanecen en gran parte sin analizar» (Berlin, 1979, p. 13). Algunos de estos problemas surgirán más tarde como interrogantes que se plantean en el curso de ciertas investigaciones o tal vez con ocasión de algunos hallazgos que parecen indicar insuficiencias en los supuestos generales del lenguaje de la ciencia en cuestión. No es necesario remitirse a problemas de elevado nivel de abstracción, como los suscitados en su momento por el *quark* o los *agujeros negros*; basta recordar cuestiones más próximas a la experiencia cotidiana, como el equilibrio ecológico, la clonación o la discusión sobre qué modelos son preferibles para el funcionamiento neuronal, si el secuencial o el masivo, para ver la recurrencia de estos problemas.

La moraleja, en cualquier caso, no es reiterar la preeminencia de un dominio del saber llamado filosofía, sino hacer ver que las ciencias son territorios de prácticas inteligentes articuladas, gracias a los que podemos resolver muchos problemas, pero que están inmersos en un medio más amplio donde la experiencia se organiza en formas más complicadas y menos precisas, pero con una riqueza que no es posible ignorar. Las ciencias *nacen de una determinación positiva de conceptos y categorías* que permite plantear ciertos problemas y resolverlos; tal determinación y articulación, sin embargo, *lleva consigo una supresión* de otras estructuras del pensamiento y consiguientemente de ciertas relevancias que pueden ser valiosas para otros aspectos de la experiencia. Este turno de determinación y supresión es decisivo para el nacimiento de aquellos *planetas tibios* que, por eso mismo, no pueden aislarse del conjunto de la experiencia.

El planteamiento de la ciencia en esta dirección podemos tomarlo como un primer paso de la dialéctica entre experiencia formalizada y no formalizada. Las ciencias son el principal dominio de tal formalización, pero por esa misma razón no pueden aspirar a ocupar toda la extensión de la experiencia. Berlin sitúa y calibra el alcance de las ciencias evocando y compartiendo dos registros importantes, aunque bastante olvidados del pensamiento occidental: la mirada escéptica con la que Hume contempló las proposiciones generales y la idea, que Berlin hace llegar hasta Vico, de la certeza como estrategia.

Berlin comparte el escepticismo de Hume hacia las proposiciones generales y mantiene con radicalidad, como una de las bases de su empirismo, la crítica del principio de inducción. Si pueden mantenerse las proposiciones generales, será por la vía trascendental kantiana. Pero esto se logra con un uso reflexivo de las categorías, es decir, un uso que establezca con claridad *bajo qué* condiciones el objeto está mediado por ellas y *con qué* alcance. Esta propuesta reflexiva es tan radical que desde ella Berlin desautoriza la crítica más brillante hecha en nuestro siglo del principio de inducción: el falsacionismo popperiano. Berlin piensa que también el falsacionismo ha de situarse en un ámbito que hace de las ciencias una práctica autoconsciente y no trasponerlo a una epistemología general. Admitir el falsacionismo como criterio de significado implicaría que sería posible precisar con exactitud todas las covariantes que pueden darse al testar una ley general. Esto es una ilusión, salvo que se acepte que las ciencias restringen de antemano estas situaciones de testabilidad a ámbitos dominables por su propio lenguaje. En tal caso el falsacionismo sería aceptable, pero ya no podría inspirarse en él una epistemología que se extendiera más allá del ámbito de la ciencia (Berlin, 1937, pp. 90-91).

Al concebir de este modo las ciencias, Berlin termina situándolas en el ámbito de una estrategia para el logro de certezas o de predicciones fiables (Berlin, 1980c, pp. 32-33 [74]). La convicción que preside este planteamiento es consecuencia directa de lo que acabamos de exponer: no podemos alcanzar un conocimiento completo del mundo exterior. Nuestro acercamiento a él sólo es posible encerrando algunas de sus variables en correlaciones lógicas de las que, en última instancia, nosotros mismos somos autores. Tenemos un acercamiento directo por familiarización a esos conjuntos de variables: de ellos partimos al proponer una hipótesis y a ellos volvemos para confirmarla (Berlin, 1980a, p. 101); qué ocurra en ese proceso, o en niveles más profundos del acontecer natural, se nos escapa. Al lanzar la hipótesis arrancamos la relevancia de su medio —de su suelo natal, decía Adorno—, la convertimos en *dato* y sólo trabajamos en la superficie del acontecer. Pero, de este modo, eliminamos grados de incertidumbre del acontecer natural. Describimos u ordenamos causalmente ciertos «aspectos de un comportamiento o de una presencia» (Berlin, 1980a, p. 23) y, aunque no podamos llegar a sus componentes últimos, organizamos un mundo más humano.

No hay en esta posición minusvaloración de la ciencia: es una actividad inteligente que permite establecer zonas de bajo riesgo en nuestras relaciones con el acontecer natural, un ejercicio de la racionalidad por el que podemos aislar ciertos problemas y solucionarlos estableciendo así zonas de comprensión humana más acá de todo dogmatismo y es, finalmente, una determinación del alcance de nuestro conocimiento y en esa medida inspira una prudencia práctica respecto a la naturaleza. Más allá de estas notas será la reflexión quien debe continuar su trabajo.

VI

La posición de Berlin sobre la ciencia nos conduce a un problema más amplio: al rechazo de todo intento de establecer *un ámbito privilegiado de la experiencia*. Su contrapartida será lo que hemos de llamar el *empirismo de Berlin*.

Cuanto hemos dicho sobre la ciencia muestra que ésta no puede ser el ideal al que deba tender toda experiencia humana. Buena parte de tal experiencia queda fuera de las condiciones que exige el lenguaje de la ciencia y sólo empobreciéndola podríamos encajarla en él. Pero al negar esta credencial a la ciencia sólo abordamos una parte del problema. Éste es más radical y consiste en la imposibilidad de fijar un ámbito desde el que podamos decidir la validez de cualquier forma de experiencia. La creencia en que tal ámbito puede precisarse es una vieja y recurrente pretensión del pensamiento occidental. Berlin la rechaza y la critica, aunque al renunciar a ella deba optar por una noción de experiencia tan amplia y abierta como dispersa.

En algunos trabajos de los años inmediatamente anteriores y posteriores a la Segunda Guerra Mundial, Berlin critica la aspiración fenomenalista a constituir un ámbito exclusivo de la experiencia. Advierte esta pretensión en la elevación del principio de verificación a criterio de significado; con este criterio, las relevancias del objeto de la experiencia se reducen a lo que puede ser aprehendido de modo actual y directo por los sentidos, en tanto que limita el discurso a las posibilidades descriptivas del lenguaje protocolario.

Berlin opone a esas pretensiones una noción de experiencia del objeto que se extiende a muy diversas formas de contacto o familiarización (*acquaintance of*), a todo lo

> que de alguna manera se asemeja a mi experiencia real, según se da en la observación o en la introspección, en la memoria o en la imaginación, o en cualquier otra forma de familiarización directa, que sólo pueda describirse con referencia a ella (Berlin, 1980c, p. 30 [70]).

De este modo se hace valer la aprehensión del objeto propia de ciertos conocimientos —por ejemplo, el histórico— y devuelve su alcance a una experiencia como la *biográfica*. Pero las palabras de Berlin van más allá: separan el objeto de la experiencia del proceso sensorial, retiniano, para situarlo en un contexto intencional. La *presencia* del objeto implica una actividad deíctica —lo señalamos, nos dejamos sorprender por él— y parece requerir el enunciado de una proposición categórica que va más allá del flujo de los procesos psicológicos, porque nos compromete ante cualquier hablante (Berlin, 1980c, p. 50, nota 2 [100, nota 10]). De este modo, el objeto no se reduce a cruda facticidad, pues si el dedo se dispara, si el objeto se da a ver, es porque nos hace pensar, porque plantea un problema de inteligibilidad (Berlin, 1980c, p. 29 [69]), porque sugiere un sentido. Detenemos el acontecer porque damos un sentido al objeto, un sentido que va más allá de su impacto causal en la retina sin que se quede por ello su presencia en lo meramente vivido o inefable: la *ecstasis* que hace posible aquella presencia es ya un principio de inteligibilidad. Al afirmar la presencia del objeto lo estamos ya articulando categorialmente.

La experiencia entonces se abre: desborda el ámbito psicológico y la referencia del acontecer natural sin quedar por eso encerrada en la intimidad solipsista, porque su articulación categorial la hace *pública*, capaz de ser compartida.

Al concebir de esta forma la experiencia, Berlin reclama la tradición kantiana. Él mismo dice que debemos a Kant este desplazamiento de la atención filosófica que separa la experiencia de la doctrina de las *fuentes del conocimiento* —sensación y/o introspección— y de una comprensión meramente psicológica del conocer, para centrarla en el análisis categorial, en el «examen de los conceptos más generales y de las categorías en cuyos términos pensamos y razonamos» y que son «marcos de referencia, sistemas de relaciones [...] de las que parece que somos incapaces de desprendernos» (Berlin, 1979, p. 26). Pero con el recurso a las categorías, Berlin no sólo consuma su crítica a la noción fenomenalista de experiencia, sino que desborda los planteamientos kantianos. Culmina la crítica al fenomenalismo porque pone en evidencia que no es posible limitar la articulación de la experiencia al lenguaje descriptivo sintácticamente correcto. Las categorías permiten construir muchos lenguajes de la experiencia a los que sólo habrá que pedir coherencia entre el tipo de experiencia que proponen y los medios de comprobación que aducen. La *coherencia categorial* prolonga cuanto antes decíamos de las diversas formas de contacto con el objeto, devolviendo a la inteligibilidad su protagonismo sobre cualquier criterio de significado.

Pero esta diversidad de articulación categorial va a llevar a Berlin más lejos, hacia la elaboración de una criteriología muy general que constituye lo que hemos llamado más arriba su *empirismo*.

Hemos enunciado ya uno de los componentes de esa criteriología, la *coherencia categorial*. Tal vez deba anteponérsele otro criterio: el exquisito respeto a las consecuencias de la crítica kantiana al argumento ontológico. La coherencia categorial no exime de la disciplina de la prueba, que es lo que da a la experiencia su carácter público y permite compartirla. Claro que probar no es verificar formalmente, sino además precisar de qué objeto hablamos, con qué organización categorial lo hacemos y qué validez corresponde a ese lenguaje. La disciplina de la prueba en Berlin está, así, más cerca del análisis reflexivo del discurso, como el que, por ejemplo, hace Kant al hablar del progreso en un célebre texto sobre la Revolución francesa, que de premuras verificacionistas.

Berlin dice a menudo que hay que diferenciar entre preguntas y discursos acerca de hechos y preguntas y discursos que se ocupan de las estructuras en las que los hechos se nos presentan (Berlin, 1969, p. 42 [107s.]; 1980c, p. 7 [36]). Es un tercer componente de su *empirismo* que combate otra vertiente del argumento anselmiano. La articulación categorial de la experiencia no puede olvidar que conceptos y categorías son estructuras humanas y por consiguiente no pueden tomarse como atributos de la realidad. Son tramas simbólicas desde las que tratamos de organizar la realidad y no corresponden a estructuras reales. Si se pierde de vista esta condición humana de las categorías, acabamos hipostasiándolas a la realidad y sometiéndonos a ellas. Quizá radique ahí el error del fenomenalismo —somete la aprehensión del objeto a la categoría de causa y el discurso a las que rigen la descripción—, pero también de aquí arranca la equivocación de quienes atribuyen un sentido al acontecer histórico: toman la teleología, una categoría útil para el esclarecimiento de la acción y que anima, como idea regulativa, cualquier proceso de búsqueda de inteligibilidad, y la extrapolan hasta convertirla en estructura del acontecer (Berlin, 1969, p. 51 [117]). Dando un paso más, podemos decir que desde este punto de vista se advertirá la desmesura de todas las imágenes de la Razón triunfante, su índole mitológica. La tercera condición del *empirismo* de Berlin es una advertencia general contra lo que se ha llamado *reificación*, que desnaturaliza en dos sentidos la experiencia: puebla el mundo de objetos ficticios y oculta dimensiones del objeto real, tal vez las más desconcertantes, las que hacen trabajar más a la reflexión.

Hay una última exigencia del *empirismo* de Berlin: el carácter gratuito de las categorías. Si éstas son formas de articulación de la experiencia, no pueden ser tratadas como objetos cuyo origen pueda precisarse filosóficamente o su posición esclarecida por disciplinas científicas como la sociología o la psicología. Una indagación de corte científico sobre las categorías incurre en una suerte de círculo o *petitio principii*, pues pondríamos a trabajar a las ciencias sobre aquello mismo que las hace posibles. No tendrá mayor éxito una indagación de corte filosófico, sólo que en este caso el proceso desembocaría en un *regressus in infinitum* (Berlin, 1969, p. 72n [138, nota 11]).

La *coherencia categorial* y las condiciones del *empirismo* de Berlin abren, pues, la experiencia llevándola mucho más allá de la idea de un lenguaje privilegiado. Esta apertura conduce hasta todo lenguaje o formulación que pueda cumplir con el análisis reflexivo de las condiciones del discurso, pero diseña, sobre todo, un perfil del agente de la experiencia como capaz de modelar la realidad desde tramas de inteligibilidad que él mismo establece, sin que dichas tramas puedan reducirse a pautas que pudieran explicar una ciencia de la conducta ni tampoco concebirse como etapas de una deriva de alguna Razón en la Historia.

El pensador que contemple la variedad de la experiencia humana, como el joven filósofo de Giorgione hacía con la naturaleza, llega a sentir el vértigo de lo ilimitado. Ha de evitar el escollo de la *reificación* —deshaciendo los intentos de limitar la experiencia a una presunta Razón triunfante— tanto como las asechanzas del reduccionismo de tramas categoriales a condicionamientos psicológicos o sociológicos que puedan procesarse de modo causal (Berlin, 1969, p. 54, n [119, nota 8]). Se encontrará entonces en un territorio en el que la capacidad de creación humana se manifiesta en toda su variedad. No hay mapas de ese territorio: sólo cabe aceptar que la articulación de la experiencia es abierta y compartible. A lo largo del tiempo y a lo ancho de las diferentes culturas, de los diversos modos de vida, de las distintas ideologías y visiones del mundo, los seres humanos organizan inteligentemente su entorno, *in-ventan* objetos, modelan su vida sin otra contrapartida que la comunicación crítica desde la que sus propuestas puedan ser compartidas.

Esta amplitud desborda la idea kantiana de categorías. Éstas dejan de ser surcos fijos de una razón ajena al tiempo y se establecen en el ejercicio racional de hombres y mujeres que pertenecen a diversas épocas y culturas y que mantienen formas divergentes de concebir el mundo. Ciertas categorías, las de la experiencia científica, por ejemplo, son, según Berlin, relativamente estables; otras, en cambio, las que organizan la experiencia en ámbitos más globales y están vinculadas a formas de pensamiento que incluyen valoraciones, se caracterizan por su variabilidad. Se registrarán entonces profundas diferencias entre los hombres que afectarán incluso a la visión de los hechos. Quizá estas diferencias relativas a la visión de los hechos pueden aclararse mediante la intervención de la ciencia (Berlin, 1980c, p. 8 [38]), pero a medida que nos alejamos del tipo de objeto que puede ésta conformar, sea porque tratemos objetos como los de la historia o la política, con dimensiones simultáneamente subjetivas y objetivas, o porque nos refiramos a esferas donde se exige una dosis aún mayor de valoración, como la moral o la estética, las divergencias serán mayores y posiblemente insalvables. Las categorías nos han ofrecido un extenso territorio de la experiencia, pero el problema consistirá en precisar si en y desde esa pluralidad de *categorías y usos categoriales* es posible abrir vías de comunicación que garanticen un mundo compartido.

VII

Empecemos, para ello, examinando más detenidamente la distancia que separa a Berlin del trascendentalismo kantiano. Berlin concibe las categorías no como moldes fijos sino como estructuras surgidas en el ejercicio inteligente del ser humano. La idea no está totalmente ausente de la obra de Kant. Se incluye como idea germinal en la segunda introducción a la *Crítica del Juicio*[9] y fructifica en la tradición kantiana, desde la *abducción* de Ch. S. Peirce hasta la *forma simbólica* de Cassirer. El propio Kant parece desarrollarla al proponer, en su *Idea de una Historia Universal Cosmopolita*, una *escritura* de la historia como aproximación a una unificación *racional* de la convivencia humana. Kant, aun circunscribiendo esta idea con importantes cautelas teóricas[10], sugiere que los seres humanos, debatiéndose entre dos instintos opuestos —uno que los impulsa a vivir en sociedad y otro que los empuja a subyugar a sus semejantes—, logran superar estas tensiones mediante un «arte forzado»[11] del que surgen las claves que ordenan la cultura, el arte y el orden social. No sólo estaríamos entonces ante nuevas propuestas categoriales sino ante aquellas que antes calificamos como variables y problemáticas. Pero Kant añade que todo esto es posible sólo *bajo el señorío de la razón*[12]. Esto último no es aceptable para Berlin.

La articulación del entorno político y social, de la cultura y el arte se concreta en objetos que, como dijimos, son a la vez objetivos y subjetivos, encierran valoraciones e interesan fines y por tanto suponen una intervención de la voluntad. Kant deposita la dignidad del ser humano en la autonomía de la voluntad, pero piensa que ésta no puede no obedecer a la Razón. Berlin cree que no es posible mantener la tutela *a priori* de ésta sobre la voluntad. Tal vez esta jerarquización kantiana sea un resto de ascetismo pietista,

> una forma secularizada de individualismo protestante en la que el lugar de Dios lo toma un concepto de vida racional y el del alma, que tiende a unirse con Él, lo ocupa una noción de individuo dotado de razón y que tiende a gobernarse por la razón y sólo

---

9/ Me refiero especialmente a los párrafos IV y IX de dicha introducción.

10/ Kant habla de una finalidad de la naturaleza que sólo podemos suponer, y que tendría índole subjetiva, es decir, se realizaría por los hombres mismos. Sigo la edición de Eugenio Imaz: KANT, E.: *Filosofía de la Historia*, Fondo de Cultura Económica, México / Madrid / Buenos Aires, 1981.

11/ *Op. cit.*, 50.

12/ *Op. cit.*, 50 s.

por ella y a no depender de nada que pudiera desviarlo o engañarlo valiéndose de su naturaleza irracional (Berlin, 1969, p. 138 [208]).

Sea lo que fuere, lo cierto es que tal *señorío de la razón* termina por ignorar demasiadas exigencias humanas. La insuficiencia de la propuesta kantiana está en la dura distinción entre yo racional y yo empírico que lleva a una ruda decantación entre fines racionales y otros que, al no tenerse por tales, pueden sin más rechazarse. Este es el punto de ataque de Berlin (Berlin. 1969, pp. 153-154 [224-225]). El problema no está sólo en la desmesura de una teoría racionalista de la voluntad, sino en el riesgo eminentemente práctico, ético, de entregar la voluntad individual a los *expertos racionales*. Se llegaría así a una nueva heteronomía y a la ignorancia o la desautorización de buena parte de la experiencia humana.

La contrapartida de Berlin es mantener la integridad de la experiencia, verla como un *fenómeno unitario* que no puede acometerse con el bisturí de ningún *a priori* ni someterse de antemano a un ideal racional. Hamann había recomendado a Herder que la nobleza del *Cogito* no debía hacerle olvidar al pobre *Sum*. Herder se esforzó en mantener una idea global del hombre. Así utilizó un concepto aristotélico, el *sensorio común*, para expresar las múltiples relaciones que el cuerpo establecía con su medio y lo hizo en su ensayo sobre el lenguaje, con lo que sugiere que esas relaciones son inseparables de la formación del yo y de su integración en una cultura. Berlin comenta esta formación integrada de la subjetividad humana diciendo que Herder pensaba que

> cada uno de sus ingredientes es en su inmediatez único y está vinculado con cada uno de los otros por una variedad infinita de relaciones que, en última instancia, no pueden analizarse ni aun describirse plenamente (Berlin, 1980a, p. 164).

Berlin está muy cerca de este planteamiento. Su óptica será más compleja porque, si sabe perfectamente qué es crecer en medio de la influencia de culturas diversas, también conoce qué es vivir en una sociedad en la que existen intereses contrapuestos que no pueden reducirse a datos naturales (Berlin, 1969, p. 178 [249]) ni explicarse por razones sociológicas (Berlin, 1963, cap. 6) porque se articulan en ideologías y visiones del mundo que encierran valores que los hombres tienen como decisivos. Esos fines de la vida, tal como se articulan en las biografías, las culturas, las ideologías (Berlin, 1969, pp. 1vi-1viii [58-60]) no pueden diseccionarse. Berlin invoca para ello a Burke a J. S. Mill, a Belinsky, aunque tal vez el trasfondo de su pensamiento lo ocupe Hume y sus sugerencias sobre la imposibilidad de determinar las oscuras relaciones entre el ser humano y la naturaleza de las que surge la creencia. No entro en esta discusión. Lo decisivo es que la articulación de la experiencia no puede discernirse *a priori*, sino que hay que tomarla como un todo y considerar sus configuraciones como «formas de autoexpresión, o de comunicación con otros seres humanos» (Berlin, 1980a, p. xviii).

En la introducción a sus estudios sobre Vico afirma Berlin que «leyes, instituciones, religiones, rituales, obras de arte, lenguaje, canciones, normas de conductas y cosas de ese estilo» no deben concebirse como meros «artificios para el agrado, el orgullo o la instrucción ni como armas deliberadamente inventadas para manejar o engañar a los hombres o para impulsar la seguridad o la estabilidad de las sociedades» (Berlin, 1980a, p. xviii), sino como el resultado de la incesante actividad *intencional* de los hombres, que ordenan de ese modo y comparten así su mundo. Por esa razón no cabe comprenderlas «en términos de principios o esquemas intemporales válidos para todos los hombres de cualquier lugar que sea» (Berlin, 1980a, p. xix), sino como formas propias de las épocas y civilizaciones que las crearon.

Tampoco puede concebírselas como resultado de una naturaleza humana fija ni como el fruto de una Razón suprema. Cuando Berlin contempla el gran fresco de las culturas y las civilizaciones distendido por la inspiración *barroca* de G. B. Vico, descarta la idea de una naturaleza humana y renuncia a recorrer el edificio con el hilo de Ariadna de una Razón oculta bajo tan gigantesco laberinto. Son las formas mismas las que han de guiarlo. Formas de un universo discontinuo y contradictorio que son objetivaciones de un espíritu, en el sentido estricto que dio a este término el idealismo: una instancia que es capaz de producir y reproducir las condiciones de su vida. Sólo que éste es un *espíritu estrictamente humano* (Berlin, 1980a, p. 66): carente de la brillante dialéctica de la Razón y de la confiada permanencia de una naturaleza, sus productos tienen el marchamo de la temporalidad, la originalidad de la emergencia y el destino de la caducidad

¿Puede en estas condiciones hablarse de una experiencia humana verdaderamente unificada, que alcance el suficiente nivel de generalidad como para ser compartida? Berlin piensa que sí y recurre para ello a diversos conceptos —*fantasía* de Vico, *Einfühlung* en Herder, *Verstehen* de la escuela histórica alemana— que sintetiza bajo el epígrafe de la «*imaginación reconstructora*» (Berlin, 1980a, p. xix). Gracias a él intentará llegar a las categorías que articulan una experiencia que, siendo humana, puede ser enormemente diversa.

VIII

La *imaginación reconstructora* de Berlin se emparenta con la *fantasía* de Vico sobre la base del célebre pasaje de la *Ciencia Nueva* donde se dice que nuestros intentos por conocer las más remotas civilizaciones siempre podrán apoyarse en que el mundo de la sociedad civil ha sido hecho sin duda por los hombres y que sus principios han de ser por tanto encontrados en las modificaciones de nuestra mente (Vico, 1973-1981, parágrafo 331).

Berlin ve en esa idea de Vico el legado de una concepción renacentista —neoplatónica con elementos de la tradición hermética— según la cual los hombres son seres autónomos, creadores y modeladores de sí mismos y de su mundo, y también la recepción de un principio escolástico que establece que sólo llegamos a conocer plenamente aquello de lo que somos autores (Berlin, 1980a, pp. 25-26 y 105 ss.).

La síntesis de Vico señalaría, en primer lugar, la capacidad humana para organizar el propio mundo, que no puede encerrarse en los moldes de la racionalidad formal (Berlin, 1980a, pp. 9-12 y 96), sino que en ella intervienen la imaginación, la emocionalidad y la voluntad. Los primeros universales fueron *imaginativos* (Berlin, 1980a, p. 44), como sugieren ciertos herméticos renacentistas cuando, por ejemplo, sintetizaban en Diana la belleza de la naturaleza y su misterio. Sólo que en los hombres primitivos el mito no sería una elegante evocación, sino literalmente la *figura* con la que modelaban lo que hasta entonces parecía no entregarse a la palabra.

El texto de Vico encierra una segunda dimensión: esa forma de articular la realidad, de formarla, no puede sernos ajena. Más arriba me referí a la estrategia de la certeza que relacionamos con Vico. Berlin, en efecto, subraya que Vico habla de un conocimiento, al que llama *certum*, que tiende una red de categorías sobre un objeto que nos es exterior y que permanece también exterior a las categorías en las que lo envolvemos. Tales objetos no llegamos a conocerlos totalmente: de ellos sabemos sólo ciertos aspectos que nos plantean problemas —un *qué* que nos preocupa (*Knowing what*)— y ciertas formas que nos permiten comportarnos con ellos —un *cómo* habérnoslas con ellos (*Knowing how*)—. Es el caso de los objetos naturales de los que se ocupan las ciencias. Algo muy distinto ocurre con los objetos de la experiencia de otras culturas, que, al ser organizados por los hombres, llevan en sí mismos las marcas categoriales del autor y éstas pueden ser tentativamente reconstruidas, *abducidas*, si entramos con suficiente imaginación en el mundo en el que se originaron. Vico distingue este conocimiento del anterior y lo llama *verum*. Berlin, que ha empleado, como hemos visto, los modos de conocimiento de Ryle para hablar de la ciencia, les añade en este caso un tercer modo: el *knowing why*, porque, en coherencia con el *verum* de Vico, este objeto no nos es exterior, podemos penetrarlo, conocerlo, por así decir, *desde dentro*.

¿Qué significa este *desde dentro*? Sabemos qué es ser autores o agentes de nuestro propio mundo, cómo y con qué consecuencias lo articulamos categorialmente, qué grado de coherencia alcanzamos y hasta qué punto esperamos que se nos entienda al actuar de ese modo. Sabemos diferenciar, por ejemplo, entre actuar siguiendo el propio impulso y actuar según normas, sabemos distinguir entre establecer la convivencia sobre unos pocos principios restrictivos o coordinarla teniendo laboriosamente en cuenta intereses dispares, qué es vivir la tensa oposición entre exigencias personales y un proyecto compartido y qué, por el contrario, obviar esta tensión suprimiendo uno de sus términos. Al aplicar estas distinciones al comportamiento de hombres y mujeres no hacemos más que intentar una aproximación tentativa al *uso categorial* que subtiende y ahorma una acción, una visión de las cosas, una modelación del objeto. Este conocimiento tentativo exigirá un saber previo, positivo, de las circunstancias en las que el otro agente vive, y una verificación posterior de sus resultados, pero en sí mismo demanda algo diferente del objeto natural: acercarnos al ser humano como agente y autor.

Una dirección de la filosofía del siglo XIX quiso organizar las ciencias humanas sobre la idea de *comprensión* (*Verstehen*). Berlin acepta el paralelismo entre esta metodología comprensiva y su modo de entender la *fantasía* de Vico (Berlin, 1980a, p. 107). No podemos, sin embargo, ignorar ciertas diferencias entre la concepción de Berlin y algunas posiciones de las *Geisteswissenschaften*. Berlin no otorga una base psicológica a este acercamiento como sí lo intentaran el primer Dilthey y otros pensadores de aquella corriente. Berlin no busca una *experiencia vivida* (*Erlebnis*) contrapuesta a la experiencia ya *organizada conceptual o categorialmente* (*Erfahrung*). Una parte importante de la filosofía de las Ciencias del Espíritu parecía buscar un objeto paralelo al que la Naturaleza era para las *Naturwissenschaften* y pensaba encontrarlo en el psiquismo. Veían en él una diferencia respecto al objeto *naturaleza*: este último sólo podíamos conocerlo organizado ya por la experiencia, mientras que el *psiquismo* se ofrecería directamente a la intuición y podría tematizarse precategorialmente desde la vivencia. Este planteamiento, sin embargo, estaría más cerca de la psicología romántica que de las ideas de Vico y tiene dos dificultades insalvables: la primera, reducir los modos subjetivos de hacer mundo a la psicología; la segunda, condenarse a trabajar con lenguajes privados. Weber insistió en ambos obstáculos (Weber, 1985) de los que, por otra parte, han surgido las críticas racionalistas y analíticas contra la noción de *comprensión*. Berlin evita esos escollos, porque toma como punto de partida la experiencia articulada. No son las vivencias sino las formas simbólicas el objeto de su *comprensión imaginativa*, que es la otra forma de designar a lo que más arriba llamamos *imaginación reconstructiva*. Los lenguajes históricos, los ritos, las mitologías, los cuerpos legales, las formas artísticas, las practicas institucionales…, todo eso es lo que se considera objeto de la *comprensión* que, por consiguiente, no trabajará sobre la noción romántica de psiquismo, sino sobre la idea —no extraña tampoco al romanticismo— del ser humano como instancia incesantemente volcada a la construcción, modelación e invención de un mundo que puede compartir con otros. La hermenéutica que propone Berlin no se dirige, pues, a procesos privados, sino a la reconstrucción categorial de objetos públicos, compartidos. No cuenta con la idea de psiquismo, sino con la actividad de lo que técnicamente se llama *espíritu*.

Pero aquí hay que aclarar otro aspecto de la *comprensión* en Berlin: sus relaciones con el hegelianismo. Croce hizo una lectura de Vico desde una posición hegeliana que Collingwood introdujo en la filosofía anglosajona, y en las *Geisteswissenschaften* hay también una noción tardohegeliana de la unidad de las culturas que aparece como condición de posibilidad de su *comprensión*. No puedo entrar en estos problemas ni en los que suscita la recepción que Berlin hace de Vico[13]. Algo, sin embargo, queda claro: Berlin se separa de la herencia hegeliana —o lo que él entiende por tal— porque considera que cada cultura, cada visión del mundo, cada articulación de la experiencia hay que entenderla a través de sus diferencias, en su singularidad. Reducirlas a un concepto general de Razón y enmarcarlas en tal principio de identidad tiene aún menos sentido que aceptar la tutela racional kantiana. De ahí que las configuraciones de la experiencia humana hayan de considerarse como *fenómenos* que no cabe encarar desde un supuesto substrato o esencia oculta, sino en la fuerza de su apariencia diferencial, en su individualidad, y advertir en ella la articulación inteligente que los anima.

Esta singularidad de las culturas no es tampoco el resultado de una misteriosa *Volkseele* y menos aún de las instancias fantasmagóricas de las mitologías nacionalistas. Es sencillamente el medio en el que se hacen posibles los procesos comunicativos de esa cultura. Berlin piensa que tanto Vico como Herder vieron en cada cultura una suerte de *pauta* o *patrón* (Berlin, 1980a, p. xvii), que está presente en sus configuraciones simbólicas y en sus valores, en sus instituciones y sus prácticas, y que marca los límites o las dimensiones de la realidad que comparte. En todas las culturas hay actividades análogas: las gentes nacen y mueren, trabajan y aman, se comportan de acuerdo con normas y se expresan mediante diversos artificios. En cada una de ellas estas formas de encarar la vida se relacionan entre sí y se condicionan mutuamente de manera específica, y esta peculiaridad define un modo diferencial de vida, una manera precisa de relación con el medio y de

---

13/ Me he ocupado, aunque sucintamente, de algunos de estos problemas en mi trabajo *Individuo y racionalidad moderna. Una lectura de Isaiah Berlin*, Universidad de Sevilla, Sevilla, 1994, caps. IX y X. Remito a ellos al lector y especialmente a la bibliografía que se recoge sobre el particular en ese mismo texto, por la que podrá tener un amplio material para establecer sus propios criterios.

interrelación humana que son correlativas con las formas de vida instituidas y con las estructuras normativas y las visiones del mundo. Pero tal *red* no es el producto de un organismo ni de la *tierra, la raza y los muertos*, sino de la interacción comunicativa entre los hombres: ésa es la dimensión de aquella pauta o patrón específico de cada cultura.

Desde aquí podemos acercarnos a las diversas culturas, no como quien les aplica la medida de una razón formal, sino como formaciones específicas de experiencia humana compartida. Aquella pauta o patrón sería una estructura *casi trascendental* desde la que cabe preguntarse ante cada cultura qué «clase de hombres será la que habla, escribe, rinde culto, se gobiernan a sí mismos e inventa o crea como éstos lo han hecho» (Berlin, 1980a, p. 58). Esta visión supone además una noción muy especial del tiempo: más allá de la idea de progreso, del cosmopolitismo racionalista o de la noción de una cultura hegemónica, interesa *la emergencia de cada cultura*, su desarrollo —relacionado con la capacidad de interpretar aspectos de la realidad nuevos o contradictorios— y su agotamiento, que se caracterizará, como sugiriera Vico, por la reducción de su simbología a moldes meramente formales y la consiguiente desintegración de las conductas que, privadas del procesamiento que ofrecen estos cauces, desembocan en barbarie.

Esta visión de la especificidad de las culturas puede ayudar, por analogía, a comprender las diferencias que separan otras visiones del mundo animadas por valores, como ocurre con las ideologías. Aquí descubrimos un nuevo elemento de la *imaginación reconstructora* de Berlin: la importancia que para la comprensión de lo diferente tienen los aspectos emocionales y afectivos, los elementos valorativos. Herder decía que cada cultura tiene su *punto o centro de gravedad* (Berlin, 1980a, pp. 186, 187 y 194; Herder, 1982, p. 301), como lo tiene una esfera, en la que confluyen el significado de proyectos que se acometen, el alcance de ciertos cuerpos normativos no escritos, la jerarquización que suele existir entre ciertas formas de vida y acción, los nexos entre éstas, etc. El barco fenicio o la tienda del nómada podrían simbolizar adecuadamente este *Schwerpunkt* que sintetiza aspectos valorativos y cognoscitivos de la experiencia. Esta idea de Herder es transferida por Berlin a otro concepto de la filosofía de las ciencias del espíritu, la noción diltheyana de *Wirkungzusammenhang* (Dilthey, 1978, p. 72; ver nota del traductor), que expresa una articulación de la experiencia en la que los elementos teóricos y prácticos, la visión y la apreciación de las cosas se unen borrando sus fronteras mutuas, pero inspirando la percepción de la realidad social al mismo tiempo que los motivos, las creencias y los fines. Las pautas que unifican la experiencia incorporan, por tanto, un poderoso elemento afectivo y expresivo. De ahí que la *imaginative understanding* de Berlin tenga una fuerte cercanía con la *Einfühlung* de Herder, encierre un elemento de cercanía sentimental que no sería correcto conceptualizar psicológicamente sino como sintonía sentimental, *sympatheia* con todo aquel que, siendo tan humano como nosotros, emplea sus capacidades de elaboración y valoración autónomas de *modo diferente* al nuestro y vive, por consiguiente, en formas de comunicación diferentes a las nuestras.

Comprender la experiencia del *otro* —eso es lo decisivo— no es una cuestión de escalpelo, platina y etiqueta ni tampoco un problema que pueda resolverse estableciendo un ideal racional y midiendo las distancias que separan de él a *la otra experiencia*. Tampoco se resolverá con la *solidaridad entre los particularismos*, tan propia de las tácticas nacionalistas. La solución está en reconocer al *otro como capaz de dar sentido*, aunque lo haga de una forma que dista mucho de la nuestra.

Merleau-Ponty escribía en su obra póstuma que ser carne no era más que aceptar que nuestros sentidos externos e internos están tapizados por las cosas y que no somos sino una más entre ellas, pero que en ese mismo acto de reconocimiento otorgamos a las cosas nuestro mejor secreto, el de la propia interioridad y, por tanto, el de *tener significación* (Merleau-Ponty, 1995, p. 179). Qué significación otorguemos es algo que no puede separarse de la situación, porque no somos espectadores ante los que, como en una pantalla, se despliega la realidad, sino cuerpos inteligentes que trazamos poco a poco nuestras fronteras con esa realidad en la que estamos y a la que pertenecemos. Si aceptamos esta idea entenderemos más fácilmente la *comprensión* en Berlin. Dar sentido a las cosas, conferirles significación no es el acto de una mente separada del espacio y el tiempo y del medio social, sino el trabajo de un cuerpo que forma parte de un entorno y que ejercita su razón en él, desde el miedo y el deseo, compartiendo esa situación con otros hombres. Esta lenta emergencia del *sentido* es inseparable de ese complejo medio biográfico, cultural, ideológico, lingüístico, pero es *emergencia*, esto es, ejercicio de la propia autonomía a la que no es ajena la pasión. La *comprensión* de Berlin no es sino el reconocimiento de la identidad y la diferencia que hay en esa lenta labor de conferir sentido. Para ello hay que contar con la relación con el entorno y, sobre todo, con el medio intercomunicativo en el que el sentido se produce. Entrar en esa red no es posible sin un acercamiento afectivo, de modo que en lugar de ver los objetos de la *otra experiencia* como ajenos y lejanos lleguemos a sentirlos debajo de la piel.

Cuando tomamos esto en serio se nos exige una idea de profundidad. No en el sentido de buscar una presunta esencia de lo humano, sino en el de buscar y encontrar el suelo en el que la comunicación con el otro, por muy lejano que se nos aparezca, es posible. Y esto no es una cuestión de intuición. Puede que haya talentos especialmente aptos para advertir a través de breves síntomas la peculiaridad del sentir de ciertos grupos sociales[14], pero lo decisivo no está ahí. Menos aún en la capacidad de mera observación para la catalogación y el archivo y tampoco en la facilidad para emitir dictámenes desde un presunto tribunal de la Razón. Para Berlin lo esencial es la *capacidad de juicio*:

> entretejemos varios conceptos y proposiciones generales, a primera vista indepen-
> dientes lógicamente, y hacemos que vengan al caso de una situación dada de la
> mejor manera posible. La capacidad de hacer tal cosa con éxito [...] es una destre-
> za, una habilidad empírica, a veces llamada *juicio* [...] (Berlin, 1980c, p. 116 [198];
> cursiva mía).

En esos casos no ofrecemos sólo estructuras lógicas y datos dispersos, sino que proponemos también el terreno común desde el que podemos reconocerlos como humanos. El *juicio* es una habilidad empírica. También lo es el talento del artista ante la superficie blanca del lienzo o del papel. En este caso, el resultado no dependerá del virtuosismo ni de la habilidad para divertir o educar, sino de la aptitud para poner al espectador en una situación tal que pueda reconocer nuevas configuraciones de la experiencia o comprender de modo más denso las suyas (Berlin, 1939, p. 527). En el caso del historiador y del político, del pensador y el novelista, lo decisivo será dar con conceptos lo suficientemente amplios, con la profundidad adecuada de los problemas, con intereses vitales lo bastante serios como para trazar un terreno común sobre el que pueda entenderse la experien-cia del otro.

No puedo acabar este epígrafe sin una última observación: en su desarrollo he-mos vuelto a dar con la tradición kantiana. Cierto que con un leve desplazamien-to: a la primacía de la forma racional sucede la centralidad del Juicio. Éste permite edificar puentes y abrir pasos hacia las múltiples formas de ejercicio humano de la racionalidad.

IX

Hemos visto el rechazo de Berlin hacia los lenguajes privilegiados. Es preciso aña-dir que Berlin piensa que hay un medio en el que se han depositado experiencias básicas de los hombres y que puede en cada momento acoger y estimular sus variaciones. Es el medio de cada lenguaje histórico que, como decía Hamann, soportan el *sello de la vida*.

14/ Como Berlin atribuye a F. D. Roosevelt. BERLIN, 1982a, pp. 27-28 [88-89].

En los lenguajes históricos alientan las categorías que comparte una cultura o una época y no cabe pensarlos como estructuras rígidas que el agente humano se limita a aplicar siguiendo los cauces rutinarios de la significación establecida, sino que se parecen más a un medio desde el que es posible la novedad gracias a ciertos usos de lenguaje como la designación y la expresión.

El lenguaje histórico es el medio en el que podemos entrar en contacto directo con el objeto de la experiencia: separarlo de la corriente de acontecimientos, señalarlo, invitar a su verificación inmediata. Pero esta actividad puede llegar a desbordar lo ya visto y ya conocido y señalar el objeto que se resiste a entrar en las oposiciones del lenguaje estructurado. Los románticos pensaban, dice Berlin, que la verdad no se encontraba, sino que literalmente se inventaba (Berlin, 1983, p. 11); «el lenguaje artístico, escribe en 1939, puede, literalmente sugerir o llevar o introducir nuevos hechos que el vocabulario del habla ordinaria es incapaz de representar tan vívida y sencillamente» (Berlin, 1939, p. 527). La actividad de designar muestra el peculiar horizonte de la experiencia que propone el lenguaje: no es el del mundo objetivado que se abre ante los ojos de un sujeto casi omnipotente, sino aquel que nos engloba a nosotros y al objeto y se extiende por debajo de ambos no como un suelo inmutable que sólo ofrece raíles sintácticos para la clasificación, y léxicos fijos para el epígrafe, sino la pragmática de usos posibles gracias a los que puede *emerger* el objeto.

Si el lenguaje artístico puede crear, no lo hace en nombre de una inspiración misteriosa ni gracias a la luz de una Razón eterna, sino por el ejercicio de una imaginación inventiva asentada en el lenguaje y nutrida por él. Por eso, si es cierto que nacemos en esa oscura corriente tradicional que es el lenguaje, también lo es que podemos transformarlo y cambiarlo. No sólo gracias a una actividad de designación, sino también de *expresión*. La búsqueda de la configuración de la experiencia no puede prescindir de la metáfora. Ésta conecta dominios conceptuales y categoriales que habían permanecido hasta ese momento extraños, ajenos entre sí. En tal sentido puede decir Berlin, con justicia, que en buena parte la evolución de la metáfora es la evolución del lenguaje (Berlin, 1980c, pp. 79-80 [144]).

Desde aquí es fácil entender una convicción que Berlin comparte con Vico, Hamann y Herder: que el pensamiento no es anterior al lenguaje, sino que es el lenguaje mismo. Pensar *es* usar símbolos. Y desde aquí es posible avanzar algo más y decir que nuestro pensamiento autónomo, el que nos permite establecer la identidad trascendental del yo de la apercepción (Berlin, 1979, p. 240), es inseparable de nuestra actividad de hablantes que surge y madura en nuestro lenguaje histórico.

Desde este punto de vista, podemos insistir en todo lo que antes dijimos respecto a la especificidad de las culturas como formas peculiares de intercomunicación.

Desde el lenguaje vemos con mayor claridad que cada cultura tiene su forma de articular la realidad en contacto con su medio natural, a través de conexiones específicas entre diversos dominios de la experiencia, sazonadas con cargas afectivas de diversa índole. La articulación de la experiencia se ordena en formas que llegan a lo sensorial y constituyen una red de símbolos. Berlin usa a veces para designar esta articulación el término *Gestalt*. Las *pautas* que antes decíamos eran propias de una cultura son una «suerte de *Gestalt*» (Berlin, 1980a, p. 196) y la articulación de la experiencia puede aprehenderse con

> una percepción de una *Gestalt* social que, por norma, no puede ser formalizada en términos, por ejemplo, de una teoría de campo (BERLIN, 1980c, p. 139 [233]).

El sutil y continuo trabajo del lenguaje desemboca en este tipo de conexiones ajenas a la claridad expositiva de la ciencia, pero que agrupan dominios aparentemente dispersos en torno a ejes que ordenan la vida.

Surge de nuevo la memoria de Merleau-Ponty. Hay que superar, viene a decir, una definición meramente negativa de *Gestalt* (Merleau-Ponty, 1995, p. 234), dejar de concebirla como algo que *no* es la suma de las partes y pensarla como «un principio de distribución» (Merleau-Ponty, 1995, p. 258) que no tiene una ubicación concreta, porque lo que hace es iluminar de modo unificado dominios diversos de la experiencia (Merleau-Ponty, 1995, p. 262). Así podría ser también la *Gestalt* de Berlin, irreductible a una teoría de campo porque no se limita a mostrar, sino que ilumina y orienta, no sólo abre una perspectiva, sino que extiende el terreno sobre el que objeto y sujeto se convierten en tales. El lenguaje, los lenguajes históricos son de este modo la mejor confirmación de la especificidad de los mundos compartidos.

Pero, al concebir así el lenguaje histórico, estamos abriendo puertas para que estas experiencias diversificadas y particulares se encuentren. Berlin, crítico de la Ilustración, nunca cerrará los ojos ante el legado decisivo de ésta: la autonomía de los individuos en el ejercicio de su racionalidad y de su libertad de opción. Autonomía que no es una preferencia natural (Berlin, 1980b, p. 197 [370]), sino que surge en la reflexión y comunicación humanas inaugurando el tiempo de la modernidad. Berlin piensa que este alumbramiento se da precisamente a través de las *ideas* cuyo medio es precisamente el lenguaje. Sus estudios sobre la *Intelligentsia* rusa apuntan en esa dirección. Si hay en ellos una tesis central, ésta sería que para la modernización de Rusia fue más decisivo el lento trabajo de tres generaciones del siglo XIX que la forzada obra de Pedro el Grande y la importación apresurada de modelos franceses y alemanes por ciertos zares ilustrados del XVIII. En la labor de la *Intelligentsia* rusa no influyeron tanto los proyectos globales de inspiración ilustrada cuanto lo que Berlin llama las *ideas*. Por éstas entiende propuestas parciales, fragmentarias, no sistematizadas, pero capaces de incorporar al pensamiento actitudes vitales, emociones y valores que condensaban las relaciones que los hombres mantienen con su sociedad y consigo mismos (Berlin, 1980b, pp. 155-156 [298-299]). De este modo, la modernización adquiría contextos social e individualmente concretos. Por otra parte, la obra de la *Intelligentsia* rusa no fue tanto filosófica como literaria y crítica. El resultado fue una obra poco doctrinaria a la hora de exponer y discutir los principios de la modernidad, pero muy densa e inventiva cuando se ocupaba de contrastar estos principios con la realidad de Rusia y de aplicarlos a esta sociedad. Tal vez por eso la *Intelligentsia* rusa fue a la vez una crítica a la autocracia y una alternativa al nacionalismo de las corrientes eslavófilas: su esfuerzo por modernizar se hizo desde la peculiaridad de la cultura y la lengua rusas.

Hay aquí una vía a la generalidad moderna que es alternativa al cosmopolitismo ilustrado: supone la recepción y elaboración de la modernidad desde el ámbito de las culturas históricas. La propuesta completa cuanto hemos dicho en el epígrafe anterior sobre la *comprensión* y los puentes de entendimiento que ésta puede edificar. La dialéctica de la experiencia en Berlin no desemboca en una constelación de particularismos, sino en una propuesta universalista que, como la que en tiempos enunciara Herder, desconfía de la elaboración formal y espera mucho del ejercicio de la autonomía racional llevado a cabo desde los diversos marcos culturales a través de un paciente ejercicio del lenguaje. Será un trabajo lento, erizado quizá de contradicciones, pero capaz de abrir vías prácticas para el mutuo reconocimiento entre individuos humanos.

Un diseño de este proceder es la función que asigna Berlin a la filosofía. Abandona tanto las esperanzas de lograr un tipo de lenguaje purificado de ilusiones como las expectativas de un lugar ideal de consenso racional en el que todo lenguaje pueda ser juzgado a la luz de unas condiciones universales del mejor argumento. Cree sencillamente que la filosofía sólo puede ayudar a analizar qué categorías animan nuestro discurso, qué aspectos restrictivos puede encerrar el uso que en él se hace de aquéllas, qué contradicciones puede encerrar, qué supuestos valorativos hay incluidos en él. Este análisis no corrige ni descalifica y tampoco muestra una verdad más profunda, sino sencillamente crea las posibilidades de una conversación. En algún momento, sin embargo, guardará silencio. No un silencio que interrumpe una comunicación, sino el que respeta al interlocutor al que hay que dejar a solas con su opción, de la que es único protagonista (Berlin, 1982b).

X

Hemos llegado al final de nuestro recorrido. Berlin propone una noción de experiencia abierta a las posibilidades humanas más diversas de articular la realidad, aunque trabajada desde su interior por la capacidad de organización autónoma que la Ilustración atribuyó al pensamiento de hombres y mujeres. La racionalidad ilustrada, sin embargo, sufre un doble desplazamiento: pierde formalidad abstracta para presentarse sobre todo como ejercicio concreto de articulación simbólica de contenidos diversos y deja de ser la instancia suprema ante la que todo puede ser discernido y toda discusión resuelta, para convertirse en el vehículo o la actitud, quizá la mediación, desde la que se pueden tender puentes para el mutuo reconocimiento entre los hombres como seres autónomos.

Para ello es preciso entrar, como se ha dicho, en la diversidad de las configuraciones humanas de la experiencia. Hemos desarrollado esta idea en relación a la multiplicidad de culturas, aunque hemos sugerido que es posible hacerlo con relación a la diferenciación de ideologías y a la dispersión de intereses y fines que es propia de una sociedad plural. En todos estos casos el problema decisivo es precisar tentativamente *los territorios* desde los que la comunicación entre lo diverso será en cada caso posible. En otro lugar he mostrado que esta posición no cae en el relativismo[15], pues, cuando las exigencias mínimas de humanidad no se cumplen, la comunicación sencillamente se rompe, se hace imposible. No hay terreno común con los crímenes de Pol Pot o con los desmanes de las dictaduras militares del Cono Sur.

Fuera de esas posiciones de inhumanidad, la posibilidad de extender territorios comunes está abierta, aunque sea sin duda frágil. Su amenaza más clara radica en las ideologías nacionalistas, en los fundamentalismos e integrismos, todos empeñados en negar la originalidad de lo humano. Ansiosos por encontrar un trasfondo que asegure la innegable singularidad de sus culturas, terminan por depositarlo en *una cosa.* Así, elevan sus usos tradicionales a religión y su lengua la convierten en acontecimiento natural. De esta *reificación* es fácil que se derive el desprecio hacia lo humano. Hay también, sin embargo, otra amenaza tan sutil como peligrosa. Consiste en confiar en que la identidad que ofrece la racionalidad formal terminará por enjugar las diferencias entre los hombres. El fracaso de las planificaciones estatales no es ya el testimonio más reciente de los riesgos de esa confianza: en el otro extremo del espectro ideológico, las políticas que depositaron sus esperanzas en la *racionalidad del mercado* han producido la destrucción

---

15/ Ver los capítulos X y XIV del texto citado en la nota 13.

sin alternativa de la cultura industrial de cuyas consecuencias desintegradoras ha dado claro testimonio Ken Loach. Si hemos de creer a Berlin, esta falsa confianza en la racionalidad formal brota de la sustantivación de sus procedimientos: la idea regulativa que postula que la realidad es asequible al saber, el método que hace posible el conocimiento y la univocidad aparejada a la determinación se transfieren a la realidad, de modo que de atributos de la praxis del saber se convierten en predicados de la realidad (Berlin, 1990, cap. 4). De este modo brota un trasfondo de referencias últimas que unen al mensaje crítico de la Ilustración la herencia monista de la ontología occidental (Berlin, 1981, cap. 1).

Si algo caracteriza el pensamiento de Berlin es la renuncia a todos los trasfondos pretendidamente últimos de la experiencia. No hay referencias últimas ni estándares definitorios. El legado de la Ilustración es el valor decisivo de la autonomía humana, pero, para Berlin, el ejercicio de la racionalidad autónoma se da sobre un conjunto de relaciones entre las cosas y de nosotros con ellas que no podemos objetivar. La experiencia humana, desde antes de aparecer la consciencia, está alojada en «las relaciones permanentes entre las cosas y a la textura universal de la vida humana» (Berlin, 1980b, pp. 130-131 [71]). Es éste un orden «que, por así decir, «contiene» y determina la estructura de la experiencia, [es] el marco en el que ha de concebirse ésta, es decir, a nosotros mismos y a todo lo que nosotros experimentamos» (Berlin, 1980b, p. 131 [71]). Los más brillantes conceptos de la razón formal, sus mejores instrumentos brotan de ese fondo que, lógicamente, no puede ser, a su vez, objetivado.

Veíamos en el epígrafe VI que el explorador de la experiencia humana sólo podía contar con referencias negativas: los límites del saber categorial y la negativa al reduccionismo de las categorías. La *figura* de este sujeto, que articula su realidad siempre en precario, se completa ahora al descubrir bajo sus pies unos vínculos con su objeto que desbordan sus posibilidades. ¿Es esto una confesión de incapacidad del saber?

Berlin piensa que hay un saber adecuado a este trasfondo de la experiencia, general sí, pero inobjetivable. Es una cierta sabiduría que aventura o propone hipótesis sobre lo que puede y lo que no puede objetivarse, lo que es ponderable o medible y lo que no lo será en ningún caso, una sabiduría que aventura lo verosímil. Es un saber de *condiciones* del conocimiento que antepone el esfuerzo o el riesgo por proponer lo determinable a la satisfacción de asegurar lo determinado. Un saber que es consciente de que la brillantez de la racionalidad sólo puede ejercerse en un cerco de incertidumbre. Un saber que *prefiere aventurar un espacio para el entendimiento común* que establecerse en una identidad que se mantenga al abrigo de los interrogantes de lo diverso. Quizá este saber sea la línea de contacto entre el aristotelismo algo escéptico de Berlin y el agustinismo de Graham

Greene. Sólo que, en el caso de Berlin, una narración como la de *El tercer hombre* no se cerraría con la catarsis de la tragedia, sino con la urgencia por reconocer la diversidad de la experiencia humana.

Bibliografía

ADDISON, J. (1991): *Los placeres de la imaginación y otros ensayos de The Spectator,* ed. T. Raquejo, Visor, Madrid.

AUSTIN, J. L. (1975): *Ensayos filosóficos,* traducción de A. García Suárez, Ed. Revista de Occidente, Madrid.

BERLIN, I. (1937): «Induction and Hypothesis», *Proceedings of the Aristotelian Society,* vol. suplementario, 16 (1937), pp. 63-102.

— (1939): «Reseña de Britton K.: *Communication*», *Mind,* 48, pp. 518-527.

— (1952): «Reseña de B. Croce: *My Philosophy*», *Mind,* 61, pp. 574-578.

— (1963): *Karl Marx. His Life and Environment,* 3.ª ed. rev., Oxford University Press, London/New York. [Traducción española por R. Bixio. Alianza, Madrid, 1973.]

— (1969): *Four Essays on Liberty,* Oxford University Press, London/New York. [Traducción española de B. Urrutia, J. Bayón y N. Rodríguez Salmones, Alianza, Madrid, 1988.]

— (1979): *The Age of Enlightenment* (antología de textos introducción y comentarios), Oxford University Press, Oxford.

— (1980a): *Vico and Herder. Two Studies in the History of Ideas,* Chatto and Windus, London.

— (1980b): *Russian Thinkers,* ed. H. Hardy y A. Kelly con Introducción de A. Kelly, Penguin, Harmondsworth/New York [Traducción española J. J. Utrilla, Fondo de Cultura Económica, México. Del ensayo «El erizo y la zorra» se cita la traducción castellana de M. Muchnik, publicada bajo el mismo título, con introducción de Mario Vargas Llosa, Muchnik, Barcelona, 1981].

— (1980c): *Concepts and Categories: Philosophical Essays,* ed. por H. Hardy con Introducción de B. Williams. Oxford University Press, Oxford, [Traducción española de F. González Aramburo, Fondo de Cultura Económica, México, 1983.].

— (1981): *Against the Current: Essays in the History of Ideas,* ed. por H. Hardy, Introducción de R. Hausheer, Oxford University Press, Oxford [Traducción española de Rodríguez Toro, Fondo Cultura Económica, México, 1983].

— (1982a): *Personal Impressions,* ed. por H. Hardy, Introducción de N. Annan, Oxford University Press, Oxford [Traducción española de Juan José Utrilla y Audón Coria Méndez, Fondo de Cultura Económica, México, 1984].

— (1982b): «Una introducción a la filosofía», entrevista con B. Magee, en B. MAGEE: *Los hombres detrás de las ideas,* traducción de José A. Robles García, Fondo de Cultura Económica, México.

— (1983): «Introducción» a H. G. SCHENK: *El espíritu de los románticos europeos,* traducción de J. J. Utrilla, Fondo de Cultura Económica, México.

— (1986): «Contra la corriente», entrevista con Raymond Carr, traducción de Carlos Dardé, *Rev. de Occidente,* n.° 66, noviembre, 103-139.

— (1990): *The Crooked Timber of Humanity: Chapters in the History of Ideas,* editado y prologado por H. Hardy. John Murray, London, 1990 [Traducción española de J. M. Álvarez Flórez, Península, Barcelona, 1992].

— (1993): *The Magus of the North. J. G. Hamann and the Origins of Modern Irrationalism.* John Murray, London [Traducción española de J. B. Díaz-Urmeneta Muñoz, Tecnos, Madrid, 1997].

CASSIRER, E. (1971): *La filosofía de las formas simbólicas,* traducción de A. Morones, tomo I, Fondo de Cultura Económica, México.

CHASTEL, A. (1991): *Arte y humanismo en Florencia en la época de Lorenzo el Magnífico,* traducción de L. López Jiménez y L. E. López Esteve, Cátedra, Madrid.

CUSA, N. de (1972): *De coniecturis. Opera Omnia,* ed. de J. Koch y C. Bormann, tomo III, F. Meiner, Hamburg, 1972.

DIDEROT, D. (1988): *Pensamientos sueltos sobre la pintura,* estudio preliminar de Toni Mari, traducción y notas de Monique Planes, Tecnos, Madrid.

FICINO, M. (1994): *De Amore, comentario a «El Banquete» de Platón,* 4.ª ed., edición de R. de la Villa Ardura, Tecnos, Madrid.

DILTHEY, W. (1978): «El mundo histórico», *Obras completas,* tomo VII, traducción de Eugenio Imaz, Fondo de Cultura Económica, México.

GRAY, J. (1998): *Isaiah Berlin,* traducción G. Muñoz, Edicions Alfons el Magnánim, Valencia.

HERDER, J. G. (1982): *Obra selecta,* traducción y edición de P. Ribas, Alfaguara, Madrid.

MERLEAU-PONTY, M. (1995): *Le visible et l'invisible,* Gallimard, Paris.

POPPER, K. R. (1983): *Conjeturas y refutaciones. El desarrollo del conocimiento científico,* traducción de N. Míguez, Paidós, Barcelona/Buenos Aires.

VICO, G. (1744): *Principios de una Ciencia Nueva,* 4 tomos, traducción de M. Fuentes Benot, Aguilar, Buenos Aires, 1973-1981.

WEBER, M. (1972): *La Ciencia como vocación,* en *Ensayos de Sociología contemporánea,* Martínez Roca, Barcelona.

— (1982): *Ensayos sobre metodología sociológica,* traducción de J. L. Etcheverry, Amorrortu, Buenos Aires.

— (1985): «La Teoría de la Utilidad Marginal y la Ley Fundamental de la Psicofísica», en *El problema de la irracionalidad en las Ciencias Sociales,* traducción de L. Simón y J. M. García Blanco, Tecnos, Madrid.

Cuatro desasosiegos y un epílogo[1]
(Reflexiones sobre la interculturalidad
a partir del pensamiento de Isaiah Berlin)

I

1. Los cuadros que Goya dedicó al 2 de mayo de 1808 llevan la impronta de su peculiar independencia. Pintados en 1814, suelen relacionarse con el afán de la Regencia —el gobierno liberal establecido tras la huida de José I— por rememorar aquellas jornadas. Para esas fechas, los sucesos de mayo estaban ya codificados, concretándose en cuatro episodios: *alarma popular* ante el Palacio Real por la salida (o el rapto) de los infantes, *enfrentamientos en la Puerta del Sol, defensa del Parque de Artillería* y *represalias* de las tropas napoleónicas. Los especialistas insisten en que Goya, tachado de afrancesado, debía mostrar especial fervor en esos cuadros[2]. Incluso hay quien cree que pintó las cuatro

1/ Quiero agradecer desde estas páginas al profesor José Luis Rodríguez Sández la lectura que hizo del presente texto. Una de sus observaciones se refería al término *desasosiego* y creo que merece la pena transcribirla: «pareces usar (el término) a veces en sentido objetivo, es decir, para referirte a conflictos de valores, o de valores y normas, de difícil solución. Por supuesto, tales situaciones intranquilizan y alarman, desasosiegan, pero porque venimos de una tradición metafísica que durante muchos siglos ha estado pensando que todas las cosas *hang together,* como dicen los ingleses, de manera que si ese término, que designa una determinada reacción subjetiva ante determinadas situaciones, se aplica a éstas mismas, ¿no será porque se está añorando la vieja metafísica? Claro que cabe objetar que si hay cosas que desasosiegan es porque son desasosegantes, pero ¿por qué nos van a hacer perder la tranquilidad los conflictos, que son el pan nuestro de cada día? ¿No sería más bien un estímulo para la imaginación, para la invención de soluciones, condición necesaria de la libertad que crea?».

2/ V. Bozal: *Francisco Goya. Vida y obras,* Tf ediciones, Madrid, 2005, vol. 2, p. 76.

escenas[3], aunque sólo se conserven dos: *La carga de los mamelucos* (en la Puerta del Sol) y *Los fusilamientos del 3 de Mayo.*

Aparte de esa última hipótesis, difícil de verificar, los expertos suscriben el vigor de ambos cuadros: renuncian al detalle para subrayar la violencia de los hechos. *La carga de los mamelucos,* a diferencia de las estampas de la época, suprime las referencias a la Puerta del Sol y traza una arquitectura de pronunciadas oblicuas que acentúa la fuerza de una multitud que, como una explosión, se expande hacia la derecha del cuadro[4], dejando a la izquierda un breve espacio con cadáveres[5]. Más novedosa aún es la concepción de *Los fusilamientos:* la inclinación del talud tras las víctimas, el cadáver en primer plano (en escorzo, no atravesado) y la luz de la camisa del menestral que abre los brazos rompen el distanciamiento de la pintura histórica: el cuadro no busca narrar sino incorporar a quien lo mira[6].

A estas novedades formales se añaden las iconográficas: mientras la pintura histórica atribuía a la jerarquía nobiliaria o militar los papeles heroicos, aquí los protagonistas de la Puerta del Sol y las víctimas de la Montaña del Príncipe Pío son hombres y mujeres sin nombre, tocados por la furia o la angustia, y no por la retórica del héroe aristocrático. Esta irrupción del *pueblo* en la pintura histórica es aún más llamativa si se la compara con las estampas: en las obras de Goya faltan las trajeadas figuras de los grabados de Ribelles y Blanco[7], López Enguídanos[8] o Velázquez y Carrafa[9]; el convulso fraile de *Los fusilamientos* poco tiene que ver con el que reza en el grabado de Ribelles y Blanco[10], y carece del aura de mártir que Miguel Gamborino otorga a los *Religiosos fusilados en Murviedro*[11].

Esta elevación del *pueblo* a la pintura y a la historia no debió ser del agrado de Fernando VII, que, al regresar a Madrid el 10 de mayo de 1814, encarceló a los

---

3/ J. A. Tomlinson: *Goya en el crepúsculo del siglo de las luces,* trad. E. Martín, Cátedra, Madrid, 1993.

4/ V. Bozal: *op. cit.,* p. 80, compara la estructura con un embudo.

5/ Glendinning (en «Representaciones de la Guerra de la Independencia», VV. AA.: *Goya,* Galaxia Guttenberg, Barcelona, 2002, p. 281) dice que la composición hace pensar en la que los Schlegel llamaban «orgánica» y consideraban típica del Romanticismo.

6/ V. Bozal: *Goya y el gusto moderno,* Alianza, Madrid, 1994, p. 169.

7/ Dibujo de Ribelles y grabado de Blanco (1814), *Dos de Mayo de 1808 en la Puerta del Sol,* Museo Municipal, Madrid, IN 2215.

8/ López Enguídanos (1813), *Dos de Mayo de 1808 en la Puerta del Sol,* Museo Municipal, Madrid, IN 15486.

9/ Dibujo de Velázquez y grabado de Carrafa (1814), *Fusilamientos del 2 de Mayo en el Paseo del Prado de Madrid,* Biblioteca Nacional, inv. 14907.

10/ *Dos de Mayo de 1808 en el Paseo del Prado* (1814), Biblioteca Municipal de Madrid, IN 2216.

11/ Fechado en 1813. Colección A. Correa, Madrid, AC 2434.

miembros de la Regencia y al día siguiente abolió la Constitución[12]. Restaurado el absolutismo, los cuadros de Goya cayeron en un respetuoso olvido hasta que Carderera en los años treinta y la crítica francesa veinte años después reivindicaran su valor[13].

Pero quizá sea demasiado simple ver sólo en estos cuadros la doble oposición que enfrenta a resueltos y desconocidos héroes con el ejército napoleónico de un lado y el absolutismo de otro. El conjunto de la obra de Goya invita a repensarlos, más allá de estas tensiones, y a situarlos en una antinomia que punza las propias convicciones del artista. El retrato de Jovellanos y las alegorías del palacio de Godoy sitúan a Goya en el entorno de los partidarios de la Ilustración, y las escenas pintadas para el cenador de los Duques de Osuna, así como los *Caprichos* están muy cerca de la edición que hizo Moratín de las actas del Auto de Fe de Logroño de 1610, en cuyas notas se burlaba del proceso contra las llamadas brujas de Zugarramurdi[14]. Las guerras napoleónicas sumieron en hondo desconcierto a muchos ilustrados europeos. Quizá Goya no fuera una excepción y estos cuadros, en especial *Los fusilamientos*, pueden encerrar una amarga desilusión simbolizada, como sugiere Honour, en el potente farol, única luz de la escena, que transforma el signo de la Ilustración en auxiliar de un ejército convertido en máquina de muerte[15]. Pero también simplificaríamos las cosas si todo lo redujéramos a una apuesta a favor del *pueblo.* Las víctimas del tres de mayo se parecen demasiado a los autores de ciertos desmanes recogidos en los *Desastres de la guerra*[16] o a los protagonistas de pinturas negras, como *Duelo a garrotazos* u *Hombres que leen un periódico*, o a quienes pueblan *La corrida en un pueblo, La escena de la Inquisición* y los demás cuadros pintados por Goya para el liberal y afrancesado Manuel García de la Prada hacia 1816[17].

Los cuadros dedicados al dos de mayo apuntan más bien a un desasosiego, a una inquietante ambivalencia que *comprueba los límites de la razón ilustrada* (y de su cosmopolitismo) ante la decidida voluntad de quienes quieren mantener la propia identidad y modo de vida, pero *es a la vez consciente del alcance limitado de esta identidad y cultura.* Tal desasosiego brota al advertir que Ilustración y

---

12/ N. GLENDINNING: *op. cit.*, p. 278.

13/ Véase las obras citadas de Tomlinson y Glendinning.

14/ Bajo el pseudónimo de bachiller Ginés de Posadilla. La edición más antigua que se conserva en la Biblioteca Nacional, de 1811, es ya una reimpresión.

15/ H. HONOUR: *El Romanticismo*, trad. R. Gómez Díaz, Alianza, Madrid, 1989, p. 46. En parecido sentido, A. DE PAZ: *La revolución romántica. Poéticas, estéticas, ideologías*, trad. M. García Lozano, Tecnos, Madrid, 1992, p. 293.

16/ Véanse los números 28, 39 y 74.

17/ J. A. TOMLINSON: *op. cit.*, pp. 220-238.

culturas particulares se oponen mutuamente *como sombras* porque hay que mantener tal oposición, no se puede resolver de un plumazo.

Goya, entonces un anciano, resolvió la antinomia llevándola con audacia, dice Starobinski, hasta los límites de lo humano[18]. Pero la época la discutió (la venía discutiendo) en términos políticos: los límites del cosmopolitismo ilustrado se habían señalado por dos pensadores alemanes estudiados cuidadosamente por Berlin: Hamann y su discípulo Herder.

2. De las tres «ideas centrales» que Berlin (1980b, p. 153) destaca en Herder, el *populismo* consiste en que

> los hombres, si han de ejercitar sus facultades plenamente y así convertirse en todo aquello que pueden llegar a ser, necesitan pertenecer a un grupo común e identificable que posea sus propias opiniones, estilo, tradiciones, memoria histórica y lengua (Berlin, 1980b, p. xxii).

Pertenecer a un grupo así (sin duda, una cultura) es, dice Berlin en otro lugar, una necesidad tan básica como las de alimento, cobijo o procreación, salvaguardar la propia seguridad o disponer de la posibilidad de comunicación[19].

El valor de la *pertenencia* se ha desarrollado recientemente por diversos pensadores liberales. Insisten en su importancia para que los individuos logren un mundo propio y estable, y adquieran la solidaridad necesaria para compartirlo[20], o en su valor imprescindible para un exitoso proceso de individualización y socialización[21], o, con mayor hondura, en el peso que poseen en nuestras vidas las *asociaciones involuntarias,* esto es, las que desde la familia al Estado en el que hemos nacido y crecido forman la trama que será normalmente el correlato de nuestras opciones libres[22].

La vía de la historia de las ideas, elegida por Berlin, tiene sobre las citadas la ventaja de su dramatismo y su enjundia filosófica. Las obras de Goya nos sitúan ante la contradicción que late en el cosmopolitismo ilustrado. Brota éste

---

18/ *1789: I sogni e gli inccubi della raggione,* trad. S. Giacomoni, Milán, 1981, pp. 105 ss.

19/ «The Bent Twig», en Berlin, 1990, p. 244 y «Nationalism: Past Neglect and Present Power», en BERLIN, 1998b, p. 586.

20/ W. KYMLICKA: *Ciudadanía Multicultural,* trad. C. Castells Auleda, Paidós, Barcelona, 2000, cap. V.

21/ B. PAREKH: *Repensando el multiculturalismo. Diversidad cultural y teoría política,* trad. S. Chaparro, Istmo, Madrid, 2005, pp. 236 ss.

22/ M. WALZER: *Politics and Passion. Towards a More Egalitarian Liberalism,* Yale University Press, New Haven / London, 2004, ch. I.

de dos supuestos. Uno de ellos es la creencia en que el hombre es naturalmente bueno y racional, pero lo degradaron la superstición de las iglesias y las arbitrarias imposiciones de las monarquías; si esas trabas llegaran a suprimirse, cabría tender un puente entre saber y libertad, y alumbrar el germen de una convivencia humana universal y pacífica (1984a, pp. 59 ss.; 1990, pp. 182 ss.). El segundo supuesto sostiene la existencia de un núcleo de necesidades humanas permanente e idéntico en el tiempo, común a todos los hombres (1980b, p. xvi), que cabría desvelar mediante un ejercicio de la razón, decididamente monista, derivado de las expectativas abiertas por el método científico (2000, pp. 43 ss.; 1979a, p. 114).

Frente a estas ideas, Herder parte de una visión del ser humano como animal de instintos poco (o nada) definidos, una criatura *naturalmente* indefensa —en comparación con los demás animales dotados de instintos específicos[23]—, pero que posee la plasticidad necesaria para convertir diversos entornos naturales en lugar de habitación y convivencia, al transformarlos de acuerdo con la índole de cada uno de ellos[24].

La diversidad humana a partir de las diferencias de hábitat la había enunciado Montesquieu, del que Herder era buen lector. Más original es su idea de indefinición instintiva que hace a los hombres receptores altamente sensibles al medio, puesto que no poseen, como los demás animales, capacidad prefijada de respuesta. Pero tal *hiperestesia* viene compensada por una dimensión intelectual cuya índole Herder no quiere concretar, pero que es un tipo de reflexión: «una esfera donde puede uno verse dentro de sí mismo como en un espejo»[25].

Tal espacio recuerda al de la mente, pero, a diferencia de éste, hay en él actividad inteligente: un conferir consigo mismo el alcance de los mensajes del entorno que se concreta además en un resultado, el *signo:* «en medio del océano de sensaciones que lo invaden (el hombre) es capaz de aislar una ola, detenerla, dirigir sobre ella su atención y ser consciente de estarla observando»[26], precisarla y más tarde reconocerla, llevándola a correlatos diferentes.

Al entender así la inteligencia, se afirma la centralidad del lenguaje y la comunicación, porque la estructura de la acción de significar, en cuanto entraña

---

23/ J. G. HERDER: *Ensayo sobre el origen del lenguaje,* en *Obra selecta,* ed. de P. Ribas, Alfaguara, Madrid, 1982, pp. 145 ss.

24/ J. G. HERDER: *Ideas para una filosofía de la historia de la humanidad,* trad. J. Rovira Armengol, Losada, Buenos Aires, 1959, IV, 3.

25/ J. G. HERDER: *Ensayo sobre el origen del lenguaje,* en *Obra selecta,* ed. de P. Ribas, Alfaguara, Madrid, 1982, pp. 150 ss.

26/ *Ibid.,* pp. 155 ss.

conferir consigo mismo, es dialógica y su resultado, si es palabra-signo para mí, será a la vez palabra-comunicación para otros[27].

Las ideas de Herder diseñan un mapa diferente al de las creencias ilustradas. La indefinición instintiva del ser humano cuestiona la posibilidad de precisar un listado de sus necesidades. Pero más importante aún es la convicción de la imposibilidad de separar pensamiento y lenguaje: la idea procede de Hamann, para quien pensar no era sino establecer y emplear signos, pero tal ejercicio presupone el lenguaje, que es así la otra cara del pensamiento (1997a, cap. 6). Cabe ir más lejos, el lenguaje es, en cierto sentido, *estímulo del pensamiento:* «Sólo mediante el habla se despertó la razón dormida», dirá Herder en *Ideen,* porque el habla unifica la actividad de los sentidos y promueve el pensamiento creador que moviliza la potencia *artística* de las manos[28]. Esta propuesta, audaz, tiene dos tipos de implicaciones. Uno de ellos establece una *suerte de nominalismo:* si el lenguaje es anterior o al menos inseparable del pensar, entonces la hipótesis de que la inteligencia alcance con la contemplación una verdad que después *traduzca,* por así decirlo, a la palabra es un sinsentido. Más aún, nada garantiza que exista una estructura de la realidad que pudiera recoger un lenguaje lógicamente perfecto (1997a, p. 227), más bien la relación entre palabra o conjunto de palabras y cosas escapa a la lógica y a la metafísica (1980b, p. 169). Esto arroja sombras de escepticismo sobre los discursos racionales que no serían sino *palabras acerca de palabras.*

De modo diferente a este pensamiento abstracto procede la actividad de significar, que supone un entrañamiento activo en el medio. En este caso (y es el otro grupo de consecuencias que quiero señalar), la relación entre palabras y cosas brota de experiencias concretas, de problemas precisos que se plantean en un medio natural determinado, cuyas soluciones ahorman un *modelado peculiar* de ese medio. Modelado que no es solamente práctico: también puede consistir en mitos o narraciones que desplieguen las *relaciones posibles* con el medio o las que debe establecer en sí misma la comunidad que comparte esos signos para ordenar así el entorno o la propia vida. De este modo, la actividad inteligente abandona el primado de la contemplación y pasa a ser *inventora, modeladora* de la propia vida compartida en un medio físico concreto. La figura ideal de Zeus, que con sus leyes convierte el caos en cosmos, parece ceder el testigo a la versatilidad de Proteo.

Hay algo más. El lenguaje, como vimos más arriba, no se da en una inteligencia separada, sino que está conectado con los sentidos y la acción. De nuevo alienta aquí el pensamiento de Hamann para quien, decía Goethe, cuanto puede

---

27/ *Ibid.,* p. 163.

28/ J. G. HERDER: *Ideas para una filosofía de la historia de la humanidad,* trad. J. Rovira Armengol, Losada, Buenos Aires, 1959, pp. 107 ss.

generar el hombre ha de brotar de todas sus energías reunidas[29]. Pero eso quiere decir que la actividad de significar no es afectivamente neutra ni está aislada de la memoria o de la fantasía. «Las palabras, al conectar las pasiones con las cosas, el presente con el pasado y posibilitar la memoria y la imaginación» (1980b, p. 168): no modelan una doctrina, sino conforman una amplia red de instituciones respecto a las cuales moldean prácticas y actitudes (positivas o no), fraguan figuras literarias en las que esa cultura se reconoce y elaboran la historia en las que se imagina a sí misma.

Conviene precisar más cómo piensa Herder esta amplia trama que define un modo de vida al modelar las relaciones con la naturaleza, con los demás hombres y con uno mismo. No es un orden *exterior* valioso por su *utilidad*, por su *equilibrio* o por su capacidad de *instruir* a los que viven en él, sino que debe concebirse como *expresión de vidas individuales*. La acción de significar no surge de una conciencia separada, sino de una conciencia que está en la naturaleza y en cierto modo asaltada por ella. De ahí que el pensamiento, más que precisar o determinar algo exterior, que está *fuera, interpreta* aquello en lo que él mismo está, su relación con el entorno. El signo es así *fragmento de sentido* que ilumina a la vez el mundo y a quien lo establece. No busca tanto controlar u ordenar el medio cuanto alumbrar la propia situación en él[30]. Por eso modela el mundo y a la vez la propia identidad. No lo hace además de modo neutro, sino que, como acabo de señalar, actúa movilizando las diversas facultades, particularmente el sentimiento, un sentimiento que en este caso no es valioso porque aspire, como en Platón, a un bien superior ni porque promueva un ideal de vida buena, sino porque *potencia la verdad de la propia identidad en el contexto natural* en que se desarrolla[31]. Esto explica que la red que teje una cultura no se limita a la esfera institucional ni a normas impuestas desde fuera, sino que penetra e impregna las actitudes y prácticas individuales. Explica también el valor que Herder otorga al arte. Berlin dice de él que es «el auténtico padre de la doctrina según la cual la misión del artista es, por encima de cualquier otra, testimoniar en su obra la verdad de su propia experiencia interna» (1980b, p. 200).

Si el artista persigue el virtuosismo, el afán de agradar con bellas formas o pretende instruir, falsea su misión, que consiste, por el contrario, en partir de la plenitud de la experiencia de su propia cultura y llevarla a una mayor riqueza.

29/ J. W. GOETHE: *Poesía y verdad, Obras*, trad. R. Cansinos Assens, Aguilar, Madrid, 1989, tomo II, p. 1.750.

30/ Ch. TAYLOR: *Fuentes del yo. La construcción de la sociedad moderna*, trad. A. Lizón, Paidós, Barcelona, 1996, pp. 389 ss.

31/ *Ibid.*, pp. 395 ss.

Quizá reuniendo elementos dispersos (sus *disiecta membra)* para fortalecerla, elevándolos al *centro de felicidad* de la cultura, el lugar en el que confluyen ideas y valores, y concita sentimentalmente los hilos sutiles de la red que la conforman: el *Schwerpunkt,* centro de gravedad de cada cultura. No cabe fijar ese centro en el rebaño del nómada, el barco fenicio o el ágora griega, pues no son entre sí comparables: las estructuras de cada cultura son distintas. Ninguna puede ser medida o canon de las otras. Los fines y valores que confluyen en cada uno de esos centros son inconmensurables[32].

Cuanto llevamos dicho, y especialmente esta última dimensión de las culturas que Berlin llama *expresionistas* (aunque tal vez sería mejor el término *expresivista* que usan Taylor y Gray)[33], da sobradamente cuenta del alcance de lo que llamamos más arriba *pertenencia.* La inteligencia, la capacidad de desear y la de elegir no se dan en abstracto: se forman, afinan y maduran en esta vasta trama que he intentado trazar a partir del lenguaje y que abarca todo un modo de vida. La dimensión autónoma del pensar, querer, optar y sentir del individuo, en la que Kant situaba el aspecto decisivo de la Ilustración, ha de surgir de esta amplia corriente de tradición que sólo puede modificarse desde ella misma. Una revolución importada (como la que intenta la iniciativa napoleónica) no hace sino sacrificar individuos a una abstracción. Los verdaderos cambios, señala Berlin, son más hondos, transforman una cultura, pero alterándola desde su interior, removiendo la copiosa trama que la constituye: «La historia de las revoluciones lingüísticas es la historia de la sucesión de las culturas: (son) las verdaderas revoluciones de la raza humana» (1980b, p. 170).

El aspecto totalizador de cada cultura plantea nuevos interrogantes. He señalado que los distintos *Schwerpunkten* no son comparables. La razón es que cada una posee *una pauta diferencial* que conecta específicamente las distintas actividades, actitudes y valores de modo tal que no cabe contrastarlas con las que mantiene otra cultura, aunque sus objetos parezcan equivalentes. Esto que algunos llamarían *estructura* (Berlin, más prudente, lo llama *pattern*) se muestra, por ejemplo, en que la música en la cultura alemana tiene tal relación con ciertas formas de religiosidad, que una obra de Bach, entre nosotros, no es comparable con la que *suena* en oídos alemanes. Esta característica de las culturas, que

---

32/ J. G. HERDER: *Otra filosofía de la historia para la educación de la humanidad,* en *Obra Selecta,* trad. P. Ribas, Alfaguara, Madrid, 1982, p. 301.

33/ Porque más que subrayar la primacía de la expresión de una subjetividad, enfatiza la capacidad unificadora e integradora del lenguaje (J. GRAY: *Isaiah Berlin,* trad. G. Muñoz, Ed. Alfons el Magnánim, València, 1996, p. 167) o su capacidad para establecer significados, como ya he señalado en Taylor.

Berlin ya rastrea en Vico, adquiere en Herder mayor fuerza hasta llevar a la tesis de *inconmensurabilidad mutua de las culturas* (1980b, pp. xvi-xvii; pp. 195 ss., pp. xxii-xxiii, p. 208).

La conclusión de la reflexión de Herder es, como señala Berlin, un pluralismo radical: hay muchas maneras de ser y comportarse humanamente. No se renuncia por ello al universalismo, pero éste debe asentarse sobre bases muy diferentes a las del cosmopolitismo ilustrado: ¿cómo pretender fijar necesidades cuando no es posible comparar los fines y bienes a los que aspira cada cultura? Tampoco es posible fijar *a priori* valores generales (si es que pueden separarse de fines y bienes *empíricos).* El universalismo *posible* crecerá sobre la aceptación de la variedad de culturas y de su mutua igualdad, y en una comunicación entre ellas que brota de una *conexión empática,* un *sentir con* o *sentirse en* esa cultura *otra (sich einfühlen).*

Entraré después en esta última noción. Sólo subrayo ahora que volvemos al desasosiego que traslucían las obras de Goya. Las ideas de Herder[34] cuestionan toda propuesta de civilización o sociedad *ideal.* Si las culturas poseen la densidad totalizadora que acabamos de ver y son el suelo natal del individuo, exigen un reconocimiento que obviaron las pretensiones napoleónicas (como antes el jacobinismo y hoy lo hacen ciertas propuestas de modernización, incluida la absolutización neoliberal del mercado)[35]. Pero también es cierto que las culturas premodernas suelen carecer de un verdadero reconocimiento del individuo y que las tradiciones y usos fácilmente se convierten en dogmas o en refugios populistas en beneficio del autoritarismo. Así lo hizo el absolutismo en España al exacerbar, como reacción a las *ideas francesas,* ese tipo de actitudes y valores. Los ya citados cuadros de Goya de 1816 dan buena cuenta de ello.

El desasosiego, pues, no nos abandona. Hay que exigir la claridad de la ley y la igualdad de los individuos ante ella, defenderlos frente a cualquier despotismo, reservarles un espacio donde puedan optar libremente. Pero a la vez hay que reconocer que en cada sociedad hay actitudes morales y formas de vida peculiares que no pueden suprimirse por decreto. Dos dimensiones que se contradicen, como ocurre, dice Berlin, en Montesquieu, que, añade, mantuvo vivos los dos polos de la contradicción sin suprimir ninguno de ellos. ¿Qué razón le movió a ello? Quizá, propone Berlin, que en ambas direcciones hay «un propósito libertario»[36]. Puede que el pensador francés insistiera en la división de poderes y en

---

34/ J. G. HERDER: *Otra filosofía de la historia para la educación de la humanidad, op. cit.,* pp. 295-298.

35/ M. WALZER: *Terrorismo y guerra justa,* trad. T. Fernández y B. Eguíbar, Katz / CCCB, Barcelona / Buenos Aires, 2008, p. 71.

36/ «Montesquieu», en BERLIN, 1983, pp. 226-228.

la importancia de los *organismos intermedios* para moderar los riesgos de los dos autoritarismos y propiciar al mismo tiempo la posibilidad de acuerdos que concretaran un liberalismo humanitario, esto es, que tuviera en cuenta lo específico de cada modo de vida.

Berlin ve un propósito análogo en la *Intelligentsia* rusa. Bajo el gobierno autocrático de Nicolás I se reprimieron los brotes de liberalismo y surgió una corriente eslavófila que, como reacción a las ideas liberales, propugnaba una vuelta a ideales localistas. A esto se opone el empeño de Belinsky al enfatizar la obra de Pushkin: no surgía de la mera importación de modelos foráneos, pero tampoco cubría la mísera condición del campesino ruso bajo una visión edénica —como hacían ciertos eslavófilos (1980a, pp. 313 ss.)—, sino que intentaba pensar la cultura rusa *en* la Europa de la época. Esta elaboración *intercultural* no partió de la obra del genio, sino de la actitud de aquella generación de artistas y pensadores rusos que mantenía, a juicio de Berlin, una posición análoga a la que Herder exigía en el artista: trabajaba enraizada en su cultura y, a la vez, en las exigencias de su tiempo.

Es todo cuanto desde Berlin podemos decir. Ninguna de estas posiciones —Montesquieu y la *Intelligentsia* rusa— neutralizan este *primer desasosiego*: sólo señalan caminos, laboriosos, para reinterpretar la propia cultura y garantizar la defensa del individuo. No van más allá.

II

1. La fortuna crítica del filme de Renoir *La gran ilusión* es paradójica. Fechado en 1937, entre el *Anschluss* y la invasión nazi de Checoslovaquia, fue combatida por Goebbels y prohibida por Mussolini pese a ser premiada en Venecia. En la postguerra, sin embargo, la tildaron de colaboracionista y antisemita. Renoir traza un cuidado fresco de encuentros: de un lado, los aristócratas militares franceses y alemanes, epígonos de la moral del honor; se identifican con la jerarquía del antiguo orden y eso los une, pero la lealtad a la nación los enfrenta sin remedio[37]. Pertenecen al pasado. El presente es Maréchal, un obrero francés convertido en oficial, y sus amigos: un actor, un profesor devoto de Píndaro, un ingeniero, el hijo de una familia de comerciantes judíos y, desde luego, la joven viuda alemana que acoge a los fugitivos. El filme, en tácita complicidad con el espectador, sugiere que los enfrentamientos entre naciones o culturas son de otra época. Una solidaridad básica, que hace al soldado alemán auxiliar al prisionero francés en la celda de

---

37/ El alemán no lamenta que la herida que inflige al coronel sea mortal, sino que sea dolorosa.

castigo, corre bajo un vigoroso sentido de *pertenencia*, manifestado en los respectivos entusiasmos ante las alternativas del frente o en el incesante afán de fuga. Tal solidaridad nace de la condición común de trabajadores, el rechazo a la guerra, el deseo de libertad o la posibilidad del amor. Son claves del individuo moderno que desecha los prejuicios del pasado. De ellos se burla el oficial judío cuya familia, dice, ha logrado, con su destreza financiera, *ilustres antepasados franceses* y varios castillos que ha adaptado a la vida de hoy. El peligro es el militarismo, signo del nacionalismo excluyente: Maréchal, ante los reclutas alemanes, casi niños, que desfilan al son de una rudimentaria banda, dice: «no me fastidia la música sino los pasos, el ruido de los pasos que es el mismo en todos los ejércitos»[38]. ¿No sonarían así entonces los desfiles y concentraciones nazis?

El filme alertó a regímenes y partidos autoritarios tanto como alentó a los antifascistas[39], pero tras la guerra se requerían hilos más finos: el título de la película sonaba, más que a ideal, a ilusorio y no bastaba el asimilacionismo para otorgar una identidad seria al oficial judío. Así, la película y su fortuna crítica nos llevan a un *segundo desasosiego*, un desconcierto más complejo que el anterior, porque no surge de la confrontación entre culturas históricas y el universalismo ilustrado, sino del *alcance del nacionalismo en el Estado moderno* y en ese marco se plantean tres problemas: el alcance (cultural e identitario) del Estado-nación, el nacionalismo agresivo y excluyente, y las exigencias que plantean las minorías culturales.

2. Los tres remiten en principio a la insistencia de Berlin en el escaso futuro y valor que las diversas líneas de pensamiento moderno concedieron al nacionalismo en el siglo XIX. Pese a la común avidez por rastrear el futuro desde la reflexión histórica, nadie llegó a prever la persistencia del nacionalismo. La generalidad que los liberales concedían al mercado y al Estado racional, la que daban a este último demócratas y republicanos, y el internacionalismo de marxistas *y* anarquistas hicieron que todos, herederos de la Ilustración, vieran en el nacionalismo un lastre que pronto arrojaría de sí el nuevo Estado o una enfermedad infantil y pasajera de la sociedad moderna[40]. Pero los hechos parecen rubricar, tozudos, las propuestas de Herder: durante el siglo XX no cesaron los rebrotes del nacionalismo ni la vindicación de identidades culturales vinculada a algún tipo de reconocimiento

---

38/ J. RENOIR: *La Gran Ilusión. Guión*, trad. J. C. Acerete, pról. J. Torras, Aymá, Barcelona, 1966, p. 75.

39/ El propio Berlin insiste en que en esos años apenas era posible mantenerse al margen de tal polarización: cfr. 1984b, p. 82.

40/ «The Bent Twig», en Berlin, 1990, y «Nationalism: Past Neglect and Present Power», en BERLIN, 1998b, p. 587.

político. Berlin lo sintetiza en una imagen, la *ramita doblada (the bent twig)*[41]: el débil tallo, cuyo crecimiento se quiere neutralizar u obligar a seguir una guía, es más fuerte de lo que aparenta y pronto vuelve a crecer a su antojo.

Pero no conviene precipitarse. Las ideas de Herder distan del nacionalismo que otorga a las culturas nacionales un estatuto político que el pensador alemán nunca les atribuyó. Berlin distingue, en primer lugar, algo que cabría llamar *protonacionalismo:* un repliegue al interior de la propia cultura para hacerla valer frente a aquellas otras que, se cree, no la reconocen (1990, p. 248). Es una reacción que va de De Maistre a los acusadores de Dreyfus y que quizá se identifique en España con los denostadores decimonónicos de la cultura francesa. Una posición elemental, casi infantil, cuya eficacia puede medirse por el uso y abuso que de ella hizo la propaganda franquista.

El nacionalismo desborda esta actitud defensiva. Berlin insiste en la importancia de la *herida:* la humillación que nace de la invasión, la derrota o la falta de reconocimiento. Pero tal condición es necesaria, no suficiente[42]. Hace falta además que esa cultura, vinculada a un territorio, *vea debilitarse las estructuras sociales antiguas y oscurecerse las claves simbólicas que venían ofreciéndole identidad.* Así ocurre en dos procesos en apariencia contrarios: el que reúne territorios dispersos en Italia o Alemania bajo los reyes de Saboya o Prusia y el que separa las colonias americanas de los imperios español y británico. En América, los funcionarios criollos del norte y el sur se persuaden de que su itinerario profesional comienza y acaba fuera de la metrópolis en la que sólo ven, con la racionalización de las administraciones monárquicas en el siglo XVIII[43], una carga fiscal. Por su parte, las pequeñas cortes alemanas (y monarquías como la de Dos Sicilias) apenas ofrecen horizontes de futuro a comerciantes y estudiosos, sino que los sujetan a su autoritarismo en nombre de ideas ya apenas sostenibles (1998b, p. 597).

En todos esos casos, el deterioro de las relaciones sociales y de las ideas que las legitiman suele señalarse por una confluencia de grupos sociales (ni Anderson ni Berlin la precisan como *clase*) que, como *protagonista,* ofrece nuevas condiciones de cohesión social.

41/ Así titula un conocido ensayo: ver n. 52. Berlin atribuye la expresión a Schiller, pero J. Cherniss la adjudica a Plejanov en un texto que debió manejar Berlin al preparar la biografía de Marx. Cfr. http://berlin.wolf.ox.ac.uk/index.html

42/ Sigo las líneas generales del epígrafe IV de «Nationalism: Past Neglect and Present Power». Véase nota 52.

43/ La idea es de Benedict Anderson (*Comunidades imaginadas. Reflexiones sobre el origen y la difusión del nacionalismo,* trad. de la edición ampliada de 1991, E. L. Suárez, Fondo de Cultura Económica, México, 1997, cap. IV), que en este aspecto no parece lejos de Berlin.

A tal iniciativa política se une la elaboración de una imagen de esa cultura y territorio como *nación,* apoyándose en la lengua, el origen étnico o la historia (real o imaginada). Es la labor de un *grupo ideológico* (no una *Intelligentsia,* como dice la versión castellana)[44], siempre reducido porque lo integran los mejor formados, que ofrece la nueva identidad a sectores de población más amplios y al principio casi ajenos a esas ideas[45]. La importancia de esta labor, pese a los posibles abusos, radica, para Berlin, en que evita el sometimiento a los rígidos universos de ideas abstractas (sea la *philosophia perennis* o —como pasa en Alemania— el racionalismo ilustrado) y se esfuerza en identificar necesidades y valores de y en la propia cultura.

Este estadio del proceso señala la mayor cercanía entre liberalismo y nacionalismo: de un lado aparece una voluntad de autonomía que se antepone a cualquier oferta de *gobierno tutelado* o *bienestar otorgado.* Es un deseo radical de autonomía que Berlin conecta con el individualismo ético de Kant[46]. De otro, los grupos nacionales oponen a las generalidades con que intentaban legitimarse los despotismos, ilustrados o no, ideas y valores más concretos, y sobre todo más cercanos, porque se generan por la capacidad de autoexpresión de los individuos de la cultura particular (1998b, p. 597). Aquí la impronta es romántica, próxima a las ideas de Herzen, para quien «los individuos son los autores de todos los principios y todos los valores» (1980a, p. 212).

Tal estadio es en cierta medida crucial. Cuanto dijimos sobre el valor de *pertenencia* adquiere índole política en la *confluencia entre cultura nacional y ciertos principios liberales.* Pero el equilibrio suele ser precario. El Estado-nación adolece de dos debilidades: la tentación de absolutizar su identidad y los problemas que plantea en su interior la diversidad de culturas.

El nacionalismo puede degradar fácilmente el *sentido de pertenencia* hasta convertir en *valor supremo* la autodeterminación o la defensa de la unidad nacional, o ambos a la vez. Esto es especialmente grave cuando la especificidad de la propia cultura, su *pauta* diferencial, se concibe como *organismo* (1998b, pp. 590-594). Entonces se atribuyen *metas* a la nación que suelen pervertir los elementos liberales ya citados: el imperativo de la autonomía se desplaza a la consecución de fines

---

44/ Compárese BERLIN, 1998b, p. 595 con BERLIN, 1983b, p. 430. Para Berlin la *Intelligentsia* posee una dimensión moral que no aparece necesariamente en los elaboradores nacionalistas.

45/ Merece la pena citar una observación de Anderson en el capítulo citado: los criollos hispanoamericanos insisten en incorporar a la nación a indígenas y población de color que difícilmente cumplían las condiciones de comunidad de lengua u origen étnico.

46/ «Kant como un origen desconocido del nacionalismo», en BERLIN, 1998a, p. 341.

y valores que son tales sólo por ser *nuestros* y porque expresan *nuestro* mundo. Se va así hacia un arriesgado particularismo en el que una voluntad autoafirmativa releva a la autonomía individual y al respeto a la autonomía de los demás (1998a, pp. 346 ss.). La capacidad de creación o autoexpresión, por su parte, también se desplaza y pasa de los individuos concretos a un individuo fantasmagórico, *la nación*, situándose así en las antípodas del pensamiento de Herzen (1998a, pp. 347 y 351 ss.; 2004, cap. 3). Hay más: las metas, es decir, esos *fines históricos* atribuidos a la nación (que se creen superiores al de cualquier individuo o asociación voluntaria) precipitan en la formulación renovada de un antiguo mito (combatido por Herder), el *Favorit Volk*: ya no es el *modelo racional* que pretendía el despotismo ilustrado (1980b, pp. 189 ss.), sino el endiosamiento del Estado-nación, legitimado por una conciencia que, identificada sentimentalmente con él, renuncia a la crítica *(special awareness,* ironiza Berlin). De ahí es fácil pasar al *exclusivismo,* esto es, a la idea de que cuanto ponga en peligro las metas o la identidad de la nación debe ser combatido hasta suprimirlo.

La segunda debilidad del Estado-nación brota del descubrimiento de su propia heterogeneidad cultural. Tal movimiento centrífugo puede originarse en identidades culturales históricas pero ignoradas. Es el caso de los judíos que, cree Berlin, no se resuelve con la mera asimilación a la cultura mayoritaria. El judío, presuntamente integrado, sigue siendo un extranjero, lúcido intérprete de esa cultura, pero incapaz de crear algo nuevo en ella[47]. Una apreciación que se advierte en la actitud de Rosenthal, el personaje de Renoir.

Esto explica el peculiar sionismo de Berlin. Saluda con entusiasmo el nacimiento del Estado de Israel porque así, dice, los judíos podrán elegir entre vivir en un Estado o habitar, reconocidos, en sociedades no judías[48]. No obstante, plantea a la vez y desde el principio el problema de la *otra cultura histórica,* la de los palestinos: como señala Ignatieff, Berlin rechaza la visión de Palestina como «tierra sin gente donada a un pueblo sin tierras»[49] y piensa que toda solución exclusivista sólo llevará a la violencia[50].

De modo análogo, plantea la necesidad de reconocimiento de las culturas nacionales que reivindican su identidad en el mismo interior del Estado moderno: irlandeses del norte o escoceses en Gran Bretaña, vascos y catalanes en España, quebequeses en Canadá, flamencos en Bélgica (1997b, p. 72). No parece

---

47/ Véase el epígrafe IV de «Les Juifs. De la servitude a l'émancipation», en BERLIN, 1973b.

48/ *Ibid.,* p. 200.

49/ M. IGNATIEFF: *Isaiah Berlin. Su vida,* trad. E. Rodríguez Halffter, Taurus, Madrid, 1999, pp. 114 ss.

50/ *Ibid.,* p. 115. Ver también su rechazo a Menachem Begin, p. 316.

sorprenderse por esa eclosión que considera vinculada a carencias de la sociedad moderna. Es ésta particularmente avara a la hora de proporcionar a los individuos relaciones estables e identidad integrada, esto es, capaz de articular inteligencia, afecto y deseo. De ahí la dificultad (ya señalada por Durkheim) para orientar la propia conducta en relación a las normas sociales y para tener criterios propios, y los reiterados fenómenos de alienación en sus diversas facetas (analizados desde Marx y Freud a Deleuze y Foucault). Berlin piensa que este *desamparo* puede promover la búsqueda de formas básicas de identidad y relación (1998b, pp. 600-601). Por otro lado, en las sociedades postindustriales, la planificación que inducen las administraciones públicas (cada vez más potentes) y la especialización que se deriva de la división del trabajo restringen el horizonte de los individuos, como si de ellos se esperara ante todo *su mejor adaptación* a una máquina bien engranada, lo que no hace sino aumentar las carencias anteriores y sugerir el carácter disciplinario de la identidad racional (1990, pp. 257-259).

Pero tales observaciones no desautorizan el florecimiento de la vindicación nacional. Ésta sólo señala en sincronía la sucesión de culturas a la que Vico llamó *Storia ideale eterna*[51]. Puede que Vico la pensara como proyección en la historia de un antiguo concepto, *natura naturans.* Berlin, separándola de sus raíces platónicas, la llama *fenomenología de la experiencia y la actividad humanas* (1980b, p. 35). Quizá no diste mucho de la divertida observación que hace a Gardels: «Me han dicho que hay una excelente plegaria hebrea para decirla cuando se ve un monstruo: "Bendito sea Dios Nuestro Señor por introducir variedad entre sus criaturas"» (1997b, p. 61).

Berlin opta por la diversidad de culturas y el pluralismo que brota de su inconmensurabilidad, aun percibiendo con claridad los riesgos que entraña la nación. Entre estos dos polos se mueve este *segundo desasosiego.* De un lado, el reconocimiento de *la(s) otra(s) cultura(s)* (que lleva aparejado el de su autonomía) y, de otro, el rechazo de la absolutización de las exigencias y prácticas nacionalistas que pueden resultar lesivas para la libertad de los individuos que la integran o para las culturas con las que convive.

Creo que para aquel reconocimiento es importante en Berlin un concepto de Herder, ya citado, la *Einfühlung*, la sensibilidad empática para *sentir en o con la otra cultura.* Pero esto no deja de plantear problemas. La *Einfühlung* pertenece a la familia de conceptos que precisaron el proceso cognoscitivo que las *Geisteswissenschaften* llamaron *comprensión (Verstehen).* Si esta noción siembra

---

51/ G. VICO: *Ciencia Nueva,* Lib. I, III, De los principios, XIII, LXVIII; ed. R. de la Villa, Tecnos, Madrid, 1995, pp. 120-121 y 138-139.

ya la desconfianza por tener la sombra del psicologismo[52], aún se resiente más la *einfühlen,* dado su componente sentimental. La rechazan aun quienes conceden a la *comprensión* rango conceptual a partir de la hermenéutica[53]. ¿Por qué la mantiene Berlin?

Creo que por dos razones. Berlin, en primer lugar, evita el psicologismo al otorgar una importancia especial al lenguaje. A lo largo del libro dedicado a Vico y Herder, traza con rigor una elaboración de la *comprensión* apoyándose en su reflexión sobre el lenguaje ordinario. El resultado de esta reflexión puede sintetizarse en tres conclusiones. La primera es que *quien habla* no se limita a reflejar algo que está ahí fuera, ante él, sino que su papel es activo y consiste en *modelar* cuanto llegue a su sensibilidad[54]; esto no quiere decir (y es la segunda conclusión) que su afirmación sea caprichosa o que no pueda discernirse su arbitrariedad, si la hubiera, porque las *palabras tienen usos reconocidos que compartimos*[55], y finalmente, tanto esos usos como la comunicación que abren pueden precisarse *categorialmente*[56]. Con ese bagaje, la *comprensión* de un discurso o una institución humana no se apoya en una oscura *intuición* que capte el peculiar *talante* del otro, sino *en los conceptos o categorías* con que este último *modela* su mundo. Son diferentes a los nuestros en contenido y articulación, pero cabe rastrearlos, porque su elaboración es análoga a la que nosotros mismos hacemos al conformar nuestra cultura. Es una operación de discernimiento que recuerda a la del juicio estético. Así, la *fantasía* de Vico puede entenderse como esfuerzo de la imaginación que traza tentativamente las formas con las que otros hombres y mujeres modelan y comparten *su* mundo, puesto que todos poseemos análoga capacidad (1980b, p. 27). Por eso sugiere que esas *formas* con que las culturas modelan el entorno y la convivencia —el lenguaje, los mitos o los sistemas normativos— pueden verse como *categorías,* «lentes a través de las cuales captan y conforman la realidad»[57].

52/ Véase M. WEBER: «Roscher y Knies y los problemas lógicos de la escuela histórica en economía», en *El problema de la irracionalidad en las ciencias sociales,* ed. J. M. García Blanco, Tecnos, Madrid, 1985, pp. 84-152. Más reciente el conocido trabajo de Popper, «Sobre la teoría de la mente objetiva», en *Conocimiento objetivo,* trad. C. Solís Santos, Tecnos, Madrid, 1982, pp. 147-179.

53/ G. H. VON WRIGHT: *Explicación y comprensión,* trad. L. Vega Reñón, Alianza, Madrid, 1979, p. 53.

54/ «Proposiciones empíricas y aseveraciones hipotéticas», en BERLIN, 1983a, pp. 73-106.

55/ «Traducción lógica», en BERLIN, 1983a, pp. 109-145.

56/ «El objeto de la filosofía», en BERLIN, 1983a, pp. 26-42.

57/ BERLIN, 1980b, p. 57. En la nota 1 de la p. 58 se recuerda la observación de Jacobi que sugería que en estas formas con que, según Vico, las culturas antiguas establecían su propio orden de vida estaba en embrión el método trascendental de Kant.

De ese modo el proceso de acercamiento a *la(s) otra(s) cultura(s)* se acerca a la hermenéutica a través de una visión del lenguaje cercana al trascendentalismo.

¿Qué añade a todo ello la *Einfühlung*? Es la segunda razón. Si el acercamiento al *otro* es realmente un *reconocimiento*, quizá deba tener un componente sentimental. Berlin, al hablar de la *Verstehen*, emplea el verbo inglés *enter into*. Una de sus acepciones es, según el diccionario de Oxford, *simpatizar con* o *ser capaz de comprender y apreciar.* Tal componente sentimental no es un paso al psicologismo, sino una *disposición al diálogo:* una cierta complicidad con la otra cultura en la que, al reconocerla, ve otra forma de vivir y comportarse humanamente.

Este modo de entender el reconocimiento entraña en primer lugar la aceptación del pluralismo: tal es la amplitud de la *fenomenología de la experiencia humana.* Pero, a la vez, la idea de *comprensión* establece ciertos límites: hay actitudes, exigencias y conductas que no pueden considerarse *humanas* y en tal sentido rompen la comunicación (aun en el terreno sentimental). Hay cosas que se han «aceptado por muchos hombres y por tanto tiempo que su observancia forma parte de lo que se tiene por un ser humano normal» (1984a, p. 165). Quebrantarlas es inhumano y nada ni nadie puede obligar a pensar o actuar inhumanamente. Más acá de ese *limes* negativo, hay además un *ámbito abierto a la opción:* el análisis categorial muestra que la capacidad de integración de una cultura no coincide necesariamente con la libertad que dispensa a quienes viven en ella, sino que responde a otros valores (1984a, pp. 158 ss.). Por importantes que sean éstos, es obvio que cabe la opción entre libertad y *pertenencia.*

Berlin es, pues, pluralista pero no relativista ni irenista. Invita, con pasión, al reconocimiento de lo diferente, pero fija límites y abre espacios críticos. Los límites precisan ciertas exigencias y el espacio crítico plantea que entre culturas e individuo hay unos márgenes de opción que deben discutirse con rigor, sin que puedan dictarse soluciones de antemano y teniendo en cuenta la distancia que separa el análisis de la decisión. El pensamiento precisará el primero, la segunda corresponde a los individuos.

III

1. Hans Staden fue un aventurero alemán del siglo XVI que, alistado en la marina portuguesa, fue apresado por los tupinambas, una alianza de tribus indígenas contraria a la colonización portuguesa del Brasil. Estas tribus practicaban sacrificios rituales: devoraban a los vencidos que durante el combate habían mostrado particular valor, dejando a los demás como prisioneros. Entre éstos se contaba Staden. Tras nueve meses de cautiverio escapó y, ya en Alemania, narró sus penalidades. Añadió un informe sobre las costumbres de los tupinambas en el que,

gracias a un leve cambio de óptica, convirtió el sacrificio ritual en mero canibalismo. Fue un libro de éxito: traducido al francés, inglés, latín y castellano[58], sus ilustraciones, duras pero eficaces, se convirtieron en referente para grabados posteriores como los de De Bry. Por todo ello, el libro atribuyó una *identidad* a los tupinambas: para los europeos sólo eran *antropófagos.* La *diferencia* cultural se tornaba así *exclusión:* ¿eran esos indígenas realmente humanos?

Sobre esta idea elaboraron en 2007 Mauricio Dias y Walter Riedweg, un artista brasileño y otro suizo que trabajan juntos desde 1993, una obra que titularon *Funk-Staden.* Rememoraban el libro y su desplazamiento de la *diferencia* hasta la *exclusión,* para trazar un paralelo entre ese fenómeno y el que viene ocurriendo con los *faveleiros,* esto es, los hombres y mujeres que viven en las *favelas* de ciertas ciudades brasileñas. Geográficamente próximas a barrios cuidados e incluso lujosos, las *favelas* están urbanística y culturalmente aisladas: sus fiestas, su música —un peculiar *funk* (de ahí el título de la obra) que graban y venden ilegalmente— y sus costumbres sólo existen de puertas adentro. Hacia fuera están ignorados, excluidos[59].

Vayamos primero a la obra de Hans Staden. La *exclusión* que practica la cultura europea de la época (que también *ritualizaba* la tortura y la pena de muerte) sobre los tupinambas en cierto modo persiste y se aplica a los distintos pueblos colonizados, al situar sus modos de vida entre el pintoresquismo y la barbarie. Son, en todo caso, *excéntricos* en el sentido literal del término: se alojan en los márgenes de la humanidad cuyo centro es la cultura europea, sin que se sepa muy bien qué desazona más a esta última, si el *descubrimiento* de la presunta *inhumanidad* del *salvaje* o el *reconocimiento* en su conducta de inquietantes rasgos *humanos*[60].

58/ El título de la edición castellana fue: *Verdadera historia y descripción de un país de salvajes desnudos, feroces y caníbales, situado en el Nuevo Mundo, América.*

59/ *Funkstaden* se expuso en la XII Documenta de Kassel (2007). La obra más conocida de estos autores es *Devotionalia,* un trabajo sobre los *niños de la calle* en Brasil. El trabajo tuvo una primera parte en 1994: daba cuenta del taller que ambos autores hicieron con estos chicos; los muchachos hacían moldes de sus manos y sus pies que después se llevaron al museo de Río de Janeiro. El año 2003, Dias y Riedweg buscaron a los niños que asistieron al taller. Los que aún vivían contaron, y esta es la segunda parte de la obra, cómo murieron muchos de sus compañeros en las calles de la ciudad.

60/ Recuérdese la narración de Marlowe, testigo más que protagonista de *El corazón de las tinieblas:* «The earth seemed unearthly. We are accustomed to look upon the shackled form of a conquered monster, but there — there you could look at a thing monstrous and free. It was unearthly, and the men were — No, they were not inhuman. Well, you know, that was the worst of it — this suspicion of their not being inhuman. It would come slowly to one» (J. CONRAD: *Heart of Darkness*, Penguin, London, 1983, p. 69).

La asimilación de la *diferencia* a la *exclusión* se prolonga en la necesidad misma de civilizar a aquellos hombres y mujeres, y procesar racionalmente los recursos de sus tierras incultas. La colonización era labor y aun misión de blancos occidentales que, consecuentemente, atribuyen a los indígenas el papel subordinado de gentes que deben ser tuteladas, instruidas y adiestradas —digámoslo así— para el mejor rendimiento. Las antiguas costumbres, si se mantienen, quedan fuera de este proceder, reducidas a la marginalidad. Esta otra forma de *exclusión*, la que sugieren Dias y Riedweg al hablar de los *faveleiros*, supone además la *desigualdad* de esas culturas. En efecto: quien puede establecer cómo hay que vivir, qué hay que aprender o cómo hay que trabajar es el colonizador. De ahí que a la *diferencia* y a la *exclusión* se una la *desigualdad* no sólo económica sino, ante todo quizá, moral y política[61].

La cuestión desborda el marco colonial para entrar de lleno en el intercultural. Hoy por hoy, el problema de las culturas tradicionales no puede plantearse oponiendo su modo de vida a la modernización, haciendo valer frente a ésta la identidad diferencial de la cultura local[62], sino que debe centrarse en qué tensiones y conflictos ha de afrontar esa cultura para situarse por sí misma en el mundo de hoy[63]. Lo contrario propicia un localismo que suele conducir a la autoenajenación, el aislamiento o el folklorismo[64].

Tales procesos, sin embargo, no dejan de plantear problemas: tanto en la época imperialista como en la que llamamos poscolonial. No es el desasosiego que surge entre el cosmopolitismo y las culturas históricas, sino en el seno de las culturas tradicionales no europeas, entre su identidad y el camino para alcanzar *su lugar en un mundo* organizado según ciertas lógicas económicas y políticas, comunicativas y culturales. Encontramos así un tercer desasosiego, un tercer desconcierto, porque las culturas que son *diferentes* a las occidentales han de superar su *exclusión* y su *desigualdad*, aunque tal proceso esté erizado de conflictos y tensiones que pueden y suelen afectar a derechos básicos.

2. Berlin era consciente de esas tensiones. Es significativa su insistencia en la incapacidad de las minorías colonizadoras, no ya para aceptar sino aun para imaginar que los colonizados aspiraran a labrar su futuro por sí mismos. Tuvieran una

61/ N. García Canclini: *Diferentes, desiguales y desconectados. Mapas de la interculturalidad*, Gedisa, Barcelona, 2004, en particular pp. 187-194.

62/ N. García Canclini: *Culturas híbridas. Estrategias para entrar y salir de la modernidad*, Paidós, Buenos Aires, 2001.

63/ N. García Canclini, *Diferentes, desiguales y desconectados, op. cit.*, p. 166.

64/ *Ibid.*, pp. 209 ss.

actitud humanitaria o explotadora, fueran filántropos, evangelizadores, militares, empresarios o aventureros, no presintieron que aquellas gentes llegarían a exigir decidir por sí mismos, como habían hecho los europeos, y convertirse como ellos en Estado. La guerra ruso-japonesa, a inicios del siglo XX, fue una advertencia que el eurocentrismo no comprendió (1998b, pp. 601 ss.).

En el último tercio del siglo XIX[65] aparece un *nacionalismo oficial* promovido por las dinastías o los Estados. Tal nacionalismo, en los grandes imperios, Gran Bretaña o Rusia, sembraba en la metrópolis una ideología, mezcla de universalismo civilizador, misión humanitaria y patriotismo por las posesiones coloniales, y promovía en éstas un *sentido de pertenencia* con duros métodos —como en la *rusificación*— o con una labor de *occidentalización* de las élites, enviadas a formarse en universidades de la metrópolis. Tagore o Nerhu son ejemplos de este intento. En 1961, Berlin reflexiona sobre la obra y las ideas de Tagore[66]. El hilo conductor es de nuevo el lenguaje. Aludiendo quizá al malestar del poeta por las desafortunadas versiones de su obra al inglés (al final hubo de traducirlas él mismo), habla Berlin de *la imposible traducción satisfactoria:* un poema sólo mantiene su fuerza en la lengua en que se escribió porque la poesía es *lo que se pierde al traducirlo.* Fija así el valor de lo vernáculo, pero añade que Tagore no se recluyó en la tradición, sino que reivindicó la libertad (que, decía, aprendió de los ingleses) para que los hindúes pudieran proceder por sí mismos, frente al señuelo del *universalismo imperial* agitado por los funcionarios británicos.

La reivindicación inicial de los países colonizados es la defensa de su modo de vida frente al progreso que ofrece el colonizador. Pero, como ocurría con el *protonacionalismo*, esa etapa es pasajera y pronto el valor de la lengua, tradición y pasado es sólo una cara de la moneda, la otra es el autogobierno que busca construir un país unificado, industrialmente fuerte, dotado de conocimiento y capaz de elaborar su cultura en tensa relación con las demás y con su propia modernización. Berlin admira en Tagore tanto el valor que da al autogobierno como el que otorga a la modernización, porque

una nación, si quiere crecer, no puede ser tratada como una planta exótica; sólo puede crecer a cielo abierto, en el mundo público común a todos; nadie puede alimentarse exclusivamente de lo desaparecido y lo muerto, en una luz artificial cuidadosamente mantenida, sin lograr más que un crecimiento atrofiado (1998a, p. 371).

65/ B. ANDERSON: *Comunidades imaginadas. Reflexiones sobre el origen y la difusión del nacionalismo*, trad. (ed. 1991) E. L. Suárez, Fondo de Cultura Económica, México, 1997, cap. VI.
66/ «Rabindranath Tagore y la conciencia de nacionalidad», BERLIN, 1998a, pp. 355-378.

Así, considera prudente la actitud de Tagore ante un problema cultural añadido propio de los Estados emergentes: qué hacer con la impronta que dejó el colonizador en la cultura vernácula. Tagore no rehusó en bloque el legado británico, pero cuanto pudiera tomarse de él debía ir dirigido al futuro autogobierno. Porque lo que una cultura puede ofrecer a las demás o, si se prefiere, a la humanidad en su conjunto, es aquello que *puede decir con voz propia* y eso sólo se logra *con la fuerza.* El verdadero internacionalismo, para Berlin, no crece a la sombra del *modelo dominante,* en este caso el imperio, sino que brota cuando «cada eslabón de la cadena, esto es, cada nación, es lo bastante fuerte para soportar la tensión requerida» (1998a, p. 375).

La conclusión es, por tanto, obvia: para superar la *exclusión* y la *desigualdad,* y hacer valer con rigor la propia *diferencia,* es crucial un autogobierno que afronte la tensión entre la propia cultura y la modernización. Berlin sabe de los riesgos del proceso. Muchas veces se ha hecho de modo despótico, basándose en jerarquías tradicionales autocráticas, alianzas tribales excluyentes, fundamentalismos religiosos o populismos autoritarios. El liberalismo lamenta esos extremos, pero no comprende el valor que adquiere el autogobierno: tal vez una forma de *pagan self-assertion*[67], de quienes prefieren el despotismo de los suyos a la tutela de ajenos, o como señala Walzer, «eligieron la liberación nacional en perjuicio de la emancipación liberal»[68].

De este modo, el tercer desasosiego se establece entre la decisión de autogobierno y los costes que éste pueda tener en materia de derecho, y entre la fidelidad a la cultura tradicional y las exigencias de modernización. No es necesario repetir cuanto antes señalé respecto al rechazo de comportamientos y actitudes decididamente inhumanas. El imperativo 'nadie ni nada me puede obligar a pensar o proceder inhumanamente' es también aquí de aplicación. Pero, más acá de esa exigencia, se extiende un amplio campo en el que al *reconocimiento* que antes señalábamos ha de añadirse la prudencia que respete que cada nación ha de trazar por sí su modernización. Creo que Berlin insistiría sobre todo en la *necesidad de negociar.* Este formidable defensor de la libertad negativa llega a decir, sin embargo, en alguna ocasión que tal libertad es buena por sí misma, «aunque no es el único bien» (1984a, p. 128). Si se quiere evitar que la *diferencia* se convierta en *exclusión* y legitime la *desigualdad,* es necesario aceptar *la carga de la opción,* puesto que, al fin y a la postre, los valores chocan entre sí.

67/ La expresión de Knox, comentada, reivindicada y reinterpretada por Mill en *On Liberty,* cap. II, es un *locus* frecuente en Berlin.

68/ M. WALZER: *Politics and Passion. Towards a More Egalitarian Liberalism,* Yale University Press, New Haven / London, 2004, p. 31.

3. Es necesario añadir aquí una observación. Los textos de Berlin que estudiamos se escriben en pleno fin del colonialismo, cuando se advertía un nuevo tipo de tutela sobre las naciones emergentes que dio en llamarse *neocolonialismo*. Hoy las cosas van por un sendero muy distinto. Desaparecida la política de bloques, la penetración de intereses económicos multinacionales en los países del que se llamó *tercer mundo* ha tomado otro carácter. Sigue, como señala Achille Mbembe en diversos trabajos[69], la lógica neoliberal. Desaparecen las tutelas sobre ciertas élites y el paternalismo populista que practicaban algunas corporaciones económicas para contrarrestar las influencias del otro bloque y en su lugar se exige a los gobiernos una política económica de corto gasto público y una administración territorial acorde a las exigencias de la explotación. El resultado de todo ello es la debilidad de los gobiernos y la inestabilidad política, el empobrecimiento de la población y la consecuente emigración.

Desde una perspectiva postmoderna y con la intención de mostrar las facciones autoritarias que esconde el rostro del sujeto moderno se ha insistido en la importancia de la nomadización y del mestizaje, pero las grandes migraciones de nuestro tiempo, en su contexto, el que acabo de citar, esto es, el de la globalización, apuntan, más que a un sujeto nómada, al *debilitamiento de su identidad civil*, como señala García Canclini[70]. Los circuitos mercantiles y financieros, al superar a los estados nacionales y poseer cada vez mayor anonimato, impulsan de hecho las migraciones sin que esas corporaciones se hagan responsables de ellas ni los estados puedan tener las garantías propias de un Estado liberal. No voy a abundar en los temas poscoloniales. Los cito sólo para mostrar que las cuestiones interculturales hoy, además de en las tensiones planteadas en y por las naciones emergentes que acabo de señalar, surgen en la mezcla de culturas que produce la inmigración. Con esta observación entramos en el cuarto desasosiego.

IV

1. En mayo del 2004 Thomas Hirschhorn, tras año y medio de preparación, inició el *Museo Precario Albinet*. Durante ocho semanas, obras de Duchamp, Malevitch, Mondrian, Léger, Dalí, Le Corbusier, Warhol y Beuys se alojaron sucesivamente en un barrio de Aubervilliers, ciudad dormitorio al norte de París y asentamiento de trabajadores extranjeros desde hace años. De sus 70.000 vecinos muchos son

---

69/ A. Mbembe: *On the poscolony*, University California Press, Berkeley, 2001, «Necropolítica», en O. Enwezor: *Lo desacogedor*, BIACS / Books on the move, Barcelona, 2006, pp. 32-51.

70/ N. García Canclini, *ibid.*, en particular pp. 160 ss.

inmigrantes, o descendientes de inmigrantes, porque abundan los ya nacidos allí. Grupos de jóvenes de esas minorías llevaron al barrio las obras que prepararon y embalaron ellos mismos en el Centro Pompidou. Levantaron también un recinto efímero, en la calle Albinet, cerca del Canal de Saint-Denis. Allí permanecía cada obra una semana, ante un público heterogéneo que oía las explicaciones y las discutía, participaba en talleres, como el de escritura, tenía una pequeña pero sustanciosa biblioteca y una dotación de vídeos que completaban las explicaciones y debates, y solía participar en las comidas, fiestas y excursiones —a lugares relacionados con la obra expuesta— que ellos mismos organizaban[71].

La iniciativa, que promovió la relación entre diversas minorías y la responsabilidad pública de aquellos a quienes no suele dársele, tiene además tres aspectos de interés. El primero es la *inversión del museo.* En el museo hay algo de reserva cultural: preserva la obra y la defiende, aunque para ello la separe de su suelo natal, del medio social, inquietudes e ideas donde se generó[72]. Por eso, más que ofrecer la obra a la opinión del visitante, el museo la muestra sacralizada, revestida de un aura de la que quizá quiso privarla su autor. En Albinet, las obras *jugaban fuera de casa,* en territorio ajeno, y así *se exponían* en el doble sentido del término. En segundo lugar, se sometían a una discusión que no era *magistral,* esto es, no aparecían bajo un solo texto sino en la confluencia de opiniones diversas: al canon académico sucedían las apreciaciones de un público heterogéneo, formado por las nuevas generaciones de diversos grupos étnicos y por quienes, atraídos por la iniciativa, participaban en ella. Por último, el arte dejaba de ser un *mundo aparte.* Las obras, más que fijar contenidos de la cultura occidental, intentaban estimular las condiciones de reflexión, juego y comunicación en que se crearon.

Trabajos como el de Hirschhorn no solucionan los problemas de la interculturalidad ni lo pretenden, pero sugieren que hay que revisar el alcance de instituciones tales como el museo o la educación artística, si quieren ser territorios fecundos para una sociedad en la que conviven culturas diversas y no limitarse a legitimar la superioridad de una cultura y hacer posible su reproducción de modo más o menos impositivo. Como muestra García Canclini, el patrimonio cultural puede convertirse en línea de resistencia para la afirmación de la propia cultura frente a las otras, una vez que la religión, en la sociedad secular, deja de ofrecer

---

71/ Cfr. V. Poussou: «Entre utopía y realidad: acciones innovadoras y estrategias de públicos», en R. Huerta y R. de la Calle: *Espacios estimulantes. Museos y educación artística,* Universitat de Valencia, Valencia, 2007, pp. 167-177.

72/ Th. W. Adorno: «Museo Valery-Proust», en *Prismas. La crítica de la cultura y la sociedad,* trad. M. Sacristán, Ariel, Barcelona, 1962, pp. 187-200.

señas de identidad[73]. Pero no entraré a examinar este problema. Lo cito sólo para plantear un último *desasosiego*: ¿qué exige a nuestra cultura el hecho de coexistir, en el mismo territorio, con otras?, ¿puede alterar nuestra manera de concebir el saber o nuestros valores?, ¿debe hacerlo?

2. John Petrov Plamenatz sucedió a Berlin en la Cátedra Chichele de Teoría Política y Social. Fue profesor en Oxford desde su elección como *fellow*, a los 24 años, tras presentar su tesis doctoral. Una elección nada frecuente, primer paso para que este montenegrino, cuyos padres solían vivir en alguna gran ciudad europea, se convirtiera en incansable trabajador de la universidad. Pese a ello, no llegó a asimilarse a Inglaterra. Al decir *nosotros*, observa Berlin, «habitualmente estaba pensando en Montenegro», y añade una confidencia de Plamenatz: tenía muchos amigos británicos, pero cuando más de dos o tres estaban reunidos en la misma sala «cobraba conciencia de una relación entre ellos de la que me sentía excluido» (1984b, p. 232).

Berlin no toca directamente el problema de la interculturalidad, tal como se plantea por las minorías inmigrantes. Pero la observación que acabo de citar, el *efecto Plamenatz,* unida a su rechazo del asimilacionismo como solución adecuada al *problema judío*[74], hace rastrear su escaso entusiasmo por la mera incorporación de las minorías inmigrantes a la cultura mayoritaria del país de acogida, aunque hubieran llegado a éste voluntariamente.

La cultura de origen, como sabemos, proporciona para Berlin los moldes lingüísticos que hacen posible el conocimiento y las formas de comportamiento que precisan fines y valores. Sin duda suscribiría la siguiente opinión de Dworkin: la cultura «proporciona las lentes a través de las cuales identificamos como valiosas las experiencias»[75], que parece prolongar las suyas. Las culturas no proporcionan un recetario de valores y experiencias, sino que abren horizontes: despliegan perspectivas del saber posible y de cuánto puede desearse o debe alcanzarse. Así se advierte en las ideas de Berlin sobre el arte. Por tanto, la simple asimilación a la cultura mayoritaria podría dañar la identidad de los miembros de las minorías, producir fenómenos de anomia y acribia, y limitar su autonomía individual[76].

73/ N. García Canclini: *Culturas híbridas, op. cit.,* p. 159. Véase también p. 116 y pp. 151-155.

74/ Cfr. «Benjamín Disraeli, Karl Marx y la búsqueda de identidad», en Berlin, 1983b, pp. 328-364, y «Namier», en Berlin, 1984b, pp. 146-178.

75/ R. Dworkin: *A Matter of Principles*, Harvard University Press, London, 1985, p. 228.

76/ Las observaciones al respecto de W. Kymlicka: *La política vernácula. Nacionalismo, multiculturalismo y ciudadanía,* trad. T. Fernández Auz y B. Eguíbar, Barcelona, Paidós, 2003, p. 70, son análogas a la que cabe esperar de Berlin.

Esta valoración de la cultura alienta la actual reflexión que lleva a algunos pensadores a reconsiderar el papel del Estado respecto a la interculturalidad. El Estado moderno elaboró, desde su neutralidad hacia credos e iglesias, una cultura liberal que garantizaba la enseñanza pública (mediante un idioma común), la igualdad de oportunidades y un sentido de pertenencia a la nación para salvaguardar su unidad. Esta cultura *societal*[77], que conjuga elementos tradicionales y liberales, preserva la autonomía de la esfera civil frente a las pretensiones de las iglesias o los usos familiares que, así, se remiten a la esfera privada. Pero ¿ha de observar el Estado análoga neutralidad respecto a las culturas? Al reconocer el valor de éstas, se ha recorrido en poco tiempo un amplio trecho. Tras una primera etapa en la que se confrontaba el individualismo liberal con las exigencias de las comunidades, se pasó a la tolerancia de ciertas peculiaridades (si no dañaban derechos básicos) salvaguardada por la neutralidad del Estado. Pero pronto se advirtió que la *cultura societal* era una elaboración política de la identidad del Estado-nación y que, como tal, podía ser impositiva. Se aboga entonces por un Estado no neutral que acometa «políticas dirigidas a reconocer las diferentes identidades y necesidades de grupos etnoculturales»[78] y les otorgue diversos subsidios, por razones de equidad[79].

Nada de esto hay en las obras de Berlin, aunque parecen prolongar su pensamiento, del que también hay ecos en la propuesta de Kymlicka de una nueva *cultura societal* que, en vez de promover la idea de unidad, subyacente al Estado-nación, impulse la solidaridad entre quienes lo componen y que complemente la igualdad formal ante la ley con la equidad que garantice la presencia eficaz de las diversas culturas. Lo mismo cabe decir de un tema recurrente en estos autores: la protección del individuo para que no se le someta a normas o usos tradicionales degradantes y sea libre para abandonar su comunidad, si así lo quiere.

Pero quizá, en lo tocante a la interculturalidad, la aportación de Berlin haya que buscarla en otra dirección: en su noción de *pluralismo*. Diferenciémoslo, de entrada, de la *tolerancia*: ésta supone aceptación de la diferencia desde una cultura mayoritaria o desde la convicción de estar afincado en la verdad. En ambos casos se trata de una concesión al huésped por quien piensa estar en casa propia o al excéntrico que más pronto o más tarde verá que sus opiniones se desvanecen.[80]

77/ W. KYMLICKA: *op. cit.*, cap. I.

78/ W. KYMLICKA: *loc. cit.*, p. 63.

79/ *Politics and Passion. Towards a More Egalitarian Liberalism*, Yale University Press, New Haven / London, 2004, pp. 87 s.

80/ J. RAZ: «Multiculturalism: A Liberal Perspective», *Dissent*, invierno, 1994, pp. 67-79. Recuérdese además la opinión de Voltaire sobre la conveniencia de admitir cuantas más

El pluralista va más allá de la tolerancia porque no se limita a conceder, sino que se deja interrogar por quien mantiene perspectivas diferentes. No lo hace como ejercicio de autonegación o por añoranza de lo primitivo, sino por razones teóricas que en el caso de Berlin son ciertamente de consideración.

El conocimiento es para Berlin, como sabemos, elaboración en la que confluyen la capacidad modeladora del lenguaje y un cierto orden categorial. Tales categorías no son inmutables (1983a, pp. 222 ss.) ni están estrictamente separadas de ciertos valores[81]. Vinculadas a la actividad inteligente, pueden generarse en la historia y en las culturas y, aunque más tarde se generalicen, predecir su aparición es difícil o imposible. Por tanto, una posición que se crea en posesión de un criterio o, si se prefiere, de un lenguaje privilegiado desde el cual establecer qué es posible decir y qué no carece de sentido. Más aún, puede llegar a ser un modo de suprimir formas de organizar la experiencia por el simple hecho de ser diferentes de la nuestra (1983a, pp. 140-143). El pluralista, de acuerdo con Berlin, hará suyo un cuidado escepticismo que respeta la apertura en la que pueden aparecer discursos posibles y, aunque también intente criticarlos reflexivamente, esto es, de acuerdo a sus supuestos en que se apoyan o a la estructura categorial que los articula, la decisión final corresponderá al proponente del discurso[82].

Por otra parte, la variedad de las culturas señala una diversidad de valores, inconmensurables, ya lo hemos señalado, y que, como indica Gray, ni son meramente convencionales ni tampoco *a priori*[83]. Aquellos que tenemos como indiscutibles, en opinión de Berlin, se han sedimentado, como vimos antes, en la experiencia compartida de muchas épocas y culturas, y *por eso* los consideramos inalienables de lo que entendemos por seres humanos; pero otros aparecen en las prácticas y actitudes, es decir, incorporados a la vida de las diversas culturas y por esa razón articulan su cotidianidad y los horizontes de lo que cabe proyectar o desear. Desde ese punto de vista carece de sentido cualquier propuesta de una sociedad ideal, pero hay algo más: aunque estos valores no derivan de meras apreciaciones subjetivas y son por tanto públicos y, de ahí, inteligibles y sujetos a crítica, al impregnar la vida de individuos o grupos y articular así su autoidentidad, no cabe dictaminar sobre su diversidad o decidir en los conflictos que puedan

---

confesiones religiosas mejor, porque tal abundancia mostrará el error común (*Tratado de la tolerancia*, trad. C. Chíes y M. Sacristán, Crítica, Barcelona, 1976).

81/ BERLIN, 1983a, pp. 39 ss. Ver también al respecto J. GRAY: *op. cit.*, pp. 90-93.

82/ B. MAGEE: «Una introducción a la filosofía. Diálogo con Isaiah Berlin», en *Los hombres detrás de las ideas. Algunos creadores de la filosofía contemporánea*, trad. J. A. Robles García, Fondo de Cultura Económica, México, 1982, p. 36.

83/ J. GRAY: *op. cit.*, pp. 97 ss.

suscitarse entre ellos. La filosofía tiene que analizar, pero la decisión se mueve en otro nivel: corresponde al individuo o al grupo y en tal caso hay que respetar un espacio de diálogo y negociación.

En el saber estrictamente filosófico, esto es, el que no cabe reducir a lo empírico o lo formal, no hay ninguna teoría última que asegure una manera de articular la propia experiencia, el propio mundo, y descarte todas las demás. De modo análogo, o quizá con mayor razón, no cabe excluir fines o valores en nombre de una teoría moral: así lo muestra Berlin al criticar el concepto de ley racional en Kant y señalar las consecuencias disciplinarias que se derivan del mismo (1984a, pp. 145-154). Por eso es acertada la siguiente observación de Gray: «no tenemos razón alguna para abandonar la riqueza y profundidad de la vida moral, con todos sus dilemas imposibles de dirimir, a favor de la perspectiva ciega de una teoría moral»[84].

Desde tal pluralismo, el punto crucial ante la diversidad cultural no radica tanto en aceptarla y defenderla con ciertas garantías (lo que sin duda es necesario), sino en *adoptar una actitud intercultural*, en saber apreciar en toda su complejidad el amplio abanico de experiencias y opciones humanas.

¿Dónde queda entonces la defensa de la libertad negativa y en general del liberalismo? Quizá sea sobre todo «un compromiso sin fundamento», como señala Gray[85], lo que no supone que sea gratuito, sino que renuncia a la exclusión de otras propuestas y es al mismo tiempo una opción por un modesto pero sustantivo ideal de vida buena que quizá ya enunciaba Berlin en 1949:

> Lo que esta época exige no es (como oímos a menudo) más fe, liderazgos más fuertes o una organización más científica. Sino lo contrario: menos ardor mesiánico, más escepticismo culto, más aceptación de las idiosincrasias, medidas *ad hoc* más frecuentes para lograr objetivos en un futuro previsible, más espacio para que individuos y minorías, cuyas preferencias y creencias encuentran (justa o injustamente, no importa) poca respuesta entre la mayoría, logren sus fines personales (1984a, pp. 39 ss.).

Queda así diseñado nuestro cuarto desasosiego. Abre un espacio definido de un lado por la creencia en (o el entusiasmo por) el despliegue de posibilidades que brotan de la capacidad humana de autocreación y de otro por la defensa, también entusiasta pero a la vez prudente, de ciertos valores que hacen la vida más humana, aunque, al saberse no incontestables, se traducen en una amplia e incesante acción de compromiso y negociación.

84/ *Ibid.*, p. 87.

85/ *Ibid.*, p. 211, por lo que caracteriza al liberalismo de Berlin como agonista.

V

En 1979, al recibir el *Premio Jerusalén*, Berlin pronunció un breve y sustancioso discurso. Evocando a Burke y a los hilos, finos, casi invisibles, que pese a ello tejen la identidad (aunque los ignoren los diseñadores de ciudades ideales), lo tituló *The Three Strands in my Life*[86]. Esos tres hilos son las culturas rusa, británica y judía. De la primera dice haber aprendido el valor de las ideas: aun aquellas corrientes de pensamiento que, como el marxismo, califican las ideas de epifenómenos, tienen fuerza porque paradójicamente suscitan nuevas ideas «que cambian permanentemente los modos en que los hombres obran y piensan» (1973a, p. 276).

Pero ese mismo entusiasmo hace a la cultura rusa proclive a perseguir ideales tan grandes que pueden llegar a exigir el sacrificio de los individuos. Hubo excepciones, como Herzen (1973a, p. 276), pero el antídoto contra tales excesos dice Berlin haberlo recibido del segundo hilo, de la cultura británica y su tradición empírica. Quien no había dejado de cultivar el ruso y lo hablaba, como comentaban Brodsky y Spender[87], tan rápidamente como el inglés, afirmó en Jerusalén que «cuanto él había sido, hecho o pensado era indeleblemente inglés». De esa cultura aprendió a anteponer a aquellas grandes ideas los fines y bienes, pequeños en apariencia, pero que todos parecen necesitar. Más aún: la cultura británica le enseñó que

> el respeto decente a los demás y la aceptación del desacuerdo son mejores que el orgullo y la idea de misión nacionales, que la libertad puede ser incompatible con y ser mejor que el exceso de eficacia, que el pluralismo y una cierta indefinición, para quienes valoran la libertad, son mejores que la rígida imposición de sistemas totalizantes por racionales y desinteresados que sean, y mejor también que la norma de las mayorías inapelables.

Si supo valorar ambas culturas y eligió de ellas aquello que podía ser más valioso y a la vez más humanitario, eso lo debe a que nunca abandonó sus raíces, el tercer *strand*, el judío, que le otorgó identidad, capacidad de comunicación y la pasión necesaria[88] para cultivar un sentido de fraternidad con los más débiles.

86/ Berlin, 1979b.

87/ J. Brodsky: «Isaiah Berlin: A Tribute», en E. y A. Margalit (eds.): *Isaiah berlin. A celebration*, Hogarth Press, London, 1991, p. 214.

88/ S. Hampshire: «Nationalism», en E. y A. Margalit (eds.): *op. cit.*, p. 131.

Puede que sea la pasión la que en última instancia suelde ese *yo dividido*[89] entre la atención a las grandes ideas, orientadoras de la vida, y el compromiso con las necesidades inmediatas y con los individuos que son quienes generan esas ideas. La pasión procura un conocimiento de sí mismo que inclina al yo a admirar las creaciones de los demás, a compartir sus afanes y padecimientos, antes que a identificarse con alguna idea o proyecto globales, nueva deidad en la que reposar en el tiempo, ascético y aséptico, de la secularización. La pasión que mueve al compromiso quizá agudice la astucia o la agudeza de juicio *(canniness,* dicen los ingleses) para advertir en el otro los rasgos humanos que son diferentes a los míos.

Bibliografía citada de Isaiah Berlin

(1973a): *Karl Marx,* traducción de R. Bixio, Alianza, Madrid.

(1973b): *Trois essais sur la condition juive.* s.t. Calmann-Levy, Paris.

(1979a): *The Age of Enlightenment,* Oxford University Press, Oxford.

(1979b): «The Three Strands in my Life», *Jewish Quarterly,* vol. 27, Verano / otoño de 1979, pp. 5-7.

(1980a): *Pensadores rusos,* comp. H. Hardy y A. Kelly, introd. A. Kelly, traducción de J. J. Utrilla, Fondo de Cultura Económica, México.

(1980b): *Vico and Herder. Two Studies in the History of Ideas,* Chatto and Windus, London.

(1983a): *Conceptos y categorías. Ensayos filosóficos,* traducción de F. González Aramburo, Fondo de Cultura Económica, México.

(1983b): *Contra la corriente. Ensayos sobre historia de las ideas,* comp. H. Hardy, introd. R. Hausheer, traducción de H. Rodríguez Toro, Fondo de Cultura Económica, México.

(1984a): *Four Essays on Liberty,* Oxford University Press, Oxford / New York.

(1984b): *Impresiones personales,* comp. H. Hardy, pról. N. Annan, traducción de J. J. Utrilla y A. Coria Méndez, Fondo de Cultura Económica, México.

(1990): *The Crooked Timber of Humanity,* ed. H. Hardy, John Murray, London.

(1997a): *El Mago del Norte. J. G. Hamann y el origen del irracionalismo moderno,* ed. H. Hardy, ed. castellana, J. B. Díaz-Urmeneta, Tecnos, Madrid.

(1997b): *Nacionalisme,* traducción de M. Garrido Torró, Tándem, Valencia.

(1998a): *El sentido de la realidad. Sobre las ideas y su historia,* ed. H. Hardy, introd. P. Gardiner, traducción de P. Cifuentes, Taurus, Alfaguara, Madrid.

89/ M. WALZER: *Thick and Thin. Moral Argument at Home and Abroad,* Notre Dame University Press, Notre Dame, 2001, cap. V.

(1998b): *The Proper Study of Mankind*, ed. H. Hardy y R. Hausheer, pról. N. Annan, Pimlico, London.

(2000): *Las raíces del romanticismo*, ed. H. Hardy, traducción de S. Mari, Taurus, Alfaguara, Madrid.

(2004): *La traición de la libertad. Seis enemigos de la libertad humana*, ed. H. Hardy, traducción de M. A. Neira Bigorra, Fondo de Cultura Económica, México.

Procedencia de los textos

«Individualidad romántica y pluralismo». Publicado en *Fragmentos de Filosofía*, 1, 1992, pp. 29-54.

«Liberalismo y nacionalismo: las razones de Isaiah Berlin». Publicado en *Sistema*, 116/1993, pp. 31-47.

«El liberalismo y la pluralidad de fines». Publicado en *Revista de Estudios Políticos* (Nueva Época), n.º 80. Abril-Junio1993, pp. 247-270.

«Isaiah Berlin y Joseph Brodsky, contra la corriente». Publicado en *Barcarola*, marzo de 1995, pp. 149-164.

«Voces mezcladas. Una reflexión sobre tradición y modernidad». Publicado en *Cuadernos sobre Vico*, 7/8, 1997, pp. 299-322.

«Isaiah Berlin, la Ilustración y el fenómeno romántico». Publicado como prólogo a la edición española del libro de Isaiah Berlin, *El mago del Norte. J. G. Hamann y los orígenes del irracionalismo moderno*. Publicado por Editorial Tecnos, Madrid, 1997, pp. 9-38.

«Del saber y de la libertad. El argumento de Isaiah Berlin contra el determinismo» (1). Publicado en *Contrastes*, vol. II, 1997, pp. 71-86.

«Del saber y de la libertad. El argumento de Isaiah Berlin contra el determinismo» (2). Publicado en *Contrastes*, vol. III, 1998, pp. 63-82.

«Los límites de la Ilustración. Una aproximación al concepto de experiencia en Isaiah Berlin». Publicado en Badillo O'Farrell, Pablo y Bocardo Crespo,

Enrique (eds.), *Isaiah Berlin, la mirada despierta de la historia*, Tecnos, Madrid, 1999, pp. 256-292.

«Cuatro desasosiegos y un epílogo (Reflexiones sobre la interculturalidad a partir del pensamiento de Isaiah Berlin). Publicado en Badillo O'Farrell, Pablo (ed.), *Filosofía de la razón plural. Isaiah Berlin entre dos siglos*, Biblioteca Nueva, Madrid, 2011, pp. 91-122.

Se terminó de imprimir este libro
el día 7 de junio de 2025,
en los talleres gráficos
de Masquelibros